"十四五"时期国家重点出版物出版专项规划项目

★ 转型时代的中国财经战略论丛 ◢

产业政策视角下中国产能过剩的形成机制与治理路径研究

Research on the Formation Mechanism
and Governance Path of China's Overcapacity from
the Perspective of Industrial Policy

邹 涛 著

中国财经出版传媒集团

经济科学出版社
Economic Science Press
·北京·

图书在版编目（CIP）数据

产业政策视角下中国产能过剩的形成机制与治理路径
研究／邹涛著 . -- 北京 ：经济科学出版社，2025.2.
（转型时代的中国财经战略论丛）. -- ISBN 978 - 7 - 5218
- 6690 - 2

Ⅰ. F124

中国国家版本馆 CIP 数据核字第 20258J2C53 号

责任编辑：杨金月
责任校对：刘　娅
责任印制：范　艳

产业政策视角下中国产能过剩的形成机制与治理路径研究

CHANYE ZHENGCE SHIJIAOXIA ZHONGGUO CHANNENG
GUOSHENG DE XINGCHENG JIZHI YU ZHILI LUJING YANJIU

邹　涛　著

经济科学出版社出版、发行　新华书店经销
社址：北京市海淀区阜成路甲 28 号　邮编：100142
总编部电话：010 - 88191217　发行部电话：010 - 88191522
网址：www. esp. com. cn
电子邮箱：esp@ esp. com. cn
天猫网店：经济科学出版社旗舰店
网址：http：//jjkxcbs. tmall. com
北京季蜂印刷有限公司印装
710 × 1000　16 开　19.5 印张　310000 字
2025 年 2 月第 1 版　2025 年 2 月第 1 次印刷
ISBN 978 - 7 - 5218 - 6690 - 2　定价：78.00 元
（图书出现印装问题，本社负责调换。电话：010 - 88191545）
（版权所有　侵权必究　打击盗版　举报热线：010 - 88191661
QQ：2242791300　营销中心电话：010 - 88191537
电子邮箱：dbts@ esp. com. cn）

总　序

　　"转型时代的中国财经战略论丛"（以下简称《论丛》）是在国家"十四五"规划和2035年远景目标纲要的指导下，由山东财经大学与经济科学出版社共同策划的重要学术专著系列丛书。当前我国正处于从全面建成小康社会向基本实现社会主义现代化迈进的关键时期，面对复杂多变的国际环境和国内发展新格局，高校作为知识创新的前沿阵地，肩负着引领社会发展的重要使命。为响应国家战略需求，推动学术创新和实践结合，山东财经大学紧密围绕国家战略，主动承担时代赋予的重任，携手经济科学出版社共同推出"转型时代的中国财经战略论丛"系列优质精品学术著作。本系列论丛深度聚焦党的二十大精神和国家"十四五"规划中提出的重大财经问题，以推动高质量发展为核心，深度聚焦新质生产力、数字经济、区域协调发展、绿色低碳转型、科技创新等关键主题。本系列论丛选题涵盖经济学和管理学范畴，同时涉及法学、艺术学、文学、教育学和理学等领域，有力地推动了我校经济学、管理学和其他学科门类的发展，促进了我校科学研究事业的进一步繁荣发展。

　　山东财经大学是财政部、教育部和山东省人民政府共同建设的高校，2011年由原山东经济学院和原山东财政学院合并筹建，2012年正式揭牌成立。近年来，学校紧紧围绕建设全国一流财经特色名校的战略目标，以稳规模、优结构、提质量、强特色为主线，不断深化改革创新，整体学科实力跻身全国财经高校前列，经管类学科竞争力居省属高校首位。随着新一轮科技革命和产业变革的推进，学科交叉融合成为推动学术创新的重要趋势。山东财经大学秉持"破唯立标"的理念，积极推动学科交叉融合，构建"雁阵式学科发展体系"，实现了优势学科的联动发展。建立起以经济学、管理学为主体,文学、理学、法学、工学、教育学、艺术学等多学科协调发展的学科体系,形成了鲜明的办学特色,为国家经济建设和社会发展培养了大批高素质人才,在国内外享有较高声誉和知名度。

山东财经大学现设有24个教学院(部),全日制在校本科生、研究生30000余人。拥有58个本科专业,其中,国家级一流本科专业建设点29个,省级一流本科专业建设点20个,国家级一流本科专业建设点占本科专业总数比例位居省属高校首位。拥有应用经济学、管理科学与工程、统计学3个博士后科研流动站,应用经济学、工商管理、管理科学与工程、统计学4个一级学科博士学位授权点,11个一级学科硕士学位授权点,20种硕士专业学位类别。应用经济学、工商管理学、管理科学与工程3个学科入选山东省高水平学科建设名单,其中,应用经济学为"高峰学科"建设学科。在2024软科中国大学专业排名中,A以上专业23个,位居山东省属高校首位;A+专业数3个,位居山东省属高校第2位;上榜专业总数53个,连续三年所有专业全部上榜。工程学、计算机科学和社会科学进入ESI全球排名前1%,"经济学拔尖学生培养基地"入选山东省普通高等学校基础学科拔尖学生培养基地。

山东财经大学以"努力建设特色鲜明、国际知名的高水平财经大学"为发展目标,坚定高质量内涵式发展方向,超常规引进培养高层次人才。通过加快学科交叉平台建设,扎实推进学术创新,实施科学研究登峰工程,不断优化科研管理体制,推动有组织的科研走深走实见行见效,助力学校高质量发展。近五年,学校承担国家级科研课题180余项,整体呈现出立项层次不断提升、立项学科分布逐年拓宽的特征,形成以经管学科为龙头、多学科共同发展的良好态势。其中,国家重点研发计划1项,国家社会科学基金重大项目5项、重点项目9项、年度项目173项。学校累计获批省部级科研奖励110余项,其中,教育部人文社科奖一等奖1项,成功入选《国家哲学社会科学成果文库》,实现学校人文社科领域研究成果的重大突破。学校通过不断完善制度和健全机制激励老师们产出高水平标志性成果,并鼓励老师们"把论文写在祖国的大地上"。近五年,学校教师发表3500余篇高水平学术论文,其中,被SCI、SSCI收录1073篇,被CSSCI收录1092篇,在《中国社会科学》《经济研究》《管理世界》等中文权威期刊发表 18 篇。科研成果的竞相涌现，不断推进学校哲学社会科学知识创新、理论创新和方法创新。学校紧紧把握时代脉搏，聚焦新质生产力、高质量发展、乡村振兴、海洋经济和绿色低碳已搭建省部级以上科研平台机构 54 个，共建中央部委智库平台 1 个、省级智库平台 6 个，省社科理论重点研究基地 3 个、省高等学校实验室 10 个，为教师从事科学研究搭建了更广阔的平台，营造了更优越的学术生态。

"十四五"时期是我国从全面建成小康社会向基本实现社会主义现代化迈进的关键阶段，也是山东财经大学迎来飞跃发展的重要时期。2022 年，党的二十大的胜利召开为学校的高质量发展指明了新的方向，建校 70 周年暨合并建校 10 周年的校庆更为学校的内涵式发展注入了新的动力；2024 年，学校第二次党代会确定的"一一三九发展思路"明确了学校高质量发展的路径。在此背景下，作为"十四五"时期国家重点出版物出版专项规划项目，"转型时代的中国财经战略论丛"将继续坚持以马克思列宁主义、毛泽东思想、邓小平理论、"三个代表"重要思想、科学发展观和习近平新时代中国特色社会主义思想为指导，紧密结合《中共中央关于制定国民经济和社会发展第十四个五年规划和二〇三五年远景目标的建议》和党的二十届三中全会精神，聚焦国家"十四五"期间的重大财经战略问题，积极开展基础研究和应用研究，进一步凸显鲜明的时代特征、问题导向和创新意识，致力于推出一系列的学术前沿、高水准创新性成果，更好地服务于学校一流学科和高水平大学的建设。

我们期望通过对本系列论丛的出版资助，激励我校广大教师潜心治学、扎实研究，在基础研究上紧密跟踪国内外学术发展的前沿动态，推动中国特色哲学社会科学学科体系、学术体系和话语体系的建设与创新；在应用研究上立足党和国家事业发展需要，聚焦经济社会发展中的全局性、战略性和前瞻性重大理论与实践问题，力求提出具有现实性、针对性和较强参考价值的思路与对策。

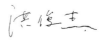

前　言

　　纵观我国改革开放至今的经济发展历程，产能过剩问题由来已久，一直困扰着我国经济的健康、持续、高质量发展，尤其是 2008 年金融危机以来，我国的产能过剩问题已经成为长期性的、全局性的产能过剩，产能过剩问题越来越成为经济运行中突出矛盾和诸多问题的根源，严重制约了经济发展动力，阻碍了经济"新常态"背景下的产业结构调整和产业转型升级，化解产能过剩矛盾成为我国当前和今后一个时期经济转型升级、调整优化产业结构和建设中国式现代化产业体系的重要任务。党的十九大报告明确提出，"深化供给侧结构性改革，坚持去产能、去库存、去杠杆、降成本、补短板，优化存量资源配置，扩大优质增量供给，实现供需动态平衡"，为积极有效化解产能过剩，2015～2017 年的中央经济工作会议都将"去产能"作为供给侧结构性改革的首要任务。然而，关于产能过剩成因的解释众说纷纭，一直以来以行政手段为主的严控增量和优化存量等短期产能过剩治理方式的效果不尽如人意，甚至导致产能过剩越治理越严重。"十三五"规划中提出，要"综合运用市场机制、经济手段、法治办法和必要行政手段，加大政策引导力度，实施精准产业政策，积极稳妥化解产能过剩"。中国作为推行产业政策较多的国家，产业政策的制定和实施具有典型的"中国式"特征，在带动经济快速发展的同时，产业政策实施效果的争议也从未间断，产业政策作为指导产业规划和发展的重要工具，对产能过剩的形成和治理有着不可忽视的影响。

　　在当前世界百年未有之大变局加速演进、新一轮科技革命和产业变革深入发展的时代背景下，党的二十大报告指出，要"建设现代化产业体系，推进新型工业化，加快建设制造强国"。现代化产业体系的建设需要充分发挥产业政策引导产业科学合理发展、促进产业转型优化升级的积极经济效应，化解产能过剩、淘汰落后产能，持续推动产业新旧动能转换，助力中国式现代化产业体系建设。基于此，在迫切需要化解过剩产能、转型经济发展方式、转换经济发展新旧动能的背景下，本书围绕"产业政策视角下中国产能过剩的形成机制与治理路径"问题展开研究，从产业政策视角出发，深入系统地研究了中国产能过剩的形成机制，有效评价治理产能过剩的产业政策实施效果，并为优化产能过剩治理路径、推动产能过剩有效化解、实现新旧动能顺利转换提供政策建议，具有重要的理论价值和现实意义。本书各章的主要研究内容和研究结论如下所示。

第 1 章是导论。主要介绍本书的研究背景和研究意义，明确本书的研究脉络、具体的研究内容和研究方法，并总结了本书研究的创新点。

第 2 章是相关概念与文献综述。本章在系统回顾和梳理产业政策和产能过剩研究文献的基础上，首先对中国式产业政策进行了概念界定，梳理、归纳了中国式产业政策的分类、工具、理论基础、发展演进及经济效应。其次对产能过剩的概念进行了界定，并进一步从不同角度对产能过剩形成原因的相关理论进行了系统的总结和述评，对产能过剩的衡量和测度方法进行了详细介绍。最后梳理了产业政策与产能过剩关系的相关研究理论。

第 3 章是中国工业产能过剩的演进、测度与评价。本章首先系统回顾了我国产能过剩的形成和演进历程，介绍了我国几次大规模产能过剩的成因、表现和问题严重性。其次，在借鉴国内外产能过剩评价方法相关研究的基础上，构建了包括产能利用率、经济效应指标和社会效应指标在内的综合性产能过剩评价指标体系。再次，采用 SBM 模型对 1999 ~ 2020 年中国 35 个工业行业产能利用率进行测度，结果显示样本期间中国工业行业平均产能利用率为 62.4%，存在严重产能过剩，但中国工业行业平均产能利用率整体呈波动式上升趋势，变化趋势也具有显著的阶段性特征。最后，运用综合性评价指标体系对中国工业产能过剩情况进行了科学、合理的综合分析和判断。目前，我国工业行业的产能过剩主要以部分重工业行业为代表的重化工业全局性产能过剩为主，光伏、风电、新能源等新兴产业也出现了较高程度的产能过剩，部分轻工业也存在不同程度的产能过剩，明确了目前产能过剩矛盾比较突出的重点行业，为我国产能过剩的整体评价和治理提供了理论和实证依据。

第4章是产业政策视角下中国产能过剩的宏观形成机制。本章从我国经济转型时期地方政府间竞争的宏观视角出发，以重点产业政策为例，剖析产业政策导致产能过剩的内在逻辑，在此基础上，采用2001~2020年我国30个省份27个制造业分行业面板数据，通过构建多维固定效应模型和中介效应模型实证检验了产业政策对产能过剩的影响效应和影响机制。研究发现：（1）重点产业政策会显著降低制造业行业的产能利用率、引致产能过剩问题；（2）地方和中央之间、地方政府之间的产业政策趋同显著引致了产能过剩问题；（3）影响机制检验结果表明，重点产业政策主要通过产业结构趋同效应、要素价格扭曲效应和地区投资竞争效应等机制引致产能过剩问题；（4）异质性分析表明，重点产业政策会在更大程度上显著引致重工业行业、资本密集型行业、市场竞争程度较低行业、企业平均规模较大行业、高生产率行业和中西部地区制造业行业的产能过剩问题，同时我国为应对2008年经济危机所实施的大量重点产业政策也显著加剧了我国的产能过剩问题。

第5章是产业政策视角下中国产能过剩的微观形成机制。本章从微观企业投资和退出的市场行为入手，理论分析并实证检验了产业政策导致的要素价格扭曲会诱导企业过度投资、阻碍企业有效市场退出，从而引致和加剧了宏观层面的产能过剩。首先，通过数理经济学模型和理论分析系统探讨产业政策导致的要素价格扭曲对企业过度投资的诱导效应，并采用1998~2007年中国制造业微观企业面板数据，构建面板Tobit模型进行实证检验。研究发现：（1）产业政策导致的要素价格扭曲会显著诱导企业进行过度投资；（2）要素价格扭曲对企业过度投资的诱导效应存在明显的异质性，会在更大程度上显著诱导民营企业、重工业企业、规模较小企业、经济发展水平较低地区企业及政府干预程度较高地区企业进行过度投资。其次，从理论上系统剖析产业政策导致的要素价格扭曲对企业有效市场退出的阻碍效应和内在机制，并采用1998~2007年中国制造业微观企业面板数据，利用面板Probit模型和中介效应模型实证检验要素价格扭曲对企业有效市场退出的阻碍效应及其作用机制。研究发现：（1）产业政策导致的要素价格扭曲显著阻碍了企业有效市场退出；（2）异质性检验结果显示，要素价格扭曲对企业有效市场退出的阻碍效应在所有制、规模、行业、地区和生产率等异质性企业间呈现出显著差异；（3）影响机制检验结果表明，要素价格扭曲主要通过资本偏向效应、收益扭曲效应、融资约束缓解效应和寻租激励效应等途径显著阻碍了企业有效市场退出。

第6章是中国治理产能过剩的产业政策效果评价。本章在理论分析抑制型产业政策治理产能过剩的政策效应及其作用机制的基础上，采用2001～2020年中国30个省份27个制造业行业的面板数据，构建双重差分模型实证检验抑制型产业政策的产能过剩治理效应及其异质性，并利用中介效应模型进行影响机制检验。研究发现：（1）我国实施的抑制型产业政策具有显著的产能过剩治理效应；（2）异质性检验结果表明，抑制型产业政策的产能过剩治理效应会随着地区经济发展水平的提高而减弱，抑制型产业政策对企业规模较大行业、高市场化程度地区以及低市场竞争程度行业的产能过剩有更强的治理效应；（3）影响机制检验结果表明，抑制型产业政策会通过抑制制造业行业过度投资从而提升产能利用率、治理产能过剩。

第7章是产业政策视角下中国产能过剩治理路径优化。本章综合研究结论，从深化市场化改革、完善财税体制和政绩考核体制、加快推进要素市场化改革、优化完善产业政策体系、健全市场投资约束、企业退出和信息公开机制等角度，提出产能过剩治理路径优化的对策建议，为完善产业政策体系、积极稳妥化解产能过剩、促进产业优化升级提供决策参考，为我国现代化产业体系建设、新旧动能高效接续转换和经济高质量发展提供智力支持。

相对于已有研究，本书可能的创新点主要体现在以下几个方面。

（1）基于产业经济学、发展经济学、公共管理学等多学科理论，提出从产业政策视角研究产能过剩的形成机制和治理路径。现有研究大多认为政府不正当干预行为是导致中国产能过剩的主要原因，忽略了产业政策作为指导产业发展的重要工具，会对地方政府和企业的行为产生不容忽视的影响，从而会影响产能过剩的形成和治理。因此，从产业政策视角研究中国产能过剩的形成和治理具有创新性。（2）从我国经济转型时期地方政府间竞争的宏观视角出发，以重点产业政策为例，通过理论分析和实证检验系统考察了产业政策对产能过剩的影响，拓展了产能过剩问题的研究视角，丰富了产业政策和产能过剩领域的相关研究。（3）从微观企业投资和退出的市场行为入手，理论分析并实证检验产业政策导致的要素价格扭曲对企业形成了过度投资和退出延滞的扭曲激励，会诱导企业过度投资、阻碍企业有效市场退出，从而引致和加剧了产能过剩，揭示了产业政策导致产能过剩的微观机制，有助于深化对产业政策和产能过剩之间微观联系的认识，拓展了产能过剩、企业过度投资和企业市场退出等问题的研究视角，丰富了相关领域的研究内容。

（4）现有文献对产能过剩治理政策实施效果的研究尚不多见，本书理论分析并实证检验了抑制型产业政策治理产能过剩的政策效应及其作用机制，有助于加深对产业政策治理产能过剩作用路径的认识，拓展和丰富了产能过剩治理政策效果的评价研究，为规范产业政策实施路径、优化产业政策工具提供理论依据和经验证据支持，对推动产能过剩有效治理具有重要的现实意义。

目　录

第1章 导 论

生产能力大于市场需求，即一定程度的产能过剩是市场经济运行过程中的正常现象，是经济波动中市场供求关系的特殊表现，合理区间范围内的产能过剩甚至有利于促进市场竞争、提高技术和管理水平、推动企业创新、增进消费者福利，但是当产能过剩超过一定程度时，便会引发市场恶性竞争、产品价格下降、企业亏损倒闭、失业增加、金融风险加大等经济社会问题，导致资源浪费，降低资源配置效率，阻碍经济发展方式转变和产业结构优化升级，增加经济运行成本，抑制经济运行效率提升，严重影响国民经济的高效、持续、健康和协调发展。我国目前的产能过剩已经由阶段性产能过剩转变为长期性产能过剩，由低端局部性产能过剩转变为以重化工业产能过剩为主、部分新兴产业和轻工业产能过剩并存的全局性产能过剩，不仅具有周期性产能过剩的特征，而且更多地表现为结构性产能过剩和体制性产能过剩，已经成为经济运行中突出矛盾和诸多问题的根源。因此，化解产能过剩矛盾已经成为当前以及未来很长一段时间内推动经济转型升级和调整优化产业结构的工作重点，而深入系统地挖掘和分析产能过剩的形成机制，才能有的放矢地制定完善的、行之有效的对策有效治理产能过剩，化解产能过剩矛盾。本章在介绍研究选题背景的基础上，阐释了本研究的重要性和研究意义，并简要介绍了本书的研究内容、技术路线和主要研究方法，最后提出了研究的创新点。

1.1 研究背景与意义

纵观我国改革开放至今的经济发展历程，产能过剩问题由来已久，一直困扰着我国经济的健康、持续、高质量发展。产能过剩最早出现在20世纪90年代，随着改革开放的深化和社会主义市场经济体制的建立，我国改革开放初期致力于调整经济发展结构、扭转产品短缺、提升人民生活水平的优先发展轻工业和消费型工业的政策取得了显著效果，中国逐渐扭转了计划经济时期的短缺经济态势，由卖方市场转变为买方市场，但轻工业生产能力的急剧扩张、居民消费层次的提高和要素成本的上升也导致了纺织、服装、家用电器等部分轻工业行业开始出现盈利水平下降、企业亏损、设备利用率下降和有效开工率不足等问题。根据国家统计局公布数据，1995～1998年，全国多数主要工业品大约有40%以上的生产能力闲置，产能利用率不足60%。①

　　第一次大规模产能过剩发生在1998～2001年，在东南亚金融危机的冲击下，受到经济衰退、通货紧缩、总需求不足的宏观经济环境及其他结构性因素的影响，除能源、原材料供给短缺外，主要工业行业存在产能过剩的问题，产品供需矛盾日益严重，工业品价格持续走低，据统计，1997～1999年的工业生产者出厂价格指数连续3年低于100，工业成本费用利润率最低降到3%以下（周劲和付保宗，2011），全国600多种商品中有86%的商品供给严重超过需求②，1999年《政府工作报告》指出，我国的经济结构矛盾突出，多年的盲目投资和大量的低水平重复建设导致多数工业行业产能过剩现象严重。第二次大规模产能过剩发生在2003～2006年，自2003年开始我国的固定资产投入高速增长、经济出现局部过热，钢铁、水泥和电解铝行业固定资产投资增长分别高达92.6%、121.3%和96.6%（江飞涛，2008），经过2003年、2004年的投资急剧扩张，产能在2005年开始集中释放导致了严重的产能过剩问题，如钢铁行业存在过剩产能1.2亿吨，还有在建和拟建的1.5亿吨产能，电解铝行业产能过剩260万吨，焦炭行业产能过剩1亿吨，钛合金行业产能利用率仅40%，电石行业产能利用率低于50%③，2006年《国务院关于加快推进产能过剩行业结构调整的通知》指出，部分行业盲目投资、低水平重复建设已经成为阻碍经济发展的突出问题，钢铁、电解铝、电石、铁合金、焦炭、汽车等行业产能已经出现明显过剩，水泥、煤炭、电力、纺织等行业存在潜在的产能过剩问题，此次产能过剩发生在经济繁荣时期，并没有和经济周期性波动保持一致，具有显著的

---

　　① 许召元. 我国两轮大范围产能过剩现象及其比较 [J]. 中国国情国力，2016 (3)：24 - 27.
　　② 周劲，付保宗. 产能过剩的内涵、评价体系及在我国工业领域的表现特征 [J]. 经济学动态，2011 (10)：58 - 64.
　　③ 江飞涛. 中国钢铁工业产能过剩问题研究 [D]. 长沙：中南大学，2008.

非周期性产能过剩的特征。第三次大规模产能过剩从 2008 年金融危机开始一直持续至今，2008 年下半年由美国"次贷危机"引发的全球性金融危机和随之而来的 2010 年欧洲主权债务危机是这次产能过剩的主要诱因，但也暴露出我国粗放型经济发展的结构性矛盾问题，导致我国经济严重受挫，从 2003～2007 年的年均增长 11% 下降到 2008 年的 9%，2008 年前四个月的消费实际增长率下降 0.2%、投资增长率下降 7%、出口增长率下降 10.9%，第四季度经济增长率仅为 6.8%[①]。为应对国际经济危机对我国经济产生的负面影响，促进经济平稳较快发展，中国政府实行了包括"四万亿投资计划"、"十万亿贷款"、"十大产业振兴计划"、发展战略性新兴产业和宽松的财政货币政策等一揽子经济刺激计划，在推动经济恢复发展动力的同时，也引发了新一轮的全局性的产能过剩，到 2012 年，产能过剩行业由钢铁、水泥、平板玻璃、电解铝、船舶等传统行业扩大到光伏、多晶硅、风电、新能源等新兴行业，2014 年前三季度我国工业产能利用率 78.7%，是 2009 年以来的最低点，19 个制造业产能利用率低于 79%，7 个行业在 70% 以下，风电制造业闲置产能甚至超过 40%，轻工业行业中的纺织业和纺织服装、鞋、帽制造业也于 2011 年下半年出现了明显的开工率不足现象。[②]

国际金融危机后，我国进入了"经济增长速度换挡期、结构调整阵痛期和经济刺激政策消化期"三期叠加的"新常态"阶段，粗放型经济增长模式的弊端迅速显现。2013 年《国务院关于化解产能严重过剩矛盾的指导意见》指出，我国的产能过剩已经成为长期性的、全局性的产能过剩，具有周期性、结构性和体制性的多重产能过剩特征，根据经济合作与发展组织（OECD）的估算，2014 年我国贡献了全球过剩产能的 37%，是 GDP 占全球比重的 3 倍左右，产能过剩问题越来越成为阻碍我国经济健康、持续、高质量发展的主要障碍，是经济运行过程中众多矛盾和问题的根源，严重制约了经济发展动力，阻碍了经济"新常态"背景下的产业结构调整和产业转型升级，化解产能过剩矛盾成为我国当前和今后一个时期经济转型升级、调整优化产业结构和建设中国式现代化产业体系的重要任务。

党的十九大报告明确提出，"深化供给侧结构性改革，坚持去产能、

① 王建. 关注增长与通胀格局的转变点 [J]. 宏观经济管理，2008（8）：11–13.
② 邹蕴涵. 我国产能过剩现状及去产能政策建议 [EB/OL]. 经济预测部，2016–12–23.

去库存、去杠杆、降成本、补短板，优化存量资源配置，扩大优质增量供给，实现供需动态平衡"。[①] 为积极有效化解产能过剩，近几年来中央经济工作会议都将"去产能"作为供给侧结构性改革的首要任务，如2015年中央经济工作会议将"去产能"作为供给侧结构性改革的首要任务，把"去产能"、处置"僵尸企业"作为2016年经济工作的重点，2016年中央经济工作会议再次把"去产能"作为2017年深化供给侧结构性改革的重要抓手，2017年中央经济工作会议继续强调2018年要"大力破除无效供给，推动化解产能过剩""继续抓好'三去一降一补'"。然而，关于产能过剩形成原因的解释众说纷纭，一直以来以行政手段为主的严控增量和优化存量等短期产能过剩治理方式的效果不尽如人意，甚至导致产能过剩越治理越严重。"十三五"规划中提出，要"综合运用市场机制、经济手段、法治办法和必要行政手段，加大政策引导力度，实施精准产业政策，积极稳妥化解产能过剩"。[②] 中国作为推行产业政策较多的国家，产业政策的制定和实施具有典型的"中国式"特征，在带动经济快速发展的同时，产业政策实施效果的争议也从未间断，产业政策作为指导产业规划和发展的重要工具，对产能过剩的形成和治理有着不可忽视的影响。

产业政策在大多数发达国家和发展中国家的发展实践中具有"普遍性"，纵观各个国家的发展历程，鲜有未通过产业政策扶持而发展起来的发展中国家以及未使用产业政策而继续保持领先地位的发达国家（林毅夫等，2018），产业政策已成为一项对国民经济发展有着深刻影响、不容忽视的全球经济现象（盛朝迅，2022）。中国的产业政策，远至"七五"规划中被首次提出，近至2016年由林毅夫、张维迎两位经济学家所发起的产业政策有效性之争，其早已渗透进中国经济社会发展的各个阶段与领域中。改革开放40余年来，中国从一个落后的农业国快速发展成为世界第一制造大国，中国工业化进程已从较为落后的工业化初期飞速跃进到工业化后期阶段，逐步形成了门类齐全、完整独立的现代化工业体系，产业发展由"追赶"向"并行"转变，并在部分领域已

---

① 习近平．决胜全面建成小康社会 夺取新时代中国特色社会主义伟大胜利——在中国共产党第十九次全国代表大会上的报告 [EB/OL]．中国政府网，2017 – 10 – 27．

② 中华人民共和国国民经济和社会发展第十三个五年规划纲要 [EB/OL]．中国政府网，2016 – 03 – 17．

实现"领跑"（黄群慧，2018；张小筠和刘戒骄，2018）。众多学者从产业政策视角对改革开放以来中国取得的经济奇迹进行了深度剖析，指出中国经济快速崛起的伟大奇迹部分归功于中国式产业政策的实施。各项产业政策的引导作用贯穿了中国经济发展的始终，促进了高端要素的培育和积累、推动了产业结构转型升级、优化了国际产业分工地位与国内外市场环境（林毅夫等，1999；韩乾和洪永淼，2014；宋文月和任保平，2018；陈钊，2022），使"中国制造"享誉全球。与此同时，中国式产业政策经历了从具有较强政府干预色彩的选择性产业政策体系逐步向普惠化、功能性转型的过程，中国式产业政策的发展定位也已从经济发展初期的"赶超导向"转向了现阶段谋求在特定高新技术产业和战略性新兴产业的先发优势（李雯轩，2021）。

然而，由于我国固有的"自上而下"政府主导型发展模式和计划经济体制惯性的影响，在财政分权体制和以 GDP 为核心的政绩考核体制下，目前中国式产业政策在诸多领域中多表现出选择性与特惠性特征，产业政策的执行具有较强的路径依赖性。为了落实产业政策、实现预期的产业发展目标，政府往往倾向于使用财政补贴、金融支持、税收优惠、产业基金、土地优惠、环境宽松政策等具体产业政策工具，这种带有选择性特征的产业政策具有明显的直接干预市场、限制竞争、政府选择代替市场机制的根本性缺陷，带有较强的计划经济色彩和管制特征（江飞涛和李晓萍，2010；郭克莎，2019；江飞涛，2021），使产业政策引导产业合理发展、优化产业布局、推动产业升级的积极作用大打折扣，甚至导致了过度投资、重复建设、产业同构、要素价格扭曲、资源错配等诸多经济效率扭曲的现象，同时阻碍了市场配置资源基础性和决定性作用的有效发挥，会对企业投资、退出等经营行为形成扭曲激励，导致企业经营行为偏离完全竞争市场中的最优市场行为。这些由产业政策导致的经济效率扭曲现象势必会对市场中的产能利用情况产生不利影响，从而引致和加剧产能过剩。

在当前世界百年未有之大变局加速演进、新一轮科技革命和产业变革深入发展的时代背景下，党的二十大报告明确指出，要"建设现代化产业体系，推进新型工业化，加快建设制造强国"。[①] 现代化产业体系

① 习近平. 高举中国特色社会主义伟大旗帜　为全面建设社会主义现代化国家而团结奋斗——在中国共产党第二十次全国代表大会上的报告［EB/OL］. 中国政府网，2022 – 10 – 16.

的建设需要继续深化经济体制改革，充分发挥产业政策作为调节政府与市场间动态关系的桥梁作用，促进政府与市场有机动态均衡，实现"有为政府"与"有效市场"的协调统一（陈冬华等，2018；陈云贤，2019），最大限度激发产业政策引导产业科学合理发展、促进产业转型优化升级的积极经济效应，化解产能过剩、淘汰落后产能，持续推动产业新旧动能转换，助力中国式现代化产业体系建设。

基于此，本书围绕"产业政策视角下中国产能过剩的形成机制与治理路径"问题展开研究，从产业政策视角出发，深入系统地研究了中国产能过剩的形成机制，有效评价目前治理产能过剩的产业政策实施效果，并为优化产能过剩治理路径、推动产能过剩有效化解、实现新旧动能顺利转换提供政策建议，具有重要的理论意义和现实意义。在理论层面，构建产业政策视角下产能过剩形成机制的完整研究框架，分别从宏观和微观层面系统研究和实证检验产业政策影响产能过剩的传导机制，有助于加深对中国产能过剩成因的认识，丰富产业政策和产能过剩领域的研究；对我国治理产能过剩的产业政策效果进行系统评价，丰富了产能过剩治理研究，对完善产能过剩治理体系有重要意义。在应用层面，基于产业政策视角，从宏观和微观层面对产能过剩形成机制进行系统研究，明晰产业政策影响产能过剩的传导机制，揭示产能过剩的形成机理和产业政策及其实施路径存在的问题，指出下一步治理产能过剩、完善产业政策体系、优化政策实施路径应关注的重点；基于对产能过剩治理政策实施效果的科学评价，为治理产能过剩、淘汰落后产能过程中产业政策优化提供依据；提出产能过剩治理路径优化的对策建议，为完善产业政策体系、积极稳妥化解产能过剩、促进产业优化升级提供决策参考，对推动新旧动能高效接续转换和经济高质量发展具有重要现实意义。

1.2 研究思路与方法

1.2.1 研究思路

本书紧紧围绕"产业政策视角下中国产能过剩的形成机制与治理路径"核心问题，遵循"发现问题、分析问题、解决问题"的基本思路展开研究（见图 1-1）。首先，聚焦中国产能过剩的现状和现实背景，结合供给侧结构性改革内涵，提出从产业政策视角研究中国产能过剩的形成机制和治理路径的理论和现实意义，同时构建综合性产能过剩评价指标体系对中国产能过剩情况进行综合评价。其次，在宏观层面上，理论分析产业政策通过产业结构趋同效应、要素价格扭曲效应和地区投资竞争效应等引致产能过剩的作用机制，并系统检验产业政策对产能过剩的影响效应、影响机制和异质性影响；在微观层面上，系统剖析产业政策导致的要素价格扭曲诱导企业过度投资、阻碍企业有效市场退出从而引致产能过剩的内在传导机制，并对其影响效应、影响机制和异质性影响进行实证检验。再次，梳理治理产能过剩的产业政策，理论分析产业政策治理产能过剩的作用机制，并对产能过剩治理政策实施效果进行实证评估。最后，综合研究结论提出产能过剩治理路径优化的对策建议，为完善产业政策体系、积极稳妥化解产能过剩提供决策参考，为我国现代化产业体系建设、新旧动能高效接续转换和经济高质量发展提供智力支持。

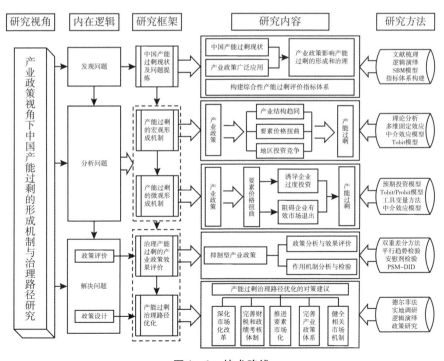

图 1-1　技术路线

1.2.2 研究方法

本书基于产业政策视角，重点从宏观和微观两个层面系统研究了中国产能过剩的形成机制，对治理产能过剩的产业政策实施效果进行分析和评价，并在此基础上探讨了中国产能过剩的治理路径优化问题。本书综合运用产业经济学、微观经济学、发展经济学、新结构经济学、公司治理、财务管理和金融学等学科理论，主要采用文献研究方法、对比分析方法、规范研究和实证研究相结合的方法，力图为本书的研究结论提供严谨、扎实的理论基础和坚实的经验性证据支持。本书核心章节主要使用的研究方法如下所示。

（1）第2章采用文献梳理法、实地调研法和逻辑演绎方法，对产业政策和产能过剩的相关文献、理论进行梳理和评述，为后续的研究奠定了良好的文献基础和理论基础。

（2）第3章采用考虑松弛变量的非径向产出导向 SBM 模型对 1999~2020 年中国 35 个工业行业产能利用率进行测度，并基于产能利用率测度结果分析了中国工业产能过剩情况，同时利用 Dagum 基尼系数及其分解方法考察我国制造业行业产能过剩差异情况，最后运用综合性产能过剩评价指标体系对中国工业行业产能过剩情况进行了综合分析。

（3）第4章采用理论分析方法系统剖析产业政策对产能过剩的宏观影响效应和作用机制，并在采用非径向产出导向 SBM 模型测度 2001~2020 年我国 30 个省份 27 个制造业分行业产能利用率的基础上，利用多维固定效应模型、中介效应模型和分组回归实证检验了产业政策对产能过剩的影响效应、影响机制以及异质性影响，利用 Tobit 模型进行了稳健性检验。

（4）第5章通过构建数理经济学模型和采用理论分析方法系统考察产业政策导致的要素价格扭曲对企业过度投资的诱导效应，并在理论分析基础上，采用 1998~2007 年中国制造业微观企业面板数据，利用理查德森（Richardson，2006）的预期投资模型对企业过度投资水平进行了测度，构建面板 Tobit 模型，采用逐步回归法和分组回归法实证检验了产业政策导致的要素价格扭曲对企业过度投资的影响效应及其异质性；使用面板数据模型、Ⅳ-Tobit 模型进行了稳健性检验和内生性检验。通过理论分析方法系统剖析产业政策导致的要素价格扭曲对企业有效市场退出的阻碍效应和内在传导机制，并在理论分析基础上，采用 1998～2007 年中国制造业企业面板数据，利用 Probit 模型实证检验了产业政策导致的要素价格扭曲对企业有效市场退出的影响效应及其异质性；采用 Ⅳ - Probit 模型、Logit 模型和 Cloglog 模型进行了内生性检验和稳健性检验；最后采用中介效应模型进行了影响机制检验。

（5）第 6 章理论分析了抑制型产业政策治理产能过剩的政策效应及其作用机制，并在采用非径向产出导向 SBM 模型测度 2001～2020 年我国 30 个省份 27 个制造业分行业产能利用率的基础上，构建双重差分模型实证检验了抑制型产业政策的产能过剩治理效应及其异质性，并利用平行趋势检验、安慰剂检验、反事实检验、PSM - DID 检验等方法进行了稳健性检验和内生性检验，最后采用中介效应模型进行了影响机制检验。

1.3　研究内容

本书具体的结构安排和主要研究内容如下：

第 1 章是导论。主要介绍本书的研究背景和研究意义，明确本书的研究脉络、具体的研究内容和研究方法，并总结了本书研究的创新点。

第 2 章是相关概念与文献综述。本章在系统回顾和梳理产业政策和产能过剩研究文献的基础上，首先对中国式产业政策进行了概念界定，梳理、归纳了中国式产业政策的分类、工具、理论基础、发展演进及经济效应；其次对产能过剩的概念进行了界定，并进一步从不同角度对产能过剩形成原因的相关理论进行了系统的总结和述评，对产能过剩的衡量和测度方法进行了详细介绍；最后梳理了产业政策与产能过剩关系的相关研究理论。本章全面、系统的文献和理论梳理为后续的研究奠定了良好的文献基础和理论基础。

第 3 章是中国工业产能过剩的演进、测度与评价。我国的产能过剩问题由来已久，一直困扰着我国经济的健康、可持续、高质量发展。本章首先系统回顾了我国产能过剩的形成和演进历程，介绍了我国几次大规模产能过剩的成因、表现和问题严重性；其次，在借鉴国内外产能过剩评价方法相关研究的基础上，构建了包括产能利用率、经济效应指标和社会效应指标在内的综合性产能过剩评价指标体系；再次，采用考虑松弛变量的非径向产出导向 SBM 模型对 1999～2020 年中国 35 个工业行业产能利用率进行测度，并基于产能利用率测度结果分析了中国工业产能过剩情况；最后，结合产能利用率分析结果，运用综合性评价指标体系对中国工业产能过剩情况进行了科学、合理的综合分析和判断，明确了目前产能过剩矛盾比较突出的重点行业，为我国产能过剩的整体评价和治理提供了理论和实证依据。

第 4 章是产业政策视角下中国产能过剩的宏观形成机制。本章从我国经济转型时期地方政府间竞争的宏观视角出发，构建理论分析框架，以重点产业政策为例，剖析产业政策导致产能过剩的内在逻辑，即地方政府推行的重点产业政策会通过产业结构趋同效应、要素价格扭曲效应和地区投资竞争效应等机制引致产能过剩问题。在此基础上，采用 2001～2020 年我国 30 个省份 27 个制造业分行业面板数据，利用非径向产出导向 SBM 模型对制造业行业产能利用率进行测度，同时手工整理样本期间国家和各省份的"十五""十一五""十二五""十三五"四个五年规划政策文本中的重点产业政策数据，通过构建多维固定效应模型和中介效应模型实证检验产业政策对产能过剩的影响效应和影响机制，并利用分组回归考察产业政策对产能过剩的异质性影响，同时还进一步考察了产业政策趋同对产能过剩的影响效应和作用机制。

第 5 章是产业政策视角下中国产能过剩的微观形成机制。为了进一步探寻产业政策对中国产能过剩的微观影响机制，本章从微观企业投资和退出的市场行为入手，理论分析并实证检验产业政策导致的要素价格扭曲对企业形成了过度投资和退出延滞的扭曲激励，会诱导企业过度投资、阻碍企业有效市场退出，从而引致和加剧了宏观层面的产能过剩。首先，通过数理经济学模型和理论分析系统探讨产业政策导致的要素价格扭曲对企业过度投资的诱导效应，并采用 1998～2007 年中国制造业微观企业面板数据，在利用理查德森（Richardson，2006）预期投资模型测度企业过度投资水平、利用陈永伟和胡伟民（2011）的方法测度要素价格扭曲的基础上，构建面板 Tobit 模型，利用逐步回归和分组回归实证检验产业政策导致的要素价格扭曲对企业过度投资的诱导效应及其异质性，并进行内生性检验和稳健性检验。其次，从理论上系统剖析产业政策导致的要素价格扭曲对企业有效市场退出的阻碍效应和内在机制，要素价格扭曲会通过资本偏向效应、收益扭曲效应、融资约束缓解效应和寻租激励效应等途径阻碍企业有效市场退出。在理论分析基础上，采用1998~2007年中国制造业微观企业面板数据，利用面板 Probit模型实证检验产业政策导致的要素价格扭曲对企业有效市场退出的阻碍效应及其异质性，并采用Ⅳ-Probit模型、Logit模型和 Cloglog 模型进行内生性检验和稳健性检验，同时利用中介效应模型进行影响机制检验。

第6章是中国治理产能过剩的产业政策效果评价。为有效治理产能过剩，我国出台了一系列带有限制性特征的抑制型产业政策，那么，这些抑制型产业政策治理产能过剩的效果如何，作用机制是什么？本章将国务院于2009年批转发展改革委等部门的《关于抑制部分行业产能过剩和重复建设引导产业健康发展的若干意见》作为一项准自然实验，在理论分析抑制型产业政策治理产能过剩的政策效应及其作用机制的基础上，采用2001~2020年中国30个省份27个制造业行业面板数据，利用非径向产出导向 SBM 模型测度制造业行业产能利用率，构建双重差分模型实证检验抑制型产业政策的产能过剩治理效应及其异质性，并进行平行趋势检验、安慰剂检验、反事实检验、PSM-DID 检验等稳健性检验和内生性检验，最后基于中介效应模型实证检验抑制型产业政策会通过抑制制造业行业过度投资从而提升产能利用率、治理产能过剩的作用机制。

第7章是产业政策视角下中国产能过剩治理路径优化。从根本上来说，治理产能过剩必须继续深化经济体制改革，打破阻碍市场机制有效运转的制度性约束，完善市场经济制度，提高市场化水平，纠正不合理政治经济制度和政府干预对市场主体行为的扭曲，处理好政府和市场的关系问题，使市场发挥配置资源的决定性作用，更好地发挥政府"看得见手"的作用，政府应"有所为，有所不为"，优化产业政策体系，维护市场公平、公正的竞争秩序和市场"优胜劣汰"机制的有效运行。本章综合研究结论，从深化市场化改革、完善财税体制和政绩考核体制、加快推进要素市场化改革、优化、完善产业政策体系、健全市场投资约束、企业退出和信息公开机制等角度，提出产能过剩治理路径优化的对策建议，为完善产业政策体系、积极稳妥化解产能过剩、促进产业优化升级提供决策参考，为我国现代化产业体系建设、新旧动能高效接续转换和经济高质量发展提供智力支持。

1.4 创 新 之 处

（1）本书基于产业经济学、发展经济学、公共管理学等多学科理论，提出从产业政策视角研究产能过剩的形成机制和治理路径。现有研究大多认为政府不正当干预行为是导致中国产能过剩的主要原因，忽略了产业政策作为指导产业发展的重要工具，会对地方政府和企业的行为产生不容忽视的影响，从而会影响产能过剩的形成和治理。因此，从产业政策视角研究中国产能过剩的形成和治理具有创新性。

（2）本书从我国经济转型时期地方政府间竞争的宏观视角出发，以重点产业政策为例，通过理论分析和实证检验系统考察了产业政策对产能过剩的影响，拓展了产能过剩问题的研究视角，丰富了产业政策和产能过剩领域的相关研究；经过理论分析和实证检验，研究揭示了地方政府推行的重点产业政策会通过产业结构趋同效应、要素价格扭曲效应和地区投资竞争效应引致产能过剩问题的内在传导机制，有助于深化对产业政策和产能过剩之间宏观关系的认识，丰富了产能过剩成因的研究；系统检验了产业政策对产能过剩的异质性影响，较为全面地论证了产业政策对产能过剩的影响效应。研究发现，重点产业政策会在更大限度上显著引致重工业行业、资本密集型行业、市场竞争程度较低行业、企业平均规模较大行业、高生产率行业和中西部地区制造业行业的产能过剩问题，同时我国为应对 2008 年经济危机所实施的大量重点产业政策也显著加剧了我国的产能过剩问题。

（3）本书从微观企业投资和退出的市场行为入手，理论分析并实证检验产业政策导致的要素价格扭曲对企业形成了过度投资和退出延滞的扭曲激励，会诱导企业过度投资、阻碍企业有效市场退出，从而引致和加剧了产能过剩，揭示了产业政策导致产能过剩的微观机制，有助于深化对产业政策和产能过剩之间微观联系的认识，拓展了产能过剩、企业过度投资和企业市场退出等问题的研究视角，丰富了相关领域的研究内容；将要素价格扭曲和企业过度投资纳入统一的分析框架，通过理论

分析和实证检验系统考察要素价格扭曲对企业过度投资的诱导效应，有
助于深化关于要素价格扭曲和企业过度投资之间关系的理解，为企业过
度投资问题的研究提供新的视角，拓展和丰富要素价格扭曲和企业过度
投资领域的相关研究，同时系统检验了要素价格扭曲对异质性特征企业
过度投资的差异化影响，较为全面地论证了要素价格扭曲对企业过度投
资的影响；将要素价格扭曲和企业市场退出纳入统一的分析框架，通过
理论分析和实证检验考察要素价格扭曲对企业有效市场退出的阻碍效应
和作用机制，拓展了企业市场退出问题的研究视角，有助于深化对要素
价格扭曲和企业市场退出之间关系的理解，丰富了要素价格扭曲和企业
市场退出领域的相关研究，同时系统检验了要素价格扭曲对企业有效市
场退出的异质性影响，较为全面地论证了要素价格扭曲对企业有效市场
退出的影响效应。

（4）现有文献对产能过剩治理政策实施效果的研究尚不多见，本
书将国务院于 2009 年批转发展改革委等部门的《关于抑制部分行业产
能过剩和重复建设引导产业健康发展的若干意见》作为一项准自然实
验，理论分析并实证检验了抑制型产业政策治理产能过剩的政策效应及
其作用机制，研究表明抑制型产业政策主要通过抑制制造业行业过度投
资从而提升产能利用率、治理产能过剩，这有助于加深对产业政策治理
产能过剩作用路径的认识，拓展和丰富了产能过剩治理政策效果的评价
研究，为规范产业政策实施路径、优化产业政策工具提供了理论依据和
经验证据支持，对推动产能过剩有效治理具有重要的现实意义。

第2章 相关概念与文献综述

　　我国目前的产能过剩已经由阶段性产能过剩转变为长期性产能过剩，由低端局部性产能过剩转变为以重化工业产能过剩为主、部分新兴产业和轻工业产能过剩并存的全局性产能过剩。《国务院关于化解产能严重过剩矛盾的指导意见》指出，严重的产能过剩会导致社会资源极大的浪费，降低资源配置效率，阻碍资源的优化配置和产业结构优化升级，增加经济运行成本，抑制经济效率提升，产能过剩已经成为经济运行中突出矛盾和诸多问题的根源，因此，化解产能过剩矛盾成为当前以及未来很长一段时间经济结构调整和转型升级的重要任务。"十三五"规划中提出，要"综合运用市场机制、经济手段、法治办法和必要行政手段，加大政策引导力度，实施精准产业政策，积极稳妥化解产能过剩"。[①] 中国作为推行产业政策较多的国家，产业政策的制定和实施具有典型的"中国式"特征，在带动经济快速发展的同时，产业政策实施效果的争议也从未间断，产业政策作为指导我国产业规划和发展的重要工具，对产能过剩的形成和治理有着不可忽视的影响。本章对学术界关于产业政策和产能过剩的研究文献进行了系统的回顾和梳理，为后续的理论分析和实证研究提供了理论支撑和方法基础。

---

　　① 中华人民共和国国民经济和社会发展第十三个五年规划纲要 [EB/OL]. 中国政府网，2016 – 03 – 17.

2.1　中国式产业政策的内涵、发展及经济效应

2.1.1　中国式产业政策的概念界定及分类

1. 中国式产业政策的概念

　　尽管国内外与产业政策相关的文献数量庞大，但对产业政策的界定仍未能达成统一说法。从静态视角来看，产业政策有狭义和广义之分。狭义的产业政策是指政府为推动特定目标产业起步和发展所实施的影响产业间或产业内资源和要素再分配的选择性或歧视性的经济政策，具有明确的导向性（Johnson，1984；小宫隆太郎等，1988；Rodrik，2009；白玉和黄宗昊，2019）。广义视角下的产业政策更聚焦于构建政府与市场间的协调合作关系，是一个国家或地区的中央或地方政府为实现一定的经济和社会发展目标而对产业的培育和发展进行干预的各种政策的总和，既包括选择性产业政策，也包括功能性产业政策（Williams，1993；江小涓，1996；Beath，2002；Robinson，2009；韩乾和洪永淼，2014；姜达洋，2016）。目前，中国学者大多都认同广义的产业政策这一概念界定，认为产业政策的实施应当从政府与市场的关系出发，去度量实施产业政策的必要性和有效性（吴小节等，2020）。基于演化经济学的动态视角来看，产业政策应当是致力于推动国家创新体系的建设与完善的政策举措。苏特（Soete，2007）认为，在近几十年的高新技术产业快速发展的时代背景下，产业政策应当与创新政策充分融合，使创新政策在产业政策中占据核心地位。诺曼和斯蒂格利茨（Noman & Stiglitz，2016）也认为，成熟的现代化产业政策的重要部分应该包括那些致力于促进学习和技术升级的活动。

　　中国式产业政策是基于中国的发展中大国特征，国家为实现一定的经济和社会发展目标，由中央或地方政府制定和实施，具有干预性和制度性双重属性，旨在建设中国式现代化产业体系、持续推进产业高质量

15

发展的对产业进行干预的各种经济政策。中国式产业政策与美国、日本等先发国家在政策目标上并无显著差异，但中国式产业政策执行主体面临的双重任务约束独具中国式特色，地方政府在执行产业政策时需要同时兼顾推动产业转型升级和竞争力提升与促进地区经济社会持续稳定发展的双重使命，这使中国式产业政策的实施效果往往受限于政策执行主体在两者间的权衡取舍（孙早和席建成，2015；邓仲良和张可云，2017）。

2. 中国式产业政策的分类

总的来看，中国式产业政策可以按照政策实施方式、政策指向性、政策制定主体及政策目标四个维度进行划分（见图2-1）。

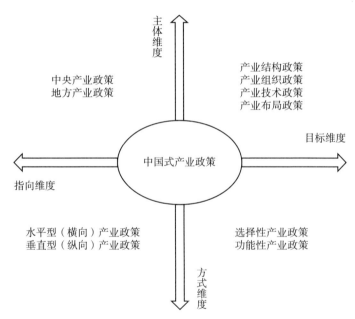

图 2-1　中国式产业政策的四维分析框架

按照与市场的关系及政策实施方式的不同，中国式产业政策可分为选择性产业政策和功能性产业政策（Lall，2001）。选择性产业政策基于"后发优势"的理论基础，是一种政府选择特定产业或企业，并通过行政性手段干预产业间或产业内资源配置促进其发展的产业政策。其更倾向于采用以投资审批、目录指导、直接补贴、税收优惠等为代表的倾斜式扶持、强烈干预市场的"特惠式"手段（王君和周振，2016）。选择性产业政策是狭义的产业政策，也是中国早期产业政策的典型形式，它覆盖了中国经济发展所涉及的众多行业。20 世纪 80 年代以来，随着国内外环境的变迁以及产业政策理论与实践的逐步演进，选择性产业政策日渐饱受争议，取而代之的是功能性产业政策的出现和发展（李晓萍和罗俊，2017）。功能性产业政策是指政府以促进市场竞争和创新为导向，旨在通过发挥政府在健全市场制度、优化营商环境、维护公平竞争、强化市场机能等领域的基础性作用，为所有产业或企业提供公平有效的竞争环境，以促进产业技术创新、市场竞争力提升和经济高质量发展的产业政策（江飞涛和李晓萍，2018；张云伟等，2020；杨继东和刘诚，2021），具有非专向性和非贸易扭曲性的特点（黄先海和陈勇，2003）。

按照政策的产业指向性不同，中国式产业政策可以划分为水平型产业政策（也称为横向产业政策）与垂直型产业政策（也称为纵向产业政策）（陈瑾玫，2011）。水平型产业政策是指不针对特定产业，而是为促进国家产业发展对所有产业实施的具有广泛作用对象的产业政策，如政府采购政策、创新补助政策等（郭玥，2018）。垂直型产业政策是针对某一产业或某些特定产业所实施的产业政策，其旨在改变资源和要素在产业间或产业内的配置，如对战略性新兴产业政策等（郭晓丹和宋维佳，2011）。

按照政策制定主体不同，可以将中国式产业政策分为中央产业政策与地方产业政策。中央产业政策大多关系到国计民生、对国民经济具有重大带动作用的基础行业，其目标是建立国民经济的支柱产业，包括国家产业结构调整政策、重点产业政策、抑制产能过剩的产业政策以及针对外商直接投资的产业政策等关乎国民经济发展方向的、具有前瞻性和指导性的政策（陈钊，2022）。地方产业政策是指各级地方政府在中央产业政策的宏观指导下，结合各地区的资源禀赋条件与发展规划所制定的一系列产业政策。值得注意的是，当地方政府根据逆比较优势制定不符合实际情况的产业政策时，将会违背效率原则，导致产业结构失衡、产业同构、产能过剩等问题，偏离产业政策的初衷。

按照政策目标不同，中国式产业政策可以划分为产业结构政策、产业组织政策、产业技术政策及产业布局政策，它们共同构建了中国完善的产业政策组织架构。（1）产业结构政策作为中国式产业政策体系中的核心部分，其政策目标是促进国家产业结构转型升级，是一国政府遵循产业结构演进规律、推动产业结构不断向协调化和高度化发展的一系列政策（张小筠和刘戒骄，2018）。政府通过产业结构政策选择重点产业、保护特定产业并扩大这些类别的产业在国民经济中所占的比重以及推动产能过剩行业的市场退出等，从而使得产业结构进入更高的水平。（2）产业组织政策是政府用以调整市场行为与结构的一类政策，其首要目标是协调产业内的资源配置效率，协调好垄断和规模经济间的平衡，促进有效竞争、防止垄断，旨在培育一批具有较强核心竞争力的企业集团。对于处在赶超阶段的中国而言，利用产业组织政策来充分发挥规模经济的积极引导效应是降低企业生产成本、实现"赶超策略"的重要手段（戚聿东和张任之，2017）。（3）产业技术政策是指政府干预产业技术发展的政策总称，它以产业的技术进步为直接目标，通过整合社会资源，强化产学研结合，以实现产业结构优化和产业技术升级。产业技术政策作为国家引导战略性新兴产业发展的重要手段，对于企业创新绩效的提升具有积极影响（余长林等，2021）。（4）产业布局政策是政府为提高产业竞争力，根据区域经济发展的条件、原则与要求，对区域的产业结构、产业组织、产业空间分布等进行科学引导和合理调整，以促进区域经济协调发展、提高国民经济效率的一类产业政策。产业布局政策的典型特征是产业发展的非均衡性，即优先发展某些地区，再通过"先富带动后富"促进其他地区以及整个国家的经济发展，其会因行业异质性而产生不同的政策效应（Beaudry & Swann，2001；Brülhart & Sbergami，2009）。

3. 中国式产业政策工具

产业政策工具是政策主体用以解决产业发展问题或达成特定政策目标所采用的具体手段和方式（陈振明和和经纬，2006）。因此，产业政策有效性的发挥需要在遵循一定客观规律的前提下，确保政策工具选择和实施的精准性与有效性（李娅和官令今，2022），将一系列产业政策工具进行有机组合从而形成一个高效的政策系统（周城雄等，2017）。目前，国内外诸多学者从不同视角对产业政策工具进行了划分，其侧重点各不相同。其中，罗斯韦尔和泽格费尔德（Rothwell & Zegveld，

1985）的产业政策分析框架综合考虑了政府的干预手段、干预程度，将产业政策工具划分为供给型、需求型和环境型三种类型，是以往研究中最为常见的政策工具划分方式。

本章基于罗斯韦尔和泽格费尔德（Rothwell & Zegveld, 1985）的政策分析框架，将中国式产业政策工具划分为供给型产业政策工具、需求型产业政策工具和环境型产业政策工具。供给型产业政策工具旨在从供给端为企业提供资金、人才、技术、信息、公共服务、设施建设等方面的支持，扩大相关要素供给，推动产业创新发展，例如，政府出资设立的产业投资基金（产业引导基金、产业发展基金）、政府补贴政策、技术支持政策以及人才培养政策等。在供给型产业政策工具中，政府资金支持政策的占比最大，政策力度远超其他供给型产业政策工具，尤其是进入 21 世纪以来，相关部门设立了许多政府产业投资基金，政府设立产业投资基金成为实施产业政策的重要工具之一。据统计，截至 2022 年末，中国共计成立 1531 支政府引导基金，自身规模累计达 27378 亿元（张慧雪等，2023）。① 同时，政府补贴政策也能够有效缓解企业资金压力、提高企业经营绩效，具有明确的"资金增加效应"（刘立刚和肖志武，2021）。需求型产业政策工具则更加关注通过政府采购、购置补贴、引导示范、技术推广应用、价格指导、贸易政策、服务外包、海外机构管理等方式，减少市场不确定性、降低市场风险、开拓和拉动市场需求，从而促进产业发展。然而，目前中国的需求型产业政策工具大多为一次性刺激需求政策，作用于目标产业时见效较快，但其作用效果的可持续性较低（吕文晶等，2019）。环境型产业政策工具旨在优化市场环境、消除市场障碍、为产业发展营造良好外部环境（唐荣，2020），包括基础设施建设等硬性环境支持以及法规管制、目标规划、金融支持、税收优惠、产业标准建设、知识产权保护、策略性措施等软性环境建设，具有明显的非专项性（黄先海和陈勇，2003）。环境型产业政策工具虽相较于供给型产业政策工具与需求型产业政策工具见效较慢，政策效果存在滞后性（彭伟辉和宋光辉，2019），但其有利于创造有效率的市场环境、维护公平竞争、促进技术创新，对产业发展的推动效用更为持久。

---

① 2022 年政府引导基金专题研究报告［EB/OL］. 投中研究院，2023－01－18.

2.1.2　中国式产业政策的理论基础

本章从中国式产业政策实施的必要性出发，通过梳理产业政策的相关文献，为寻求中国推行产业政策的合理性奠定理论基础。总的来说，关于中国实行产业政策的必要性，可以分为谋求国内发展和提升国际定位两大维度。从国内发展来看，需要通过产业政策来激发出中国独特的大国优势，同时产业政策是"有为政府"对市场有效修正的必要手段、发挥国家"有形之手"的重要举措，也是促进区域间协调发展的重要途径；从国际形势来看，目前中国亟须通过产业政策实现经济赶超，继续奋进新征程。

1. 激发中国式优势，发挥规模效应

作为一个典型的后进型大国，中国具有其独特的潜在优势，需要在产业政策的引导下进一步深度激发。一方面，由于中国施行的是中国特色社会主义制度，这使国家能够在中央政府的领导下"自上而下"、较为迅速地形成具有指导性的基调政策、制定系统的政策框架，并通过地方政府对中央产业政策的细化落实，从而对微观企业进行生产实践指引（陈钊，2022），这为国家产业体系有效塑造和产业政策的有效落实提供了制度前提。另一方面，作为发展中大国，虽然现阶段的中国与先进国家的产业体系发展进程的差距正在逐步缩小，但在战略性新兴技术领域以及市场体制健全程度等方面仍存在一定的客观差距，亟须通过产业政策的扶持，并利用中国强大的规模经济效应和超大国内市场的巨大优势，为国家战略性新兴产业提供广阔的生存和发展空间（黄先海和张胜利，2019），引导中国经济发展和产业结构体系向更高水平迈进。

2. 弥补市场失灵，更好发挥政府作用

市场失灵论认为，由于公共物品、外部性、信息不对称以及垄断等因素的存在，使得市场这只"看不见的手"在解决资源配置问题时难以达到最优状态（Weiss，2011），政府需通过使用不同的政策工具组合进行积极干预，从而实现资源配置的最优化（刘婷婷和高凯，

2020）。其中功能型产业政策对于缓解市场失灵的效用是最大的，其有利于重塑有效的市场（叶光亮等，2022）。尤其是在以中国为代表的发展中国家，在金融市场不发达、企业间信用体系不健全等现象的交织下，使得政府运用产业政策修正市场机制、健全基础设施、构建完善的制度环境等举措更为必要。党的十八大提出了实施创新驱动发展战略，"十四五"规划中明确提出坚持创新驱动发展。可以预见，未来中国对于国家创新驱动发展战略的重视程度将日益增强。由于创新活动存在着典型的外部性特征，诸如行业先动者的信息外溢、技术投资的外部性等（吴小节等，2020），使其难以依靠少数企业进行创新投资推动，这就需要政府通过产业政策激励、引导、协调和推动产业创新发展。

3. 发挥"有形之手"，推动新兴产业发展

德国经济学家李斯特在其著作《政治经济学的国民体系》中首次系统地提出了幼稚产业保护论的观点。该理论认为，当后进国家的幼稚产业处在发展初期时，需要政府对其进行关税保护、财政补贴等政策手段扶持。政府应当充分发挥其"有形之手"的宏观调控功能，将有限的资源集中到技术与资本相对匮乏、市场发展不成熟的新兴产业中来（白雪洁和孟辉，2018），从而在一定程度上避免国家新兴产业在激烈的竞争面前陷入困境。由于战略性新兴产业是未来各个国家发展的先导产业和支柱产业，各个国家基本处于同一起点，此时国家通过产业政策对新兴产业加以积极扶持和培育来抢占新一轮科技制高点是非常必要的（周城雄等，2017）。由于新兴产业的形成过程中往往伴随着显著的不确定性，这使得新兴产业特别是国家战略性新兴产业的成长过程中需要政府在制度基础、市场环境等方面为其克服制度障碍并进行体制机制创新（朱瑞博和刘芸，2011）。

4. 地区间策略性发展，实现全局最优

对于中国这样一个地区间存在较大差距的发展中大国而言，如果不对各地区之间采取有针对性的政策措施，大国规模效应的辐射将会使得地区间发展更难以实现相互协调，难以实现动态与全局最优，甚至会因为中国的大国属性而付出沉重代价。改革开放以来，中国实施了具有地

区指向性的策略性产业政策——开发区政策，用以促进区域经济发展、体制机制改革及优化产业布局等，并取得了迅速发展。开发区政策是对社会资源进行重新整合、分配，通过聚集效应和选择效应，能够降低市场进入成本、促进基础设施建设及资源共享，从而带动周边地区经济发展、逐步缩小地区间差距（陈钊和熊瑞祥，2015；盛丹和张国峰，2018），助力建设具有中国特色的现代化产业体系。

5. 实现经济赶超，摆脱国际分工陷阱

经济学家李斯特在其著作《政治经济学的国民体系》中，从落后国家的角度出发，对于"赶超行为"的合理性进行了阐述和分析，为后进国家的赶超行为提供了理论支撑。"赶超策略"建立在后进国家的后发优势基础上（徐飞，2012），该学说既能体现出经济发展初期"赶超"的一面，也有适合现阶段中国经济发展的"超越"理念（梅俊杰，2021）。中国作为一个典型后进型国家，由于在经济发展初期与先进国家存在较大的客观差距，在国际分工中，长期存在低端锁定及发展逆境，不利于实现强国富民的战略目标。为担负起推动国家经济发展、产业转型升级的责任，政府的主要任务是运用具有强政府倾向的产业政策，通过经济、法律、行政等手段调整市场的供需关系、实现产业优化升级，完成经济赶超和社会全面提升的最终目标。现阶段，由于世界各国都在通过产业政策的实施大力推行对技术创新领域的扶持，中国更需在灵活运用产业政策的基础上，通过政府与市场的通力合作，全面增强行业国际竞争能力（黄群慧和贺俊，2015），促进产品附加值和全球价值链持续提升。对于技术壁垒高、产业生态系统复杂的领域（如高铁、集成电路等），政府还需综合运用经济政策和非经济政策，引导、扶持企业克服市场和技术障碍，构建完善的创新系统（贺俊等，2018）。

2.1.3　中国式产业政策的发展演进

本章在参考已有研究的基础上，对中国各时期产业政策的演进过程进行梳理，将中国式产业政策的发展演进历程具体划分为启蒙阶段、初步探索阶段、市场增进阶段、完善发展阶段及高质量发展阶段（见图2-2）。

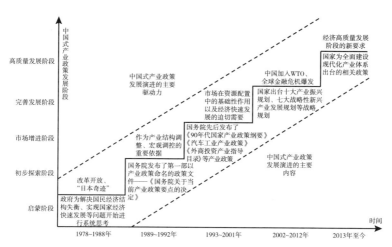

图 2－2 中国式产业政策的发展演进历程

1. 启蒙阶段（1978～1988 年）

1978 年 12 月，党的十一届三中全会作出了一个历史性的决策，将党和国家的工作重心转移到经济建设上来并实行改革开放，开始尝试实行由农村向城市、由农业向工业的转变。这一时期，由于高度集中的计划经济模式已经不适合此时的中国，中央政府急需着手探索与施行一种新的经济管理模式，来化解由于僵化的计划经济体制所导致的产业结构严重失衡问题。与此同时，日本战后经济的迅速恢复发展取得了令世界各国瞩目的成绩，而造就"日本奇迹"的关键在于日本政府在不同发展阶段所实施的一系列干预经济和产业发展的产业政策（Johnson，1982），日本经济迅速恢复的成功经验也为产业政策的有效性提供了有力证据（佐贯利雄，1988）。1983 年起，越来越多的中国学者开始总结归纳日本产业政策实施的经验，学术界对于产业政策的研究热潮逐步兴起。1987 年，国务院发展研究中心在开展了一系列研究并组织赴日本通产省进行学习考察的基础上，撰写了《我国产业政策的初步研究》，该研究报告提出产业政策要将宏观经济与微观主体联系起来，对于产业政策的内涵、功效及政策体系等方面进行了系统梳理，这对于中国今后的产业政策发展具有深远意义。从开始实行改革开放至 20 世纪 80 年代末，是中国式产业政策的"启蒙阶段"，这一阶段政府对于产业政策的宏观调控功能有了系统的思考（李雯轩，2021）。

23

2. 初步探索阶段（1989～1992 年）

20 世纪 80 年代中期，中国开始进入快速工业化阶段，中国式产业政策也步入初步探索阶段。1989 年 3 月，在对以往研究成果进行征求意见、反复修正的基础上，国务院发布了《国务院关于当前产业政策要点的决定》，这是中国第一部以产业政策命名的政策文件，其中明确提出，"制定正确的产业政策，明确国民经济各个领域中支持和限制的重点，是调整产业结构、进行宏观调控的重要依据"，这代表着中国对于产业政策的初步尝试正式开始。《国务院关于当前产业政策要点的决定》发布后的两年内，为了推动产业结构调整和产业发展，地方政府和主管部门根据中央政策文件精神，开始较多地制定各类产业政策（刘社建，2014），同时为应对这一时期中国经济发展过程中显露出的各种问题，中央政府还出台了一系列用于产业结构调整的补充政策。然而，该时期的经济发展仍然主要由政府主导，产业政策的制定和实施具有浓厚的计划和行政色彩，此时的产业政策是产业计划管理和选择性产业政策的混合产物（王云平，2017）。

3. 市场增进阶段（1993～2001 年）

20 世纪 90 年代，中国经济飞速发展，各领域全面推进改革开放，经济体制改革进程加快。1992 年 10 月，党的十四大确定了建立社会主义市场经济体制的改革目标。1993 年 11 月，党的十四届三中全会通过了《中共中央关于建立社会主义市场经济体制若干问题的决定》（以下简称《决定》），明确指出，"建立社会主义市场经济体制，就是要使市场在社会主义国家宏观调控下对资源配置起基础性作用"。《决定》的发布，标志着中国经济体制改革开始向建立社会主义市场经济体制全面推进。1994 年 4 月，为适应中国经济发展的需要，国务院发布了《90 年代国家产业政策纲要》，这是中国颁布的第一部基于市场机制的产业政策。此后，中国先后发布了《汽车工业产业政策》《外商投资产业指导目录》和《当前国家重点鼓励发展的产业、产品和技术目录》等产业政策，并在众多行业出台了一系列细分产业政策，致力于推动基础产业和支柱产业发展、培育壮大高技术产业和战略性新兴产业、优化产业结构和产业布局、促进产业技术发展等。这些产业政策的实施取代了以往严格的计划管理性政策，更加重视市场机制作用的发挥，形成了以选择性产业政策为主体的中国式产业政策体系。这一时期是中国式产业政策的"市场增进阶段"，由此我国逐步开始了产业政策的全面探索，产业政策体系得到进一步发展与完善，产业政策既体现出对于微观经济的宏观指导作用，又给予了市场经济足够的发展空间，同时为中国参与世界经济一体化进程做好了充足准备。

4. 完善发展阶段（2002~2012 年）

进入新世纪后，随着计划经济体制壁垒被逐渐打破，市场开始更大限度地发挥在资源配置中的基础性作用。新世纪的中国，有两大对产业政策产生影响的标志性事件：一是 2001 年中国加入世界贸易组织（WTO），越来越多的中国企业参与到激烈的国际竞争中来，这要求中国产业的发展更具市场化和国际化特征。在此情境下，国务院先后发布《指导外商投资方向规定》《国务院关于投资体制改革的决定》等政策，不断扩大外商投资的开放程度。二是 2008 年全球金融危机爆发，国际经济形势急剧波动，中国经济发展受到严重冲击，为保持经济平稳较快发展，中国政府在进行政策设计时更加注重优化产业结构、治理产能过剩和推动战略性新兴产业发展，为此出台了《促进产业结构调整暂行规定》、《产业结构调整指导目录》、《关于抑制部分行业产能过剩和重复建设引导产业健康发展的若干意见》、十大产业振兴规划、《国务院关于加快培育和发展战略性新兴产业的决定》等一系列产业政策，产业政策的实施力度逐渐加强、覆盖范围进一步扩大，产业政策体系日益完备。这一时期，中国式产业政策进入了"完善发展"阶段，其在复杂的国内外环境的动态影响下不断发展演进，产业政策已从计划管理与选择性产业政策混合的政策体系向以选择性产业政策为主体、功能性产业政策为辅的政策体系转变（江飞涛和李晓萍，2018）。这一时期的产业政策在促进产业发展，尤其是培育和壮大战略性新兴产业以及推动产业技术进步等方面发挥了重要作用，但该时期的产业政策也表现出了较强的政府替代市场、直接干预及扭曲竞争等特征（江飞涛和李晓萍，2010），产业政策的目标大多较为短期化和具体化，甚至导致了寻租、垄断、产能过剩等经济问题。

5. 高质量发展阶段（2013 年至今）

党的十八大以来，中国经济社会发展进入新的阶段，面对国内经济增速下行、粗放的要素驱动型发展模式难以持续及全球金融危机引发的大调整、大转型等问题，中国逐渐将产业政策的重点放在了激励产业技术创新、促进产业结构优化调整、探索新兴技术发展与应用等方面，以加速新旧动能转换，全面建设现代化产业体系。围绕着创新驱动发展战略，国务院先后发布了《中国制造 2025》《国务院关于积极推进"互联网＋"行动的指导意见》《国家创新驱动发展战略纲要》等重要政策，通过大力深化市场经济体制改革、落实创新驱动发展战略来推动国民经济的持续健康发展。与此同时，中国式产业政策也更加强调市场在资源配置中决定性作用的发挥，更加重视功能性产业政策和产业创新政策的制定与实施。

党的十九大后，中国正式进入了经济高质量发展阶段，此时的中国产业政策紧密围绕企业全要素生产率提升和激发产业结构转型优化升级展开，并大力谋求在新兴技术产业获得"先发优势"，产业政策目标更加长期化，选择性产业政策的运用仍较为普遍、涉及领域较广，但功能性产业政策和产业创新政策开始在众多领域发挥重要作用。随着近年来中美贸易摩擦加剧、新冠疫情全球大流行、关键核心技术"卡脖子"，对中国经济发展的安全性和稳定性提出了严峻挑战，迫切需要完善新发展阶段的产业政策体系、增强产业政策协同性、优化产业政策实施方式，推动产业发展、维护产业安全、建设现代化产业体系、支撑高质量发展。这一时期，是中国式产业政策的"高质量发展阶段"，该时期的产业政策不仅兼顾了经济持续高质量发展的要求，同时不断强化创新驱动发展战略的引领作用。

与此同时，为应对过去粗放式经济发展方式所带来的环境污染与资源消耗问题，党的十八大首次将生态文明建设纳入中国特色社会主义建设"五位一体"总体布局，提出将"绿色发展、循环发展、低碳发展"作为生态文明建设的着力点（李晓萍等，2019）。国家先后出台了《生态文明体制改革总体方案》《关于加快推进生态文明建设的意见》《生态文明体制改革总体方案》《工业绿色发展规划（2016—2020 年）》等政策方针。在党的十九大上，习近平总书记再次强调推进绿色发展，加快建立绿色生产和消费的法律制度及政策导向，建立健全绿色低碳循环发展的经济体系。党的二十大报告中进一步指出，推动经济社会发展绿色化、低碳化是实现高质量发展的关键环节，要加快发展方式绿色转型，发展绿色低碳产业，推动形成绿色低碳的生产方式。这些政策规划为我国建设以绿色发展为导向的绿色产业政策体系、加快构建绿色低碳的现代化产业体系指明了发展方向。

2.1.4　中国式产业政策的经济效应

1. 中国式产业政策的宏观经济效应

从宏观的角度来看，在国家宏观调控和有效市场的有机结合下，中国经济不断地蓬勃发展并壮大。目前，中国已成为世界第二大经济体，以产业政策为抓手的政府宏观调控起着举足轻重的引导作用（陈冬华等，2018；戴小勇和成力为，2019），它在缓解市场失灵问题、发展壮大战略性新兴产业、促进产业结构优化升级、增强整体产业竞争力、促进经济高质量发展等方面发挥着积极作用。因此，产业政策在中国综合国力发展壮大过程中的推动效应是不可否认的。但是，中央政府制定的具有前瞻性和指导性的产业政策，可能会由于各级地方政府的细化实施与传导水平的欠缺，对产业政策的实际经济效应产生负面影响，造成诸如区域贸易壁垒加剧、寻租等现象出现，使得政策效果与目前中国经济结构转型升级的战略目标相背离。现有文献主要从以下几个方面论述了中国式产业政策在宏观层面的经济效应。

（1）中国式产业政策与缓解市场失灵。

公共物品、市场体制缺陷以及外部性等因素导致了市场失灵现象时有发生，此时仅仅依靠市场的力量无法实现资源配置效率的最大化，需要政府对市场机制进行矫正（韩永辉等，2017；王东京，2018；侯方宇和杨瑞龙，2019）。作为各个经济参与主体的"居中调解人"，政府在市场失灵时可以通过产业政策对经济发展进行纠偏（潘亮，2015）。例如，由于政府在整个国民经济的投资、信贷、国内外生产环境、市场需求等方面具有信息总量优势，政府可以利用这种优势制定、实施产业政策，用以缓解和调整由于市场失灵所引发的严重"潮涌现象"（林毅夫，2007）。其中，功能性产业政策相较于选择性产业政策在一定程度上更能起到弥补市场失灵的作用（叶光亮等，2022）。同时，由于中国正处在经济转型的关键时期，市场失灵现象仍广泛存在，政府适当的管制干预是化解市场失灵、促进经济发展不可缺少的一环，能够使政府和市场"两只手"协调配合,打造市场与政府双轮驱动,促进中国经济更好更快地发展(潘红波等,2021)。

(2)中国式产业政策与战略性新兴产业发展。

近年来,中美贸易摩擦加剧、全球新冠疫情大暴发,对中国的5G、半导体、互联网科技、通信技术及生物医药等战略性新兴产业的发展提出了新挑战。战略性新兴产业是国家未来的先导产业与支柱产业,引领着未来经济持续高质量发展的方向,其发展需要有效发挥政府与市场的合力效应(韩超等,2017)。

目前,学术界关于中国式产业政策对战略性新兴产业的影响效应存在一定争议。多数学者认为,中国式产业政策的实施对战略性新兴产业的培育和发展总体上起到了重要促进作用(刘澄等,2011;朱瑞博和刘芸,2011;余长林等,2021;李娅和官令今,2022)。在战略性新兴产业领域,产业政策支持能有效降低行业的进入风险、减少企业的进入与经营成本、提高企业预期利润、吸引和培养相关专业人才以及促进企业人力资本积累(郭晓丹和宋维佳,2011;袁见和安玉兴,2019),进而加速战略性新兴产业技术创新和产业化进程、增强新兴产业对于机会窗口的把握能力及提升新兴产业成熟度与技术溢出度等(白恩来和赵玉林,2018),从而促进我国战略性新兴产业快速发展、壮大(余东华和吕逸楠,2015)。还有学者在区分产业政策工具类型的基础上,进一步考察了不同产业政策工具对战略性新兴产业发展的影响效应。李娅和官令今(2022)的研究指出,现阶段政府补贴仍然是促进战略性新兴产业规模壮大、效率提升和创新发展效果最佳的政策工具,其次是适度宽松的市场准入制度,而信贷机制和税收优惠对战略性新兴产业发展的作用则主要体现在规模促进效应方面,对效率和创新的促进作用不明显;邢会等(2019)研究发现,在战略性新兴产业领域,供给面政策(如科技投入、人才投入和信息服务等)与需求面政策(如政府采购、用户补贴、价格指导和应用示范等)有利于促进企业"实质性创新",而环境面政策(如政府补贴、税收优惠、金融支持和知识产权保护等)则易诱发企业的"迎合性创新"与寻租行为。与此同时,产业政策对于战略性新兴产业发展的促进效应也会因产业特征、企业产权性质及地区经济发展水平等方面的差异而表现出异质性,对具有比较优势的新兴产业、民营企业及经济发展水平较高地区企业的发展促进效应更显著

（袁海等，2020）。因此，提高产业政策的针对性和精准性是今后产业政策实践的内生要求。

也有学者认为，中国各级政府在培育和发展战略性新兴产业时，多存在政策组合整合性弱、过度补贴及政策工具雷同等诸多问题，使得战略性新兴产业的发展常常不及预期，极易陷入低端锁定困境，甚至在一定程度上对战略性新兴产业的发展壮大产生阻碍效应（王昶等，2020）。白恩来和赵玉林（2018）指出，虽然产业政策能够通过资金扶持手段对新兴产业的发展起到正向促进作用，但在某种程度上更多的是促进了产业规模的扩大，对于以重大科技突破为核心的创新能力提升、创新体系构建与完善的促进效应非常微弱。而且，由于战略性新兴产业政策制定与执行之间会存在一定的政策缝隙，使地方政府在政策落实时往往将复杂的政策目标选择性简化，从而激励企业进行政治寻租和过度投资，最终导致重复性建设、产能过剩等不良现象（聂正楠等，2022）。同时，当政策自身具有不确定性时，政策的不确定性会加剧企业融资约束、恶化企业经营环境、显著降低企业投资，从而对战略性新兴产业的培育和发展表现出抑制作用（靳光辉等，2016），这种政策的不确定性对于民营企业、老龄企业及市场化程度较低地区企业的负面影响更明显（南晓莉和韩秋，2019）。

（3）中国式产业政策与产业结构优化升级。

产业结构优化升级是经济提质增效的内在要求，是实现经济高质量发展的关键环节之一，也是"十四五"时期经济发展的基本政策取向（任保平和豆渊博，2021）。总的来看，学术界普遍认为中国式产业政策的实施对产业结构优化升级具有积极影响（姜红和陆晓芳，2010；林毅夫等，2018；王高望和李芳慧，2023）。产业政策可以通过资源补充机制和资源重置机制改变产业间和产业内资源配置（宋凌云和王贤彬，2017），促进技术创新（胡欢欢和刘传明，2021），推动重点产业发展，淘汰落后产能，引导传统产业与信息化、数字化融合发展（郭晔和赖章福，2011），从而推动地区产业结构合理化、高度化。而且，当地区市场化程度和地方政府效率较高、产业政策符合地区比较优势时，更有利于发挥产业政策对产业结构优化升级的推动作用（李力行和申广军，2015；韩永辉等，2017；林毅夫等，2018）。有学者进一步指出，不同政策工具对产业结构优化升级的推动效应存在较大差异。储德银和建克成（2014）研究发现，从总量效应来看，税收政策能够促进产业结构优化升级，但财政支出政策却会阻碍产业结构优化升级；从结构效应来看，政府投资性支出与行政管理支出对产业结构优化升级存在负面影响，而教育支出和科技支出等功能性政策工具对产业结构优化升级存在显著促进效应。

此外，也有学者认为，中国式产业政策对产业结构优化升级会产生不利影响。例如，周振华（1989）指出，当前中国对于产业政策的选择基准主要是参考日本经济学家的观点，未能充分体现中国的实际发展情况，存在着严重的局限性，而且中央产业政策通常具有较强导向性，地方政府会倾向于偏离地方比较优势，致力于迎合中央以获取政策支持，各地方政府间诸多相似的产业政策会进一步加剧省际产业同构现象（吴意云和朱希伟，2015），这种低效率的扭曲现象在经济欠发达省份更为明显。靳涛和陈嘉佳（2013）的研究还发现，政府的转移支付政策往往倾向于给地方带来高 GDP 增长的资本密集型投资项目，不仅未能缩小地区间财力差距，反而加剧了区域间的财力失衡（马拴友和于红霞，2003；傅勇，2010），进一步扩大了地区产业结构的偏离度，特别是西部地区转移支付对地区产业结构合理化的负面影响更大。

（4）中国式产业政策与产业竞争力提升。

政府政策与产业竞争力的关系最早是由波特在其钻石模型中进行了论述。该模型指出，产业竞争力会受到生产要素、国内市场需求条件、相关与支持性产业、企业战略、企业结构和同业竞争以及政府与机会等因素的影响。该模型从理论层面肯定了产业政策与产业竞争力之间的必要联系。目前，多数学者普遍认同产业政策能够提升产业竞争力这一观点。产业政策能够从弥补技术创新活动的外部性、分担企业经营和研发成本、降低市场风险、引导发展方向及提供环境保障等方面发挥积极作用，促进产业竞争力提升，但产业政策的过度干预同样也会阻碍产业竞争力提升与可持续性发展（沈鸿和顾乃华，2017）。同时，部分学者研究发现，产业政策对产业竞争力的影响效应会因地区、产权性质及企业生命周期等的不同而表现出明显差异。刘婷婷和高凯（2020）在研究产业政策对长三角地区企业竞争力的作用效果时发现，从地区差异来看，上海市地方产业政策效果最优；从企业自身特征来看，产业政策对长三角地区的国有企业、成长期和成熟期企业的竞争力提升作用更为明

显。徐远华和孙早（2015）还指出，随着国有产权比重的扩大及企业
规模的扩张，研发补贴、税收减免对高技术产业竞争力的提升效应会被
滞后稀释。刘志彪（2019）认为，统一协调和规划各地的产业政策有
助于推动区域内经济发展一体化水平的提升，进而有效提升地区产业竞
争力。缪小明等（2019）的研究进一步发现，不同产业政策工具对产
业竞争力的提升作用也具有较大差异，人才培养、目标规划、法规管
制、税收优惠、成果转化、政府采购等产业政策有利于促进产业竞争力
提升，而资金投入政策则易导致寻租等低效率现象，降低资源配置效率
和利用效率，抑制产业竞争力提升。

　　还有大量学者研究了具体的产业集聚政策对产业竞争力的影响。整
体来看，产业集聚政策的实施能够显著提升产业集聚程度和集聚质量，
从而促进知识技术溢出、提高技术创新能力、激励市场竞争、提升劳动
分工程度及降低企业交易成本等，进而推动产业竞争力提升（杜庆华，
2010；李景海和黄晓凤，2017；吴远仁和李淑燕，2022）。但这种产业
竞争力提升效应在不同行业间也表现出较大差异，例如，高艳等
（2019）对河北省制造业集聚与其国际竞争力关系的研究表明，河北省
制造业集聚对产业竞争力的影响存在显著的行业异质性，医药制造业、
化学纤维制造业集聚有利于促进其产业竞争力显著提升，而纺织业集聚
水平提升会导致其产业竞争力下降，其他制造业集聚与产业竞争力之间
的关系不显著。罗良文和赵凡（2021）的研究发现，医药制造业和航
空、航天器及设备制造业的集聚与地区产业竞争力之间存在显著的倒
"U"型关系，其他高技术产业集聚并未对地区产业竞争力产生明显的非
线性影响。侯军岐和马玉璞（2022）的研究还发现，资本密集型和知识
密集型服务业集聚对服务业竞争力有倒"U"型的非线性影响，而劳动密
集型服务业集聚与服务业竞争力之间则不存在显著的倒"U"型关系。

　　（5）中国式产业政策与经济高质量发展。

　　"所谓高质量发展，就是能够很好满足人民日益增长的美好生活需
要的发展，是体现新发展理念的发展，是创新成为第一动力、协调成为
内生特点、绿色成为普遍形态、开放成为必由之路、共享成为根本目的
的发展。"[①] 中国过去粗放式的经济发展方式导致了严重的资源消耗与

---

① 人民日报评论员．大力推动我国经济实现高质量发展［N］．人民日报，2017 - 12 - 22.

环境破坏问题，现阶段的中国亟须转变经济发展方式，推动经济高质量发展刻不容缓。赵卿和曾海舰（2020）采用熵权 TOPSIS 法对制造业高质量发展综合水平进行实证研究发现，产业政策能显著促进制造业高质量发展。进一步探究发现，产业政策主要提升了制造业的经济效益和创新能力，对绿色发展的积极效应较小，而且产业政策的效果在市场化程度低和政府干预程度较高地区会被弱化甚至出现负面效应。

（6）中国式产业政策与区域间贸易壁垒。

杨继东和罗路宝（2018）通过研究发现，产业政策会加剧区域间贸易壁垒问题，导致资源配置扭曲。国家实施产业政策的一个重要目的就是为缩小各地区间由于要素禀赋与产业结构的不同而引起的区域间经济发展水平的差异（步丹璐等，2017），但由于行政区域的划分，使得省际运输成本较高，形成了区位壁垒，从而使区域间的经济协调发展容易受到阻碍；地区间资源禀赋条件和劳动力水平的差异也会产生地区间比较优势壁垒（吴小节等，2020）。由于地方政府掌握着经济自主权，在政治锦标赛模式的激励下，地方政府主要基于自身利益最大化制定、实施产业政策，往往会导致政策目标偏离。而且，地方政府间为了经济利益竞争和政治晋升竞争而采取的保护主义措施，易形成行政性壁垒（万伦来等，2009）。不同区域间的种种贸易壁垒阻碍了自由市场的形成、影响了全国经济的协调发展、妨碍了中国国际竞争水平的提升。

（7）中国式产业政策与寻租。

在产业政策执行过程中，地方政府和微观企业之间往往存在着比较严重的寻租行为（张璇等，2017），如企业增加寻租支出来换取政府部门的订单、公共项目的承包权（黄玖立和李坤望，2013）、信贷支持与财政补贴等。具体可以分为政府官员寻租和企业寻租。政府官员寻租是指其利用产业政策赋予的权力（如项目审批权和财政使用权），从而实现自身寻租和腐败（王贵东，2017）；企业寻租是指企业为寻求经济租金而从事的非生产性寻利活动（黎文靖和郑曼妮，2016；于左和李相，2016；晏艳阳和王娟，2018）。寻租现象的存在，会使得产业政策的实际效果偏离其初衷，降低经济效率。

通过对上述文献的总结归纳发现，总的来说，中国式产业政策对于经济发展起到了积极推动作用，而且推动作用主要存在于具有比较优势的产业中（赵婷和陈钊，2020）。与此同时，目前中国式产业政策仍需要进一步优化、完善，中央及地方政府应当更加注重根据不同产业、发展阶段、地区的特征，制定和实施更具差异化的产业政策，推动中国经济社会高质量发展。

2. 中国式产业政策的微观经济效应

从微观视角探寻中国式产业政策的经济效应，有利于厘清产业政策是如何细化落实，进而传递到微观企业的生产经营活动之中的。地方政府需要依靠企业实现地方经济发展目标，同时企业的发展也离不开地方政府政策资源的支持，两者间相互依存的关系奠定了中国经济飞速发展的微观基础。现有文献主要从企业投资、企业融资、企业创新、企业全要素生产率及企业并购等方面对中国式产业政策的微观经济效应展开讨论。

（1）中国式产业政策与企业投资。

目前，学界关于产业政策对企业投资行为的影响效应存在一定争议。部分学者认为，整体来看产业政策对企业投资具有促进效应（邵伟和季晓东，2020；王贤彬和谢倩文，2021）。首先，导向性是产业政策最大的特点，产业政策能够体现政府未来的重点发展领域与方向，因而会吸引众多逐利性企业竞相投资，从而促进企业投资规模扩张（陆正飞和韩非池，2013）。洪俊杰和张宸妍（2020）还认为，产业政策支持有利于降低对外直接投资的生产率门槛，从而促进企业对外直接投资；严兵和郭少宇（2021）的研究也发现，鼓励性产业政策会通过缓解融资约束和激励创新促进企业对外直接投资。其次，产业政策通过财政补贴、税收优惠、信贷优惠及研发费用加计抵扣等政策工具，直接或间接地为企业的研发活动注入资金，降低投资门槛、减少投资风险，从而促进企业研发投资强度提升（刘井建等，2021），同时这种研发投资促进效应会受到企业的行业属性、内部控制水平及外部环境等因素的影响（李万福等，2017）。最后，产业政策有利于促进企业投资效率提升。何熙琼等（2016）的研究表明，银行更倾向于为受到产业政策支持的企业提供信贷支持，从而能够抑制非理性投资、提高企业投资效率；刘慧和綦建红（2022）的研究发现，以公平竞争审查制度为代表的竞争友好型产业政策，有利于促进政府补贴更多地流向竞争较为激烈的行业，改善信贷资源配置效率和配置公平性，提高企业治理水平，从而能够有效提升企业的投资效率。

然而，也有学者认为，产业政策尽管能够促进企业的投资行为，但同时也会导致企业投资效率下降。王克敏等（2017）认为，受产业政策鼓励的企业能够获取来自地方政府的资金支持，从而提高企业投资水平，但由于政府与企业间信息不对称的影响，这同时也会导致企业的过度投资行为，从而降低企业投资效率。张新民等（2017）研究指出，产业政策的出台会对公司面临的投资环境造成强外部影响，使受影响的企业可能进行盲目投资，形成投资的"羊群效应"，降低企业的投资效率，且这种影响效应在民营企业和金融市场发展程度较低地区的企业中更为显著。黎文靖和李耀淘（2014）、唐建新和罗文涛（2016）的研究进一步表明，相对于国有企业，民营企业会受到更多的政策歧视与金融歧视，使其更易在产业政策的激励下突破行业壁垒、获得更多银行融资支持，从而促进企业投资扩张，但通过行政手段进行的产业政策调控却会使得企业投资效率降低。

除此之外，靳光辉等（2016）还指出，产业政策引发的一系列不确定性会对企业的外部经营环境产生影响，使得企业经营行为及盈利能力面临较强的不确定性影响，进而会抑制企业投资。韩超等（2016）的研究发现，战略性新兴产业领域的供给型产业政策会显著抑制企业私人投资，而且这种投资抑制作用在中部地区更明显。谭周令和朱卫平（2018）也认为产业政策对企业投资的促进效应并不明显。花贵如等（2021）的研究还发现，不同类型产业政策对企业投资有异质性影响，鼓励支持类产业政策会刺激企业投资，而淘汰限制类产业政策会抑制企业投资。

（2）中国式产业政策与企业融资。

企业融资是企业生存和发展的重要保障，能够通过资金增加效应促使企业发展壮大，但融资约束往往会掣肘企业投资计划、抑制企业绩效提升，是制约企业发展的关键瓶颈之一（邓可斌和曾海舰，2014）。目前，学界普遍认为产业政策对于缓解企业融资约束具有积极作用。陆正飞和韩非池（2013）、毛其淋和赵柯雨（2021）指出，产业政策能够改善企业所在行业的融资环境，使受到产业政策支持的企业更易获得税收、信贷等方面的支持，从而降低企业融资约束水平。连立帅等（2015）认为，产业政策总体上能够优化信贷资源配置，使受产业政策支持的高成长性企业获得更多的银行信贷资源。金宇等（2019）的研究还发现，相较于劳动密集型产业，技术密集型产业具有技术专业性强、投融资双方信息不对称、轻资产性及投资风险大等特征，更易面临融资困境，因此选择性产业政策对于高新技术企业的融资约束缓解效应更为显著。进一步地，车嘉丽和薛瑞（2017）关于产业政策对企业融资约束影响机制的研究发现，产业政策缓解企业融资约束的核心机制在于信息效应与资源效应，政策支持企业会对外界发布积极信号，能够争取获得更多的社会资源集聚。李文秀和唐荣（2021）也认为，产业政策能够通过信息传递效应和资源配置效应有效缓解企业融资约束。

然而，也有学者认为产业政策不利于缓解企业融资约束，例如，张新民等（2017）研究发现，地方产业政策并未有效缓解辖区内企业的融资约束，反而加剧了企业融资约束程度，而且这种影响在金融市场化程度较低地区的企业、不具有政治关联的企业及民营企业中更显著。还有学者认为，产业政策在缓解企业融资约束的同时也会诱发一些负面经济效应，需要引起足够重视。例如，步晓宁等（2020）以十大产业振兴规划为例研究了产业政策对企业资产金融化的影响，结果发现，十大产业振兴规划通过缓解产业内企业融资约束导致非金融企业的资产金融化，使得大量资金从实体经济流向资本市场，呈现出经济脱实向虚的趋势。于连超等（2021）的研究进一步发现，产业政策会通过缓解企业融资约束和降低企业融资成本这两条路径提高企业金融资产配置进行政策套利，从而促使企业金融化，导致企业"脱实向虚"，抑制实体经济发展，而且，由于在一定时期内，国家的金融资源在总量上是既定的，未受到产业政策支持的行业的融资约束问题则会更加严重，即产业政策进一步强化了特定行业内企业的融资约束。

（3）中国式产业政策与企业创新。

技术创新对产业结构优化升级和经济高质量发展起到重要的推动作用，但企业创新是一个周期长、风险高、预期收益不确定性大的复杂过程，而且创新过程中需要足够的资金支持，为了提升企业的自主创新能力、增强市场竞争力、实现产业结构优化升级，中国政府出台了税收优惠、创新补贴、知识产权保护等众多创新激励政策，但目前学界并未就产业政策是否有效促进企业创新这一问题达成一致结论。支持产业政策对企业创新有促进作用的研究认为，产业政策通过研发补贴、信贷支持、市场准入和税收优惠等政策工具，一方面，能够有效缓解企业创新面临的融资约束、降低创新成本和创新风险、提高创新预期收益，从而

35

提高企业创新的积极性，激励企业进行研发创新；另一方面，受到产业政策支持的企业会向外界释放积极信号，促使更多有利于创新的经济资源集聚，从而促进企业创新（安同良等，2009；白俊红和李靖，2011；郭玥，2018；雷根强和孙红莉，2019；冯飞鹏和韦琼华，2020；张燕等，2022）。与此同时，产业政策对企业创新的促进效应也存在明显的异质性，余明桂等（2016）认为，产业政策对民营企业和重点鼓励行业中企业的创新促进效应更为显著，谭周令（2017）的研究也发现产业政策对非国有企业创新的促进效应更强，而逯东和朱丽（2018）的研究则发现战略性新兴产业政策对企业创新的促进作用在市场化水平较低地区的国有企业中更显著；余长林等（2021）关于产业政策对数字经济行业创新的影响研究还发现，政府补贴对电信传媒行业和软件信息行业的技术创新有显著促进作用，行业准入制度对软件信息行业技术创新具有显著积极影响；金环等（2022）研究发现，以绿色金融改革创新试验区为代表的绿色产业政策能够有效促进制造业绿色技术创新，而且这种创新激励效应在要素市场化程度较高的地区和国有企业中更显著。还有学者区分政策类型研究了产业政策对企业创新的影响，例如，林志帆等（2022）研究指出，以教育、科技、交通和公共安全等支出衡量的非专项性的功能性产业政策相较于以研发补助衡量的选择性产业政策更能激励企业创新水平的提升。阳镇等（2021）、赵晶等（2022）关于政策协同对企业创新影响的研究还表明，央—地产业政策协同会显著促进企业创新绩效提升，产学研政策协同则能够显著促进企业自主创新。

此外，也有学者认为产业政策会抑制企业创新。例如，冯飞鹏（2018）指出，政府补贴和信贷支持具有替代性，当企业信贷融资可获得性较高时，会抑制产业政策对企业创新的激励效应；陈文俊等（2020）的研究表明，受到战略性新兴产业政策支持的生物医药企业创新数量和创新质量都出现明显的下降；南晓莉和韩秋（2019）还发现，战略性新兴产业政策不确定性会加剧企业的融资约束、促使企业增加固定资产投资，从而对企业创新投资产生挤出效应和抑制效应，难以有效发挥产业政策对企业创新的促进效应；王桂军和张辉（2020）基于政策工具组合视角的研究发现，政府补贴和税收优惠两种产业政策工具组合实施会强化政府与企业间的"逆向选择"问题和寻租行为，造成企业的创新惰性，对企业的研发资金造成双重"挤出效应"，从而降低企业的创新能力；毛其淋和许家云（2015）的研究进一步指出，政府补贴对企业创新的激励作用存在"补贴强度适度区间"，只有当补贴强度适度时才能有效激励企业创新，过高额度的补贴反而会导致企业进行寻租补贴投资，从而挤出企业创新支出、抑制企业创新。还有部分学者指出，我国以政府补贴和税收优惠为主要政策工具实施的选择性产业政策并没有显著激励企业进行实质性创新，而是主要激励企业为寻求扶持进行增加创新数量的策略性创新，产业政策对创新质量提升的促进效应不明显（黎文靖和郑曼妮，2016），袁胜军等（2020）也认为，我国目前的创新政策对企业创新的促进效应主要体现在创新数量方面。陈强远等（2020）区分创新政策类型的研究发现，普适型创新激励政策仅对企业创新数量提升有显著促进作用，选择性创新激励政策能够显著激励企业创新数量和创新质量的提升，而自由裁量型创新激励政策则对企业创新数量和创新质量均无显著促进效应。曲彤和卜伟（2019）关于产业政策对企业创新策略选择的影响研究进一步表明，产业政策的资源效应和投资者关注效应会促使企业更多地进行低质量策略性创新，而且非国有企业和不存在政治关联的企业更容易受到产业政策引发的投资者关注效应的影响从而更多地进行策略性创新。

（4）中国式产业政策与企业全要素生产率。

提高企业全要素生产率是转换经济增长动力的关键所在，是实现经济高质量发展的动力源泉，而全要素生产率的提升既要有效发挥市场在资源配置中的决定性作用，也需要更好发挥政府作用，完善有利于全要素生产率提高的政策机制（李骏等，2017）。产业政策作为政府干预和调控经济、促进产业发展的重要手段，目前学界关于产业政策对企业全要素生产率的影响效应存在不同观点。

部分学者认为，产业政策的制定和实施有利于促进企业全要素生产率提升。例如，阿吉翁等（Aghion et al.，2015）指出，如果产业政策在实施过程中公平对待所有企业，而不是重点扶持少数企业，则产业政策将有利于促进企业间竞争，从而推动企业全要素生产率提升；科斯特等（Koster et al.，2019）的研究发现，产业政策使企业生产率提高了15%～25%；谢获宝和黄大禹（2020）认为，地方产业政策强度提高有利于增加地方财政科技投入、提升人力资本水平、提升企业创新水平和抑制企业金融化，从而显著促进辖区内企业全要素生产率提升，而且这种生产率提升效应在非国有企业和高科技企业中更显著；王思文和孙亚辉（2021）的研究也表明，产业政策能够显著提升企业全要素生产率，而且这种影响具有明显的异质性，产业政策主要对非国有企业、重点扶持企业和资本密集型企业有显著的全要素生产率提升效应。还有学者研究了具体的产业政策对企业全要素生产率的影响，任曙明和吕镯（2014）认为，政府补贴的平滑机制能够抵消融资约束对生产率的负向效应，促进装备制造企业全要素生产率增长；李骏等（2017）的研究指出，低息贷款能够有效促进企业全要素生产率提高，而政府补贴和税收优惠只对非国有企业有显著的生产率提升效应；戴小勇和成力为（2019）的研究则发现，政府补贴和低息贷款对企业全要素生产率有显著的负向影响，税收优惠显著促进了企业全要素生产率的提升，普惠性和竞争性的产业政策能够激励企业创新，提升资源配置效率，进而促进企业全要素生产率增长；谭诗羽等（2017）对汽车制造业的研究发现，受益于整车厂商对零部件厂商的纵向技术溢出效应，汽车制造业国产化政策能够显著提升汽车零部件企业的全要素生产率；林毅夫等（2018）研究发现，以经济开发区为代表的区域型产业政策能够提供良好的政策环境从而促进企业全要素生产率提升，而且这种生产率提升作用存在明显的正向溢出效应；巫强等（2022）的研究表明，战略性新兴产业政策显著提升了战略性新兴产业企业的全要素生产率。

此外，也有学者认为产业政策对企业全要素生产率的促进作用只有在一定条件下才成立。邵敏和包群（2012）指出，政府补贴对企业全要素生产率的影响效果与补贴力度有关，当补贴力度小于某一临界值时，政府补贴有利于促进企业全要素生产率提升，随着补贴力度的提升，这种促进作用会逐渐不显著，当补贴力度过高时，政府补贴会显著抑制企业全要素生产率提升；黄先海等（2015）的研究也进一步验证了政府补贴强度提高会抑制企业全要素生产率提升的结论。还有学者进一步指出产业政策会抑制企业全要素生产率的提升。例如，钱雪松等（2018）的研究发现，十大产业振兴规划的产业政策会显著导致企业投资效率下降，从而抑制企业全要素生产率的提升，而且这种影响在国有企业和政府干预程度较高地区的企业中更明显；张莉等（2019）进一步指出，重点产业政策使得有限的资源从非重点行业流向重点行业，导致重点行业企业过度投资和投资效率下降，从而显著抑制企业全要素生产率提升，这种生产率抑制效应主要存在于劳动密集型和资本密集型产业。

（5）中国式产业政策与企业并购。

总体来看，中国式产业政策对企业并购既存在积极影响，也存在消极影响。一方面，受到产业政策支持的企业的重组并购事项更易通过审核（袁业虎和汤晟，2021），相关行业的并购商誉得到提升（赵彦锋和汤湘希，2020），企业跨境并购的规模也在极速扩张（钟宁桦等，2019；严兵和郭少宇，2021），同时重组后企业的实质性创新数量逐渐增加。另一方面，产业政策也会导致并购溢价率提高（高敬忠等，2021）、并购完成率降低、企业进行政策套利行为（黄维娜和袁天荣，2021）等问题，亟须政府进行密切的监管和审查，避免产业政策的实际效果出现偏差。

上述研究主要以产业政策对微观企业行为的影响为出发点，从微观层面探究中国式产业政策的经济效应。饶品贵等（2016）指出，当前学术研究的一个重点与难点是从宏观政策出发并落脚到微观企业行为。一方面，探寻产业政策对于微观企业影响的传导机制，了解产业政策是如何作用于微观企业的；另一方面，探寻产业政策对微观企业的影响效应，推动产业政策持续优化、完善（见图 2 - 3）。

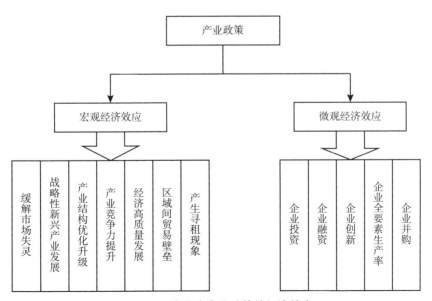

图 2 - 3　中国式产业政策的经济效应

2.2 产能过剩的内涵、成因及测度

2.2.1 产能过剩的概念辨析

1. 产能产出的含义

对产能产出的概念进行准确界定是认识产能过剩的必要前提，产能即生产能力。卡塞尔斯（Cassels，1937）提出，产能产出是在给定固定资本存量和要素价格的情况下，企业期望得到的长期均衡产出水平，即长期平均成本函数最低点处的产出水平。克莱恩（Klein，1960）认为，产能是企业达到均衡时的产出水平，在完全竞争市场中产能即成本函数最低点处的产出水平，在垄断竞争市场中产能是均衡产能与成本函数最低点处产出水平的差额。约翰森（Johansen，1968）认为，产能产出是可变投入不受限制的情况下，企业充分利用固定要素投入在单位时间内的最大生产能力。随后法尔（Fare，1984）、法尔等（Fare et al.，1989，1994）放松了关于可变要素投入不受限制、无穷大和潜在产出最大的强假设，将投入产出的技术关系限定在观测到的数据，产能表示为在给定固定要素投入条件下，充分利用所观测到的可变投入所能达到的最大产出。科克利等（Kirkley et al.，2002）在此基础上认为产能产出是使用可用的投入要素所能达到的最大化的、最优的产出，也就是一个企业或行业的潜在产出水平。谢赫和穆杜德（Shaikh & Moudud，2004）认为，产出和固定资本存量之间如果存在协整关系，即存在着产出随资本存量变化而变化的长期趋势，产出的实际观测值在趋势线附近上下波动，这种由固定资本存量决定的长期趋势被定义为产能产出。对于产能产出的定义，学术界并没有统一的说法，具体地，在以往文献研究中，根据不同的产能概念研究视角和测算方法，可以将产能分为三种类型，分别是工程意义上的产能、技术意义上的产能和经济意义上的产能。

工程意义上的产能是指企业或行业投资购买一定生产能力的生产设

备所形成的产能水平，一般指的是生产设备在理想状态下的最大产出，从这个角度测度的产能利用率实质上指的是企业或行业的设备利用率，一般基于对企业进行抽样调查基础上运用统计方法加工整理的方式直接获得，可以直接有效地指导实践，该方法多数为政府统计部门或经济研究机构使用，但是工程意义上的产能不是企业最优化行为的结果，缺乏经济理论基础，是一种经验主义的定义。伯恩特和莫里森（Berndt & Morrison，1981）认为，在企业面临要素价格冲击时，由于生产设备具有资产专用性、沉没成本等约束，工程意义上的产能无法及时调整，会导致产能利用率的统计出现偏差，而且抽样调查需要耗费大量的人力、财力和物力收集、整理企业调查数据，所以只有依靠政府部门、研究机构和企业长期合作才有可能建立系统的产能利用率统计体系，同时也存在着调查对象对自身偏好的解释不一致问题，工程意义上产能产出和调查法的应用并不广泛，国内学者应用该方法的主要有江源（2006）和江飞涛（2008）等。

技术意义上的产能主要基于经济学理论中的生产技术概念，考虑的是生产过程中要素投入和产出的关系，是指在技术水平和要素投入量一定的情况下，企业或行业充分利用当前的生产设备能够达到的最大产出水平，从这个角度测度的产能只考虑了要素投入和产出的技术特征，并没有考虑经济含义，是一种只考虑数据处理关系的方法，利用实际产出数据推演出其生产边界，将一定理想状态下的产出作为产能产出。基于技术意义测算产能利用率的方法主要有生产函数法、协整法和生产前沿面方法。技术意义上产能产出的测算对数据要求较少，适用于缺乏完善微观统计数据的行业或地区产能利用率的估算，但这种方法缺乏一定的经济理论基础。

经济意义上的产能指的是在给定投入要素价格、固定要素数量和技术水平一定的情况下，企业在均衡状态下的产出水平（Morrison，1985a），也就是企业在成本最小化或利润最大化时的产出水平，卡塞尔斯（Cassels，1937）和希克曼（Hickman，1964）认为，产能产出指的是长期平均成本函数最低点处的产出水平，而有些学者（Klein，1960；Segerson & Squires，1990；Morrison，1985a）则认为，企业生产的均衡状态位于短期平均成本函数和长期平均成本函数的切点上，针对两种不同的理解，伯恩特和莫里森（Berndt & Morrison，1981）和莫里森

（Morrison，1985b）认为，当企业的长期生产规模报酬不变时，企业生产均衡状态即产能产出位于短期平均成本曲线最低点，当长期生产规模报酬可变时，企业均衡状态是短期平均成本曲线和长期平均成本曲线相切的位置，尼尔森（Nelson，1989）通过实证检验对比了两种方法的异同，认为二者并无本质区别，测算结果高度相关。经济意义上的产能是基于企业均衡状态下的经济行为，具有一定的理论基础，而且其综合考虑了各种要素投入和产品价格的信息，可以有效反映要素价格变化、市场需求变化和经济波动等因素对产能利用率的影响（何蕾，2015），得到了广泛应用（Garofalo & Malhotra，1997；孙巍等，2009；韩国高等，2011；刘航和孙早，2014）。

2. 产能过剩的概念界定

产能过剩的概念最早由张伯伦（Chamberlin，1933）在其《垄断竞争理论》一书中提出，张伯伦从微观经济学角度对完全产能和产能过剩进行了定义，认为完全产能是指企业在完全竞争市场中达到均衡状态时的产出水平，垄断竞争的不完全市场结构导致经济组织无效率，企业生产能力相对于市场需求是过剩的，从而形成了产能过剩。卡米恩和施瓦茨（Kamien & Schwartz，1972）进一步指出，在理论层面上，产能过剩是指处于垄断竞争等不完全竞争市场中的企业的设备利用率低于企业平均成本最小化时利用率的状态。科克利等（Kirkley et al.，2002）认为，企业实际产出小于产能产出时即为产能过剩。迪克森和瑞默（Dixon & Rimmer，2011）认为，产能过剩是企业的生产能力超过市场均衡状态的产出需求水平，从而导致生产要素投入过剩、要素闲置和浪费的情形。

受限于经济发展水平和经济发展阶段的约束，国内学术界对产能过剩的研究起步较晚。在20世纪90年代，我国部分行业出现生产过剩的情况，但当时学术界并没有采用产能过剩的概念进行研究和分析，大多学者借鉴国外对于产能过剩的研究，从微观的企业竞争性行为、产业组织理论和市场竞争理论角度，采用"过度投资""过度竞争""过度进入"等概念对产能过剩这一经济现象进行解释，如马如静等（2007）、李鑫（2008）就指出，我国国有企业受到政府控制，存在严重的过度投资现象；秦海（1996）、曹建海（1999）、魏后凯（2001）认为，在企业数目较多、集中度较低、产品供给过多的行业中，普遍存在生产能力过剩和过度竞争现象；原毅军和丁永健（2000）、吕政和曹建海（2000）认为，在低进入壁垒、高退出壁垒的情况下，企业容易受到利益驱使大规模进入某些行业，而由于资产专用性、沉没成本等退出壁垒较高无法顺利退出市场，产生过度竞争、产能过剩；刘志彪和王建优（2000）认为，产能过剩是因为某些行业进入壁垒太低，导致大规模中小企业进入，形成过度进入和过度竞争。张军和威廉（1998）、曹建海（2001）、罗云辉（2004）还试图通过运用企业过度进入定理来解释过度竞争，认为在市场自由进入的情况下，企业数量会超过社会福利最大化的企业数量，从而导致企业过度竞争。还有很多国内学者采用"重复建设"概念解释产能过剩，如魏后凯（2001）、关培兰等（2004）认为，重复建设是指生产或提供相同产品或服务的企业数量过多，导致经济总体生产能力严重超过市场需求，生产设备闲置的现象，魏后凯（2001）还将重复建设分为合理的重复建设和不合理的重复建设，并认为合理的重复建设会促进竞争、提高产品质量，但不合理的重复建设就会造成过度竞争、资源浪费、产能闲置，周民良（2000）、马衍军等（2001）、张伟和曹洪军（2004）指出，不合理重复建设是在一定区域内、一定时期内，某个行业或产品已经形成和即将形成的生产能力已经严重超过市场需求情况下仍然进行投资以扩大产能的行为，这一定义与"过度投资"的含义一致，曹建海（2002）认为，"重复建设"概念模糊，建议采用考虑市场进入退出的"过度竞争"概念替代"重复建设"，推动了生产过剩现象的研究。"过度投资""过度进入""过度竞争""重复建设"的概念从本质上来说描述的都是生产过剩的现象，只是研究侧重点不同。"过度投资"是指市场主体过度扩张生产能力的行为；"过度进入"强调进入退出壁垒会影响企业市场进入决策，从而对市场的产能造成影响；"过度竞争"强调企业过度进入后导致的市场不合理竞争情况；"重复建设"主要刻画了过度投资导致的生产能力过剩、资源闲置和浪费的现象。因此，"产能过剩"与"过度投资""过度进入""过度竞争""重复建设"等概念都是指工业行业生产能力过剩的现象，没有本质上的区别，本书统一使用"产能过剩"概念。

我国学者从不同角度对"产能过剩"的概念进行了定义和解释。部分学者从产能与实际产出的关系角度对产能过剩进行了定义，如韩国高等（2011）认为，我国的产能过剩可以从宏观和微观两个层面进行理解，宏观的产能过剩就是指在社会总需求的限制下，经济活动没有达到正常的潜在产出水平，存在资源未充分利用和社会生产能力闲置、浪费的情况，微观的产能过剩是指企业的产能产出超过实际产出一定程度时的生产能力过剩；王立国（2010）指出，社会实际产出与技术水平一定条件下要素投入所能创造的最优产出之间的偏离即产能过剩；李晓华（2013）认为，产能过剩是实际产出小于生产设备满负荷运转时的产出水平从而导致的生产能力过剩的现象。国内学术界更多地从市场供求的宏观层面对产能过剩进行定义，张保权（2006）认为，产能过剩是社会生产能力超过市场需求从而导致产品价格下降、库存增加、利润减少的现象，甚至会导致大量企业破产倒闭、金融机构信贷风险增加等，王岳平（2006）、周劲（2007）、刘航和孙早（2014）、胡荣涛（2016）认为，产能过剩是指社会生产能力远超过市场需求、超出正常期望产出水平从而导致生产要素闲置、生产能力过剩的现象。还有部分学者从产能过剩成因的角度对其进行了定义，周劲和付保宗（2011）、王立国和鞠蕾（2012）、江飞涛等（2012）、陈胜勇和孙仕祺（2013）、冯俏彬和贾康（2014）根据产能过剩成因将其分为周期性产能过剩和非周期性产能过剩，并进一步将非周期性产能过剩分为结构性产能过剩和体制性产能过剩。

综上所述，产能过剩可以定义为，在市场经济条件下，由于受到经济周期性波动、结构性因素和体制性因素的影响，企业的进入、退出、投资和生产技术选择等市场决策行为会受到扭曲激励，从而导致过度进入、过度投资、低水平重复建设和退出障碍等非最优市场决策，使市场供给严重超过市场需求的现象，会导致企业恶性竞争、产品价格下降、利润降低、库存增加、持续性亏损，从而使得企业和整个社会的实际产出偏离潜在最优产出、生产能力闲置。

2.2.2 产能过剩的成因分析

产能过剩的形成原因错综复杂，不能仅从某一角度解释产能过剩现象，尤其是当前我国的产能过剩不仅源于经济的周期性波动，表现出周期性产能过剩特征，同时在非经济周期性波动时期，在经济一直处于高速发展状态、大多数行业处于成长上升期的情况下，也出现了大规模的产能过剩，具有体制性产能过剩和结构性产能过剩的特征（周劲和付保宗，2011），我国的产能过剩是一般性的市场性因素和具有发展阶段、发展模式特殊性的非市场性因素综合作用的结果。国内外学术界从不同角度对产能过剩的形成机理进行了研究。

1. 经济周期理论

经济周期性波动是影响企业生产能力的重要因素，在经济繁荣时期，企业盈利情况良好，整个社会中的企业对未来市场发展情况有积极乐观的预期，会普遍做出增加投资、扩大生产规模、扩张产能的决策；而在经济衰退时期，市场有效需求不足，导致经济繁荣时期形成的产能无法得到有效利用，部分产能闲置，形成产能过剩。李江涛（2006）、张新海和王楠（2009）、周劲和付保宗（2011）认为，产能过剩是由经济周期性波动导致的，是经济发展过程中的普遍现象，当经济萧条时，需求萎缩，有效需求不足导致富余产能增加，到一定程度时形成产能过剩，这时供给超过需求导致价格下降，相应的供给也会降低，供给的减少又会带动需求逐渐上升，有效需求扩张，经济逐渐复苏走向繁荣，产能过剩程度逐渐下降，产能过剩得到化解，也就是说周期性的产能过剩是市场经济中的正常现象，可以通过市场经济自身的调节机制自动解决。周业樑和盛文军（2007）、纪志宏（2015）还认为，适度的产能过剩是市场经济中的常态，而且从产品和行业成长周期的角度看，在产品和行业发展的成熟期和衰退期，新产品、新需求的产生和新老产品的转换不可避免地会形成产能过剩，但这种产能过剩对产业结构调整、优化有利，能促进资源的优化配置。卢锋（2011）也认为，由经济周期性波动导致的产能过剩是市场中的正常现象，一定程度的产能过剩会加剧市场竞争，提高企业效率，优化产业结构，能起到优胜劣汰的作用，有效的市场机制能一定程度地调节和化解产能过剩，并不需要其他经济政策的干预。

2. 结构失衡理论

（1）企业窖藏行为。

经济的周期性波动具有不确定性，企业无法获取足够的有效信息准确判断经济周期性波动趋势,而产能的变化是刚性的,要素投入到形成生产能力有一定的滞后期,供给调整相对市场需求的变动来说是滞后的、缓慢的,为了维持生产的稳定性,应对未来市场的不确定性,企业的决策一般都是跨期行为,会根据对未来市场需求和利润的预期提前做出增加或减少要素投入和储备的决策,企业往往会留有一定的闲置产能,以提高企业运营和产品供给的灵活性,这种提前储备一定量的要素投入的成本会低于根据市场需求波动而随时调整要素投入的调整成本(Stiglitz,1999;何彬,2008),因此企业的窖藏行为是应对经济周期性波动不确定性的理性选择。部分学者(Fair,1969;Blinder,1982;Abel,1983;Sarkar,2009;Ishii,2011)指出,在不完全信息条件下,为应对需求的不确定性,避免改变企业规模和变动要素投入的调整成本,企业会增加要素的储备量,企业窖藏行为形成的过剩产能有利于增强企业产品供给的灵活性。平迪克(Pindyck,1988)运用金融市场中的期权来解释企业窖藏行为,认为在未来经济情况不确定的情况下,企业保有一定程度的过剩产能相当于一种"运营期权",在不考虑增加产能的机会成本的情况下,未来市场需求波动越大这种运营期权的价值就越高,因此企业会增加产能形成产能过剩,但是由于投资是不可逆的,而且增加产能投资存在机会成本,所以企业一般会充分考虑期权价值和投资机会成本来做出是否扩张产能的理性决策,然而如果企业忽视机会成本的存在就很可能会导致严重的产能过剩。法伊和梅多夫(Fay & Medoff,1985)利用美国微观企业调查数据实证检验了由企业窖藏行为导致产能过剩的普遍存在性和合理性,法尔(Fair,1985)采用峰值法测算了劳动要素的窖藏水平,证实了企业出于成本最小化的考虑,会选择保有一定程度的过剩产能。布伊特(Buiter,2000)、周(Chou,2000)在总供给—总需求框架下,利用数理模型分析了为应对不确定的市场需求变化,企业过剩产能的形成机理。

国内学者也对企业窖藏行为导致产能过剩的现象进行了研究,巴曙松(2006)指出,部分行业由于其产品供给弹性较低,导致产量提升需要大量的要素投入,但这在短期内很难完成,因此企业需要保有一定程度的过剩产能以应对经济周期性波动中需求的大幅度增长。孙巍等(2008)、何彬(2008)利用随机动态优化方法构建数理模型,分析了由经济波动引起企业窖藏行为从而导致产能过剩的机理,并实证检验了企业窖藏行为的存在性，认为经济繁荣时期需求旺盛，企业会增加较多的要素投入，窖藏行为导致的产能过剩程度较高，在经济萧条时窖藏行为形成的过剩产能较小。然而，虽然窖藏行为会导致产能过剩这一论断得到学术界的广泛认同，但由于缺少由宏观经济波动到诱发企业要素窖藏行为再到产能过剩的这一过程的微观基础行为的刻画和证明，受到了一些学者的质疑（Ghemawat，1984；Lastrapes，1992）。

（2）企业竞争策略。

在不确定信息条件下，在位企业为了减少竞争、谋求高额利润、获取或维持一定的市场地位所采取的竞争性策略行为也会形成过剩的产能。一种是在位企业维持一定程度的闲置生产能力作为一种可置性的进入壁垒阻止潜在进入者的进入，当新企业进入市场时，在位企业可以迅速通过扩大产量、压低价格打击新进入企业，使得新进入企业无利可图，过剩产能可以有效阻止潜在进入者的进入行为，提高企业利润（Wenders，1971）。卡米恩和施瓦茨（Kamien & Schwartz，1972）指出，在位企业的定价策略会影响潜在进入者的进入概率，由于不确定企业的进入时机，在位企业选择的策略性生产规模会导致产能过剩，从而可以保证新企业进入后可以通过降低产品价格进行回应。斯潘斯（Spence，1977）也认为，在位企业拥有足够的生产能力能够使新企业进入市场后无利可图时就可以阻止进入，随后斯潘斯（Spence，1979）利用数理模型讨论了在不完全均衡条件下单个在位企业的情形，证明了该结论。布洛等（Bulow et al.，1985）在完全均衡条件下验证了企业会采取维持一定水平过剩产能的策略性行为以阻止企业进入。考林（Cowling，1983）认为，寡头市场中的企业保有过剩产能更有利于共谋，从而形成更加可信的降价威胁，阻止企业进入，基尔曼和马森（Kirman & Masson，1986）还认为，寡头市场中的企业会保持过剩产能进行价格竞争，阻止企业进入。周业樑和盛文军（2007）也认为，部分行业或企业维持过剩产能可以保证在位企业的市场地位和利润，阻止新企业进入。然而，企业采取竞争性策略行为而导致产能过剩的解释只适用于寡头市场或存在明显在位企业的情况，而不能对存在大量企业和分散投资的情况进行很好的解释。

还有一些学者对这种竞争性策略行为导致产能过剩的理论进行了实证研究，例如，希尔克（Hilke，1984）对 16 个行业的实证研究表明，维持过剩产能的策略行为对企业进入率有负向影响，但是不显著。利伯曼（Lieberman，1987）利用 38 个化学品产业数据进行实证研究的结果表明，仅 3 个产业利用产能过剩作为阻止进入的策略性行为，在位企业维持过剩产能并不能有效地遏制新企业的进入。而马森和沙阿南（Masson & Shaanan，1986）的实证研究表明，37 个行业中有 26 个行业的企业由于维持一定程度的过剩产能而使得企业的市场势力发挥作用，成功阻止新企业进入，获得了额外利润，但同时也指出在不对称信息条件下，故意增加产能的策略并不能有效阻止进入。马西斯和科西安斯基（Mathis & Koscianski，1997）在对美国金属钛行业进行产能过剩形成原因的研究中发现，产能过剩会显著阻止新企业进入，是阻止竞争企业进入的有效手段。贝诺伊特和克里施纳（Benoit & Krishna，1985，1987）在研究寡头市场企业的共谋和产能过剩时发现，处于共谋均衡状态的企业都存在产能过剩。沙阿南（Shaanan，1997）采用修正的 Dixit 模型对美国制造业的研究结果表明，企业维持过剩产能可以阻止潜在进入者的进入并增加企业利润。

另一种策略性行为是为了增强企业间合作、增加合作机会、提高企业盈利水平，企业会通过维持过剩产能来表现自身实力，作为对合作企业的承诺策略，例如，植草益（2000）通过构建同质企业的无限次重复博弈模型证明了维持过剩产能的企业间合作的可能性更大，企业利润提高的概率也增大，罗云辉（2004）的研究也验证了这一结论，因此企业为了获取更多的合作机会和高额的利润会保有过剩产能。

（3）经济发展方式不合理。

我国长期以来粗放型经济发展方式是导致产能过剩的重要原因，主要表现为经济增长高度依赖投资扩张和企业的技术创新能力较低（胡荣涛，2016）。一方面，地方政府为了最大化自身的政治经济利益，过分关注经济总量的增长，忽视了经济发展质量，把扩大投资作为推动经济发展的首要选择（韩国高等，2011），同时政府提供各种政策性优惠降低了企业投资成本和投资风险，提高了投资的收益预期，企业只要通过扩大投资就可以获取超额利润，投资扩张成为企业的理性选择（高越青，2015），从而整个经济社会普遍依赖投资拉动经济发展。张前程和杨光（2015）分析认为，投资依赖型经济较容易导致重复建设、低效率投资和产能过剩，杨振兵（2016）也指出，长期以来我国企业偏好于增加资本投入的资本技术进步，加速了企业尤其是重工业企业的投资增长对产能过剩的贡献程度。另一方面，政府提供的各种名目的财政直接补贴和其他政策性补贴导致企业缺乏技术创新的动力（张杰等，2011），使企业更加倾向于通过不断扩大生产规模和投资规模以提高利润水平，从而导致低端制造环节产能的高速增长，大部分企业不掌握产业价值链的核心技术和关键性资源，多数集中在资本密集、劳动密集和竞争激烈的初级加工组装环节，企业资本积累缓慢，无法进行有效的技术研发和工艺、品牌的创新（白让让，2016），而且自主创新能力不足也阻碍了产业结构升级，导致产品结构与市场需求结构不匹配，低端产品供给过剩，高端产品供给不足，形成了结构性产能过剩，提高了产能过剩化解难度。王立国和高越青（2012）分析了技术水平落后对产能过剩的影响机制，认为在产能过剩形成时期，较低的技术水平会影响企业投资决策，导致重复建设和产能过剩；在产能过剩治理时期，较低的技术水平和较差的创新能力会阻碍产业结构优化升级，形成对落后产能的淘汰障碍和高退出壁垒，提高了产能过剩化解难度。国家行政学院经济学教研部课题组（2014）也指出，企业创新不足是导致产能过剩的重要原因，也是产业升级的最大障碍。

3. 市场失灵理论

（1）低进入壁垒、高退出壁垒的结构性特征。

现代经济学的产业组织理论认为，市场结构是决定市场绩效的主要影响因素，而企业的进入退出是决定市场结构的关键性因素，进入退出壁垒在直接影响企业进入退出的同时，对企业数量和规模分布等市场结构特征有重要影响，低进入壁垒、高退出壁垒则容易导致企业过度进入、过度竞争和产能过剩。昌忠泽（1997）、原毅军和丁永健（2000）、吕政和曹建海（2000）、杨蕙馨（2000，2004）就指出中国是易进难出的市场结构，在低进入壁垒、高退出壁垒的情况下，政府无法有效控制企业进入，企业容易受到利益驱使大规模过度进入某些行业，而由于资产专用性、沉没成本等退出壁垒较高无法顺利退出市场，从而产生过度竞争、产能过剩。刘志彪和王建优（2000）认为，当前我国的产能过剩是因为某些行业进入壁垒太低，导致大规模的中小企业进入，形成过度进入和过度竞争，而在进入壁垒较高的行业又存在地方政府使用行政权力突破资本和规模经济壁垒的现象，导致制造业产能过剩。李世英等（2010）实证验证了我国普遍存在的过度进入和退出障碍会导致过度竞争和产能过剩。然而李伟（2006）、江飞涛和曹建海（2009）、曹建海和江飞涛（2010）认为，以进入退出壁垒解释企业过度进入、过度竞争和产能过剩的理论是将低进入壁垒和高退出壁垒相分离的思路，根据卡夫斯和彼特（Caves & Porter，1977）、吉尔伯特（Gilbert，1989）、卡夫斯（Caves，1998）关于进入退出的研究表明，退出障碍实质上也是一种进入壁垒，退出障碍越高，企业进入市场的风险越大、成本越高，从这个角度来看，高退出壁垒只能解释进入不足，而无法解释为什么企业过度进入，致使低进入壁垒、高退出壁垒的市场结构性特征无法很好地解释产能过剩现象。

（2）市场集中度较低的市场结构。

国内学者还认为低市场集中度是导致重复建设、过度竞争和产能过剩的原因，并将低市场集中度作为判断产能过剩的标准和表现（秦海，1996），例如，曹建海（1999）认为，在集中度较低的行业中普遍存在生产能力过剩和过度竞争现象；魏后凯（2001）认为，市场集中度越高，产能利用率越高；柯颖（2002）指出，我国多数工业行业都是市场集中度较低的原子型市场结构，较小的企业规模、较多的企业数量使得市场中生产分散，企业规模效益低，市场中无法实现有效分工，反而形成了对资源的恶性竞争，导致资源浪费、利用率下降，低市场集中度也使得行业进入壁垒低，从而导致了企业过度进入，造成重复建设和产能过剩。关于市场集中度与产能过剩关系的实证研究没有得出统一的结论，温斯顿（Winston，1971）将行业中企业数量作为行业集中度的替代变量加入产能利用率的影响因素方程，结果发现行业集中度与产能利用率呈负相关，随着行业集中度下降，产能利用率将会提升；埃斯波西托和路易斯（Esposito & Louis，1974）却得到了行业集中度和产能利用率正相关的结论，埃斯波西托和路易斯（1979）又使用1976~1979年的美联储数据和普查数据进行了验证，结果显示美联储数据得到二者呈正相关关系结论，普查数据估计结果则表明产能利用率与行业集中度负相关；萨利姆（Salim，2008）在研究孟加拉国食品制造业产能利用率影响因素时发现，行业集中度与产能利用率负相关；齐鹰飞和张瑞（2015）的实证研究结果显示，行业集中度与产能利用率呈倒"U"型的非线性关系,提高行业集中度先对产能利用率有促进效应,超过一定程度就会阻碍产能利用率提升。张军和威廉(1998)、曹建海(2001)、罗云辉(2004)还试图通过运用过度进入定理解释产能过剩的形成机制,认为市场自由进入的情况下,企业的数量会超过社会福利最大化的企业数量,导致过度竞争、重复建设和产能过剩,而曼昆和惠斯顿(Mankiw & Whinston,1986)证明只有自然垄断行业才存在过度进入,纳赫巴尔等(Nachbar et al.,1998)的研究也表明,只要存在退出的沉没成本,即使市场是自由进入的,也不会导致过度进入。而且过度进入定理的研究大多是在寡头市场结构的假设下进行,而我国的重复建设、过度竞争和产能过剩很多发生在竞争行业,因此运用过度进入定理解释产能过剩现象存在适用性问题。

（3）市场信息不对称。

在现实中,市场是复杂多变的,普遍存在信息不对称、不完全的现象,企业无法准确观测到市场供求的变化、行业企业数量、行业产能利用率等信息,由于缺乏及时准确的信息参考和警示,在面临不确定的市场需求变动时,企业会存在系统的认知偏差,这种预期偏差会导致事后投资过高从而形成产能过剩(张新海和王楠,2009;卢锋,2011)。班纳吉(Banerjee,1992)以市场信息不完全作为前提假设,认为企业会受到市场中其他企业行为的影响,从而对市场环境变化形成预期偏差,导致盲目的"跟风"行为,这种"羊群效应"会造成大量企业集中进入某些行业,导致产能过剩。张新海(2010)认为,在信息不对称的情况下,当经济处于上升时期,企业对未来市场情况有良好的预期,会出现大规模集中投资现象,导致个别行业过度投资,形成过剩产能。林毅夫(2007)、林毅夫等(2010)认为,我国尚处于发展中阶段,处于世界产业链的内部,出于对发达国家成功经验的认知,在产业升级过程中,企业往往会投资那些技术成熟、产品市场完善、处于世界产业链内部的产业,从而在全社会范围内存在对发展前景良好产业的投资共识,但是由于企业是在不完全信息情况下做出的决策,对行业中未来企业数量和供给总量无法充分了解,不能对未来的市场变化进行准确的判断,最终导致某些行业出现投资"潮涌现象",形成了产能过剩。但该理论也存在着缺陷,江飞涛等(2012)、范林凯等(2015)指出,"潮涌"理论的基本假设不成立,首先,并不存在全社会对前景良好行业的准确、普遍共识，企业之间的预期差别很大；其次，"潮涌"理论中出现的产能过剩只是不完全信息情况下对均衡状态的偏离，属于正常的市场现象。付才辉（2016）认为，在市场经济没有受到外部因素干预的情况下，理性的企业个体能够预期到潮涌现象带来的供给过剩、利润下降、企业亏损破产等后果，在面对社会共识的投资机会时会谨慎行事，并不会产生大量企业潮涌的冲动进入和投资现象。

4. 要素市场扭曲理论

生产要素作为社会生产的基础，要素价格在引导资源配置方面有重要作用，要素价格扭曲会降低资源配置效率，对经济运行产生诸多不利影响。但目前对于要素价格扭曲与产能过剩关系问题的实证研究十分匮乏，江飞涛和曹建海（2009）、耿强等（2011）、江飞涛等（2012）从理论层面分析了要素价格扭曲对产能过剩的影响，他们指出，要素市场化改革滞后和地方政府在财政分权体制和政绩考核体制下的不正当干预行为，共同导致了我国生产要素资源的价格扭曲，政府为企业提供价格扭曲的低成本要素资源实际上会对企业产生投资补贴效应、投资成本和投资风险外部化效应，从而强化了企业的过度投资动机和能力，导致了产能过剩。王立国和鞠蕾（2012）认为，地方政府在政治晋升激励和财政收支失衡矛盾的压力下，通过压低资本、土地、环境等要素资源的价格降低了企业投资成本、形成了政策性补贴，对企业形成了过度投资的扭曲激励，造成了产能过剩。黄健柏等（2015）从土地价格扭曲会导致企业过度投资的角度分析了产能过剩的形成原因，认为工业用地价格扭曲相当于政府为企业提供了高额的投资补贴，很大程度上降低了企业的投资成本和投资风险，而且这种投资补贴甚至能够形成超额利润，从而使得过度投资成为企业的理性选择，最终导致了大规模产能过剩，实证检验结果也证实了要素价格扭曲对企业过度投资的显著推动作用。顾智鹏等（2016）也从土地价格扭曲视角出发研究了产能过剩的形成机理，研究认为土地作为工业生产的主要投入要素之一，我国的工业用地主要通过协议出让的方式配置，工业用地价格远低于市场化方式形成的土地价格，工业用地价格扭曲使企业投资成本大幅度降低，推动了企业的过度投资行为，导致了产能过剩，同时实证检验结果也表明土地价格扭曲对产能过剩有显著的正向影响。然而，实际上，我国不仅存在土地价格扭曲问题，资本、劳动、水电矿等资源型要素和环境等要素都存在不同程度的价格扭曲，鞠蕾等（2016）从供给侧出发研究了要素市场扭曲对产能过剩的影响机制，认为要素市场扭曲使企业的生产成本和风险外部化由整个社会承担，甚至可以获得隐性的超额利润补贴，对企业形成了过度投资的扭曲激励，从而在整个经济社会范围内形成了大规模的重复建设和产能过剩，与此同时，要素市场扭曲还形成了对企业退出的扭曲激励，加剧了产能过剩的严重程度，研究的实证检验也证实了资本要素价格扭曲会显著导致产能过剩的结论，但劳动要素价格扭曲对产能过剩不存在显著的推动作用。

（1）资本价格扭曲与产能过剩。

中国工商银行课题组（1998）指出，资本价格扭曲情况下，地方政府掌握大量低成本金融资源，地方政府既可以通过国有企业直接扩大投资，又可以提供金融资源进行大规模招商引资，而且由于其缺乏系统性的自我约束机制，不需要承担投资风险和债务责任，使地方政府在政治经济利益激励下过度利用价格扭曲的资本要素刺激投资扩张，导致产能过剩。

由于金融市场改革滞后，股票、债权等直接融资渠道狭窄、限制较多，直接融资规模仍然较小，以商业银行信贷为主的间接融资成为企业主要的融资渠道，在国有银行体制改革后，央行主要通过地方分支机构进行存款再分配，地方分行和国有商业银行掌握着一定的配置金融资源的权力，在中央政府放弃一部分金融资源配置权的同时地方政府承接了大部分干预金融资源配置的权力（江飞涛等，2012）。例如，地方政府掌握着地区性城商行的控制权，国有银行分支机构也与地方政府关系紧密，地方政府还掌握着政策性银行的低成本金融资源，而由于银行并不对存款安全负责，也不必承担贷款风险，银行预算约束实际上是软的，而且中央政府的多次救助行为和各种政策保护也默认了这种预算软约束，这为政府扭曲资本价格推动企业投资扩张提供了便利。地方政府通过干预商业银行的信贷配置扭曲资本要素价格，帮助本地企业掠取大量的低成本资本要素资源，对本地经济增长、就业和财政收入贡献较大的企业出现债务危机时，地方政府甚至默许企业拖欠贷款、逃废债等行为，还会帮助企业获取展期贷款，鼓励企业通过这些方式获取更多的金融资源（江飞涛，2008）；同时，地方政府会通过提供丰厚的土地资源、矿产资源开采权等配套条件获取银行对本地企业的信贷支持，甚至以政府信用或财政收入作为隐性担保帮助企业融资（李军杰，2005；江飞涛和曹建海，2009）；另外，地方政府还会通过批准企业债、促进企业上市等方式进一步掠取低成本的金融资源（冯俏彬和贾康，2014）。地方政府为企业提供价格扭曲的资本要素导致企业的预算约束软化，使企业的投资风险和投资成本外部化由整个社会承担，实质上形成了隐性投资补贴和超额利润，激发了企业的投资扩张热情，强化了企业的过度投资行为，导致了严重的产能过剩（干春晖等，2015；杨振兵和陈小涵，2018）。与此同时，在企业亏损或面临破产倒闭时，地方政府为了维护自身的政治经济利益，会为企业提供直接的财政补贴，甚至干预银行为其提供低成本贷款，债权银行出于呆坏账、不良资产的考虑，也会为企业继续提供信贷支持，资本价格扭曲使得低效企业无法有效退出，形成了大量的"僵尸企业"，加剧了市场中的产能过剩（王立国和高越青，2014；张栋等，2016）。

（2）劳动力价格扭曲与产能过剩。

产能过剩是指在技术水平既定的条件下，市场中的生产能力超过市场的需求，导致供给过剩、有效需求不足的现象（胡荣涛，2016），因此在19世纪初期到20世纪中后期，发达国家出现的产能过剩大多被归因于消费不足导致。目前，我国劳动力价格处于较低水平，长期偏离劳动边际产出，一方面，由于收入分配机制不合理，国民收入向企业和政府倾斜，居民收入集中在高收入群体，同时在我国城乡二元经济体制下，城乡居民收入差距不断拉大，抑制了社会消费需求（袁江和张成思，2009；张曙光和程炼，2010）；另一方面，受到长期以来消费观念和消费预期的影响，同时考虑到教育、医疗和社会保障体系尚未完善，相关公共品的供给与居民需求相差较大，大部分人选择进行预防性储蓄，导致了我国的储蓄率过高，大幅度挤占了用于消费的收入，较高的储蓄率同时又为企业投资扩张进一步提供了大量的低成本资金，助推了我国长期依靠投资拉动经济增长的发展模式形成，产能不断扩张，但投资增长带动的是中间需求，并不能够促进消费需求的增加，投资扩张反而在一定程度上挤压了原本就处于较低水平的消费增长，加剧了投资消费结构失衡，抑制了居民消费需求提升，导致国内消费严重不足（李江涛，2006；梁金修，2006；闻潜，2006；周瑞辉和廖涵，2014）。

而消费需求最终决定着市场需求容量，较低的消费水平会直接减少最终产品的需求，同时还通过关联作用间接减少了工业中间产品的市场需求，最终降低了国内工业品的市场需求水平，在国内产能不断扩张的情况下，有效需求不足导致大规模的产能无法消化，加剧了产能过剩。

与此同时，经济的不断发展也带动了我国居民生活水平的快速提升，消费者的消费需求不断升级，对工业品加工的高度化、精细化要求更加严格，而在投资扩张拉动经济增长的发展模式下，企业的自主创新动力和创新能力不足，模仿式的技术追赶导致产业结构调整和产品结构升级缓慢，工业行业普遍存在生产技术水平落后、产品质量参差不齐、产品差异化程度低等问题，工业品加工主要处于产业链中低端，而高附加值的高端产品缺失、加工业高端化无法实现，这导致产品供给结构与市场消费结构脱节，技术水平低、处于产业链低端的传统产业供给过剩，而需求弹性高、技术含量高的产品却供给不足，市场有效需求不足，形成了低水平产能过剩和高端产能不足的结构性产能过剩（沈坤荣等，2012；胡荣涛，2016）。陈娟等（2008）也认为，消费总量偏低、消费结构升级是导致我国长期性产能过剩的重要原因。

（3）土地价格扭曲与产能过剩。

当前我国的土地制度仍然存在着严重的缺陷，土地产权不明晰，地方政府是土地资源的实际管理者和拥有者，政府为了经济总量、税收和就业等利益，会以较低价格甚至零地价的方式招商引资或提供给本地投资企业，这实际上是对企业的投资补贴，企业以低于市场价格的方式获得土地，降低了企业获取土地使用权的投资成本，企业可以将土地作为抵押获取银行的低息信贷资源，降低企业自有资金投资率，在项目运营过程中或结束后，还可以以高于获取成本的市场价格转让，获得土地的转让收入，巨额的中间差价形成了对企业的补贴，而且投资规模越大补贴收益越高，这些都会吸引企业为获取巨额投资补贴而过度投资，土地价格扭曲降低了企业的投资成本，提高了企业的预期收益，对企业投资行为形成了扭曲激励，导致了大规模的低水平重复建设、过度投资和产能过剩（曹建海，2004；米黎钟和曹建海，2006；江飞涛等，2012；冯俏彬和贾康，2014；黄健柏等，2015）。李军杰（2005）也认为，通过掠取产权模糊的公共资源可以为政府提供对投资进行补贴的能力。耿强等（2011）也指出，政府低价甚至零价供地导致的土地价格扭曲对企业形成了实质性补贴，会扭曲企业的投资行为，导致过度投资。

（4）能源、环境价格扭曲与产能过剩。

国家行政学院经济学教研部课题组（2014）、皮建才等（2015）认为，我国资源型要素长期以来依靠行政性定价，缺乏完善的市场价格形成机制，无法反映其真实价值，自然资源和初级产品的要素价格扭曲实质上是为企业提供了大量的政策性补贴，使企业内部成本外部化，诱发了企业的过度投资热情，导致了产能过剩。在激烈的政治经济竞争过程中，为了扩大本地的招商引资规模，在一些资源富裕地区，地方政府经常采取以资源换投资的方式吸引企业投资，为企业配备一定数量的矿产资源开发权力，矿产资源开发权既可以为企业带来高额利润，甚至超过企业项目投资的收益，企业还能够利用矿产资源开发权获取银行信贷支持，促使企业过度投资；对于重化工业来说，生产过程中需要消耗大量的水、电、煤、油等能源，而资本密集型的重化工业具有经济体量大、高投入、高产出的特征，对拉动地区经济增长、促进就业、增加财政收入和提高官员政绩有重要作用，地方政府为了吸引重化工业投资，还会为企业提供水价和电价补贴政策，协助工业企业获取低于市场价格的煤、油等能源，大大降低了企业生产成本；地方政府为了追求经济增长往往采取宽松的环保政策，默许高污染、高耗能企业的资源浪费行为和环境污染行为，对环境违法行为的法律责任要求较低，处罚力度较轻，长期漠视居民的环境合法权益，使污染企业的生产成本严重外部化，无法反映企业生产的真实环境成本，助推了低端产能的过度扩张（鞠蕾等，2016），李晓华（2012）也认为，水、电、矿产资源和环境资源的价格扭曲导致了大规模的落后产能。

整体来看，要素价格扭曲会抑制消费、刺激投资扩张，导致我国内需不足，经济增长依赖投资扩张拉动，从而形成了我国目前高投资、低消费的现状，引发了大规模的过剩产能（冼国明和石庆芳，2013；陈彦斌等，2015；王宁和史晋川，2015），而且要素价格扭曲催生了大量的落后产能，使落后产能仍然有利可图，同时导致企业缺乏创新动力，抑制了企业创新能力提升，严重阻碍了产业结构的优化升级，提高了产能过剩化解难度，进一步加剧了产能过剩的严重程度（徐长生和刘望辉，2008；王希，2012；踪家峰和周亮，2013）。

2.2.3　产能过剩的测度

对产能过剩的测度主要是通过测算产能利用率以反映生产能力的利用程度和产能过剩程度。产能利用率是指实际产出和产能产出的比率，是目前国际上通用的衡量产能过剩程度的核心指标，可以直接衡量产能过剩情况。产能利用率的度量方法总体上可以分为定性方法和定量方法两种。定性方法主要通过利用专业知识对行业经营状况、行业特征、从业情况、开工情况、专家意见等信息进行加工、整理从而获得产能利用率，这种方法主要依赖于企业信息的获得程度，主观性较强，存在较大误差；定量方法则是通过收集企业或行业数据，通过统计方法估算产能产出，然后计算实际产出与产能产出的比值得到产能利用率，定量方法随着数据统计工作不断完善、数据质量不断提高而被广泛应用，而且定量方法得到的结果准确性较高，具有一定的客观性。目前，测算产能利用率的定量方法主要有以下几种。

1. 峰值法

57

峰值法是由克莱恩（Klein，1960）提出的较早用于测算产能利用率的方法，该方法假设在技术水平和资本给定的情况下，企业或行业在一段时间内的最大产出即为峰值，峰值处表示产能完全利用，即产能利用率为100%，两期峰值之间的产能利用率差异只由技术变化引起，产能产出随着两期峰值拟合的关于技术变化的线性函数趋势变化，产能利用率即为观测到的实际产出与估计出的产能产出的比值，该方法对数据要求低，比较适用于使用较少数据运用数学方法估算产能利用率，科克利和斯奎尔斯（Kirkley & Squires，1999）证明了峰值法的数学基础和适用性，认为这种方法是利用宏观数据计算产能利用率的有效方法，众多学者（Klein，1960；Klein & Summers，1966；Ballard & Roberts，1977；Ballard & Blomo，1978；Hsu，2003；沈利生，1999；何彬，2008）都对峰值法进行了应用和拓展。然而，峰值法存在着很多缺陷，第一，峰值法假设产能产出只受到技术变化的影响，而不考虑资本设备变化和其他结构性变化的影响，产能变化单纯解释为产能利用率的变化；第二，峰值法假设峰值处的产能得到充分利用，但实际上可能是该处的产能利用率稍高于其他位置，无法确定峰值处的产能是否得到充分利用，而且也不能判断出峰值处的产能利用率是否是真正的工程意义上的或者经济意义上的产能利用率；第三，现实中存在即使产量达到峰值时产能也没有充分利用的"弱峰值"问题，如果把此时的产能利用率设定为100%，会高估产能利用率（Phillips，1963；Leeuw，1968；董敏杰等，2015）；第四，峰值法的结果取决于峰值的选取，对于峰值的设定存在一定的主观性，缺乏经济理论支撑，对产能利用率的估算方法过于粗糙（沈坤荣等，2012）。

2. 生产函数法

克莱恩和普利斯顿（Klein & Preston，1967）认为，利用实际观测到的投入和产出数据，通过设定具体的生产函数形式可以估计出相关系数，从而得到一种或多种要素投入情况下的潜在产出，将潜在产出作为产能产出，通过计算实际产出与潜在产出的比值得到产能利用率。基于实际测算中生产函数设定方式的不同和考虑的要素投入种类的差异，又可以分为单要素生产函数法和多要素生产函数法。单要素生产函数法的应用文献大多只考虑了资本投入的影响，如杨光和马晓莹（2010）、王维国和袁捷敏（2012）利用 AK 函数法，将产能产出看作物质资本存量的函数从而计算产能利用率，龚刚和杨琳（2002）、何彬（2008）和韩国高（2012）假设一定时期内的企业用电量和资本服务使用量成一定比例，先通过生产函数估计出比例数值，进而计算得到资本服务使用量，从而得到资本设备利用率和产能利用率，这种只考虑资本要素投入的方法忽视了生产过程中不同要素间的替代弹性。多要素生产函数法全面考虑了参与生产过程的要素投入，可以解释投入要素和产出之间的技术关系，通过分解可以得到各种要素和技术对产出的贡献，有利于指导经济结构调整，多要素生产函数测度产能利用率主要采用的是边界生产函数方法，首先通过最小二乘法估算出柯布－道格拉斯形式的平均生产函数，继而将产出实际观测值和平均生产函数产出估计值之差的最大值加到平均生产函数的常数项上，得到边界生产函数，由此可以估算处于生产边界上的潜在产出，进而得到产能利用率（王辉和张月友，2015；张先锋等，2017；颜晓畅和黄桂田，2020）。但生产函数法也面临着几个方面的不足：一是生产函数设定具有主观性；二是企业正常生产过程

中常常使用多种生产要素，需要对要素种类进行区分；三是企业的产出
除了受到要素投入的影响外，还受到其他因素的影响，如技术效率、技
术进步等，生产函数法无法将其与随机干扰项区分。

除了上述通过设定生产函数计算潜在产出从而得到产能利用率的方
法外，还可以通过统计方法计算实际产出的趋势和周期成分，从而估计
潜在产出和产能利用率，如 HP 滤波法、BK 滤波法、卡尔曼滤波法等。
另外，还有将产出的趋势和周期分析与经济理论相结合的方法，如结构
向量自回归方法，可以将实际产出分解成趋势成分和周期成分，趋势成
分来源于供给冲击，周期成分来源于需求冲击，产能利用率主要取决于
需求冲击，德吉亚德斯和索菲迪斯（Dergiades & Tsoulfidis，2007）对这
一方法进行了应用。基于以上的论述，本书将采用统计或计量方法先计
算潜在产出作为产能产出从而得到产能利用率的方法统称为广义的生产
函数法。

3. 成本函数法

利用最小成本函数法测度产能利用率最早由卡塞尔斯（Cassels，
1937）提出，克莱恩（Klein，1960）和希克曼（Hickman，1964）进行
了深入研究，经过其他一些学者（Berndt & Morrison，1981；Morrison，
1985a，1985b；Berndt & Hesse，1986；Segerson & Squires，1990）发展
和完善，最终形成了现在应用比较广泛的从经济理论出发测度产能利用
率的方法。该方法主要根据伯恩特和莫里森（Berndt & Morrison，1981）
关于规模报酬不变时厂商短期平均成本函数最低点处的产出即为产能产
出的论断，将产能产出看作是使得资本存量达到最优水平的产出水平，
假设资本为准固定要素投入，在厂商追求利润最大化的前提假设下，设
定一个包含资本、劳动、中间投入、要素投入价格、技术进步和产出量
影响的可变成本函数，进而可以得到企业的短期总成本函数和最小化短
期总成本函数，通过计算最小化短期总成本函数的最优化问题可以得到
企业的产能产出和产能利用率。最小成本函数方法是在追求利润最大化
和成本最小化的企业最优化行为基础上进行的，具有一定的经济理论基
础，同时还可以反映要素价格变化和市场需求变化的影响，得到真实的
产能产出，因此得到了广泛的认可和应用，众多学者（Nelson，1989；
Segerson & Squires，1990；Garofalo & Malhotra，1997；孙巍等，2009；

59

韩国高等，2011；刘航和孙早，2014；周瑞辉和廖涵，2015；王自锋和白玥明，2015；樊茂清，2017；乔小乐等，2020）对成本函数法进行了拓展和应用。然而，利用成本函数法估算产能利用率的要求比较严格、限制较多，使得从成本角度测度产能过剩较为困难，德姆塞茨（Demsetz，1959）甚至认为该方法存在着较大缺陷，首先，成本函数的估算对数据质量要求严格，需要大量优质的要素投入量、要素价格、产出水平和成本数据等信息，而现实中要素价格信息获得性较差，存在着部分企业和行业成本信息核算困难、数据可获得性低的问题（杨振兵和张诚，2015；曲玥，2015；张林，2016）；其次，缺乏明确规范的成本函数设定形式，不同企业和不同行业之间存在着无法被观测到的显著的异质性，人为主观设定的成本函数形式容易受到误差项的较大影响，使得函数中解释变量系数的显著性难以得到保证；再次，在不调整生产设备的情况下，产能利用率也会受要素价格变动的影响；最后，在竞争性市场环境下企业和行业的生产和成本对要素价格变化是富有弹性的、敏感的，而成本函数方法这一要求在我国要素市场不完善的背景下难以得到满足，因此成本函数方法在我国的经济研究应用中还存在着适用性的问题。

4. 协整法

谢赫和穆杜德（Shaikh & Moudud，2004）提出了测算产能利用率的协整方法，该方法避免了具体函数形式设定的主观性和随意性，认为产出和固定资本存量之间如果存在协整关系，即存在着产出随资本存量变化而变化的长期趋势，产出的实际观测值在趋势线附近上下波动，这种由固定资本存量决定的长期趋势定义为产能产出，产能产出和固定资本存量之间存在着稳定的长期关系。在理想的市场环境下，固定资本存量既定情况下的长期产出水平应该是平均成本最低点处的最优产出水平，协整方法测度的产能产出近似于采用成本函数法测度的只采用固定资本存量作为固定要素投入的产能产出，程俊杰（2015）、何蕾（2015）、王贤彬和陈春秀（2020）运用协整方法测度我国的产能利用率情况。但是，协整方法的实质相当于单要素投入的生产函数方法，只考虑固定要素投入和产出的关系，无法反映劳动、能源等可变要素投入的影响。

5. 生产前沿面法

生产前沿面方法主要是基于约翰森（Johansen，1968）关于产能的论述，认为产能产出是可变投入不受限制的情况下，企业充分利用固定要素投入在单位时间内的最大生产能力，随后法尔（Fare，1984）、法尔等（Fare et al.，1989，1994）和科克利等（Kirkley et al.，2002）放松了关于可变要素投入不受限制、无穷大和潜在产出最大的假设，将投入产出的技术关系限定在可观测到的数据，产能表示为在给定固定要素投入条件下，充分利用所观测到的可变投入所能达到的最大产出。由于生产前沿面方法测度的是投入产出的技术关系，衡量固定资本充分利用时所能达到的理想状态下的生产能力，因此可以将生产前沿面方法得到的产能称为狭义的技术意义上的产能。根据前沿面的构造方法不同可以分为非参数估计方法和参数估计方法，这两种估计方法都是利用投入和产出数据构造企业生产的理论边界，边界上的产出是在要素投入既定条件下的最大产出，即产能产出，实际产出和产能产出的比值即为产能利用率，生产前沿面方法将产能过剩解释为企业生产没有达到完全有效率。

（1）非参数估计方法。

非参数估计方法不必设定具体的函数形式和分布假设，避免了生产函数设定的主观性和随意性，不需要行为假设，减少了条件限制和因为函数形式设定不当对实证结果的负面影响，不需要估计参数，也不考虑生产要素价格的影响，单纯利用企业或行业的投入产出数据找到位于生产前沿面上的相对有效投入产出点，结果具有较强的客观性和稳健性，其中数据包络分析方法（DEA）应用最为普遍。法尔（Fare，1984）首次提出可以利用 DEA 方法测度技术意义上的产能和产能利用率，法尔等（Fare et al.，1989，1994，2000）对该方法进行了完善并将其扩展到多产出情况，随后，一些学者（Kirkley et al.，2002；Dupont et al.，2002；Vestergaard et al.，2003；Lindebo et al.，2007；Bye et al.，2006；Karagiannis，2015）分别对此方法进行了应用和扩展，科利等（Coelli et al.，2002）、帕斯科和亭格利（Pascoe & Tingley，2006）还将价格信息引入模型，计算了利润最大化假设下企业的产能利用率。国内学者也进行了大量的实证应用，主要有孙巍等（2008）、何彬（2008）、

61

杨振兵和张诚（2015）、董敏杰等（2015）、孙成浩和沈坤荣（2018）、张亚斌等（2019）、王欣等（2020）。然而，数据包络分析方法也存在着诸多缺陷，首先，它没有考虑随机测量误差的影响，把实际产出与产能产出间的偏差都解释为技术无效率，而且 DEA 方法没有考虑外在环境差异对不同观测单元无效率项的影响，进一步加剧了结果的偏差；其次，该方法忽视了数据的随机变化，得到的生产前沿面是固定的，而且没有考虑要素之间的替代弹性，容易高估产能利用率；最后，该方法单纯考虑数据到数据的关系，无法证明生产前沿面上的相对有效点就是真实的产能充分利用点，缺乏一定的经济理论基础。

（2）参数估计方法。

参数估计方法主要采用的是生产函数法的估计思想，通过设定一定形式的生产函数，运用适当的估计方法得到企业的生产前沿面，估算企业的最大可能产出。参数估计方法中应用最广泛的是随机前沿分析方法（SFA），随机前沿分析方法假定企业在生产过程中会存在各种各样的生产无效率，从而使企业的生产不能达到最优水平，为了测算最优的产能产出，必须先设定生产函数构造生产前沿面，位于生产前沿面上的企业在要素投入给定情况下可以得到最大可能产出，位于生产前沿内部的企业则存在一定程度的生产无效率，因此通过估计生产前沿就可以得到企业的实际产出与最大可能产出的相对效率，即产能利用率。随机前沿分析方法由于可以设定具体形式的生产函数，充分考虑了不同要素之间的替代弹性，反映了要素投入和产出之间的技术关系，而且用于测度最大可能产出的生产前沿是随机的，与现实生产情况更加相符，而且该方法估计得到的是具有统计特征的各变量系数，可以通过考察生产函数中各系数的显著性、拟合度和对生产函数设定形式进行统计检验来判断各个参数和函数设定形式的合理性，科克利等（Kirkley et al.，2002）、曲玥（2014，2015）、谢洪军等（2015）、杨振兵（2015）、杨振兵和张诚（2015）、刘磊等（2018）、于斌斌和吴银忠（2020）分别采用随机前沿分析方法对产能利用率进行了测度。随机前沿分析方法的最大缺点在于对于多产出情况下的生产前沿面估计和处理比较复杂。

除了以上五种常用的产能利用率测度方法以外，余淼杰等（2018）采用格林伍德等（Greenwood et al.，1988）的理论框架，从资本利用程度角度测算了企业层面的产能利用率，由于该方法对生产函数形式没有要求，也不依赖于对成本函数或企业最优化目标的假设，近些年得到了广泛应用，包括杜威剑（2018）、范欣和李尚（2020）、曹亚军和毛其淋（2020）、方森辉和毛其淋（2021）、毛其淋和杨琦（2021）、韩国高等（2022）、毛其淋和钟一鸣（2022）、毛其淋和王澍（2022）等。

2.3　产业政策与产能过剩

由于市场机制存在内生性缺陷，会约束经济活动效率，出现垄断、外部性、信息不对称等市场失灵现象，市场机制的这些内在缺陷为产业政策发挥作用提供了空间。我国目前的市场经济运行受到大量不完善的产业政策的影响，无法有效发挥市场配置资源的基础性作用。

关于产业政策必要性的研究主要可以分为支持和反对两种类型：支持产业政策的研究认为，产业政策的实施能够弥补信息不对称、经济外部性及协调问题等广泛存在的市场失灵现象，同时能够有效处理发展中国家的信息外溢和协调失败，有利于发挥后发优势，促进经济发展（Rodrik，1996；林毅夫，2014；Stiglitz et al.，2013；韩永辉等，2017）；反对产业政策的研究认为，基于市场具有自发调节机制、政府有限理性、政策实施路径缺陷等方面，产业政策的实施并未带动生产率、投资效率、创新的提升，反而会导致资源错配、寻租、挤出效应等负面影响（韩乾和洪永淼，2014；韩超等，2017）。对于产业政策实际效果的研究，国内外学者主要考察了产业政策对融资（连立帅等，2015）、投资及投资效率（黎文靖和李耀淘，2014）、全要素生产率（宋凌云和王贤彬，2013；Aghion et al.，2015）、创新（黎文靖和郑曼妮，2016；余明桂等，2016）等方面的影响。部分学者研究了产业政策的实施路径问题（Greenwald & Stiglitz，2006；黄先海等，2015；孙早和席建成，2015）。

目前，国内外关于产业政策与产能过剩关系的研究较少，多数文献在理论层面阐述了产业政策会导致产能过剩，为产能过剩推波助澜，例如，张杰（2015）就对产业政策调控下的产能过剩形成机理进行阐述，但专门就产业政策与产能过剩关系问题的经验研究较少。当前多数学者主要从具体的产业政策工具着手研究了产业政策对产能过剩的影响，例如，从政府补贴角度看，冯俏彬和贾康（2014）认为，地方政府为重点产业提供各种形式的财政补贴和税收优惠，降低了企业的投资成本预期，形成了低于市场正常价格的政府价格信号，激发了企业政策套利和过度投资的动机，导致产能过剩；程俊杰（2015）的研究也发现，降低税收、政府补贴的产业政策会显著提高产能过剩程度，而且这种影响在小企业、国有企业和低技术水平企业更为明显；黄先海等（2015）认为，当行业中竞争程度处于较高水平时，继续提供补贴会降低企业对行业竞争的敏感性，导致企业为补贴而生产的行为和产能过剩，刘奕和林轶琼（2018）、颜晓畅和黄桂田（2020）也得出了政府补贴会导致产能过剩的结论；而曹亚军和毛其淋（2020）则发现，政府补贴能通过提高企业生产效率、促进出口从而有利于企业产能利用率的改善。

从与产能过剩相关的产业政策效果看，江飞涛和李晓萍（2010）认为，中国实行的直接干预市场、限制竞争、政府选择代替市场机制的产业政策存在根本性缺陷，具有较强的计划经济色彩和管制特征，不利于产能过剩的化解；杨振（2013）、吴春雅和吴照云（2015）认为，产业政策对企业进入退出行为的扭曲激励导致了某些行业的产能过剩反复出现；张晖（2013）、王辉和张月友（2015）也认为，各地方政府纷纷将新能源产业列入地方产业发展目录，并提供优惠政策吸引投资，导致了新能源产业的过度投资、重复建设和产能过剩现象；桑瑜（2015）进一步指出我国的产业政策往往助推了产能过剩的形成，而意图化解产能过剩的产业抑制政策却没有显著效果；张杰（2015）也认为，不合理的产业政策调控诱发了传统产业和新兴产业的产能过剩；程俊杰（2016）指出，政府重点发展某些行业的产业指导政策刺激了企业的过度集中进入，在化解产能过剩时，产业政策形成的退出壁垒又阻止了企业的有效退出，使得产能过剩"久治不愈"。刘阳阳和冯明（2016）的实证研究发现，金融危机过后的非均衡经济刺激计划加剧了部分行业的政策和信贷倾斜程度，提高了原本就存在产能过剩的行业的产能过剩程度。罗美娟和郭平（2016）的研究发现，政府政策的不确定性会加大市场的信息不对称程度和市场风险，加剧了国有和私营二元经济体制的扭曲程度，显著降低了企业的产能利用率。赵卿（2017）的研究也发现，整体来看，政府实施的产业政策显著引发了产能扩张和产能过剩。杨龙见等（2019）、韩国高和王昱博（2020）、刘帅等（2021）还分别研究了增值税留成政策、环境税和环境规制政策对产能过剩的影响。

此外，还有少数学者针对具体的产能调控政策的影响进行了研究，例如，程俊杰（2016）认为，在产能过剩问题出现后，政府出台的去库存、限制退出等选择性疏导政策在很大程度上会导致产能过剩化解机制受阻。包群等（2017）研究了主导产业选择对产能过剩的影响，认为同一辖区的主导产业高度相似会导致企业产能利用率下降。赵卿和曾海舰（2018）对产能过剩调控政策对产能过剩的治理效果进行了考察，研究发现总体上产业政策管控有利于提高工业产能利用率，但这种积极影响会随着时间的推移而减弱。寇宗来等（2017）、王贤彬和陈春秀（2020）分别利用《产业结构调整目录》、五年计划政策文本研究了选择性产业政策对产能过剩的影响，得到了不同的结论。杨振兵等（2021）还考察了超额节能指标政策对企业产能利用率的影响，认为超额节能指标能够有效提高企业的产能利用率，有助于治理产能过剩。

总的来说，目前专门针对产业政策与产能过剩关系的研究整体偏少，多数文献主要从国家和地区层面、行业层面展开研究，从微观企业层面探讨产业政策对产能过剩影响的研究尚不多见，而且产业政策影响产能过剩的具体内在机理有待进一步明确和验证。基于此，为弥补现有研究的不足，本书从产业政策视角出发，从宏观和微观层面对中国产能过剩的形成机制进行系统研究，明晰产业政策影响产能过剩的传导机制，揭示产能过剩的形成机理和产业政策及其实施路径中存在的问题，有效评价目前治理产能过剩的产业政策实施效果，提出产能过剩治理路径优化的对策建议，为积极稳妥化解产能过剩、促进产业转型升级、建设现代化产业体系、实现新旧动能转换和高质量发展提供理论支撑和决策参考。

第3章　中国工业产能过剩的演进、测度与评价

改革开放以来，随着社会主义市场经济体制的建立和完善，我国的市场化程度和广度不断增强，20世纪90年代开始逐渐扭转了计划经济时期的短缺经济态势，逐步由卖方市场转变为买方市场，然而由于市场经济体制处于逐步完善的过程中，在此期间的经济发展方式不够规范，产业粗放式发展现象严重，逐渐出现市场供给过剩、需求相对不足等问题，一般来说，生产能力大于市场需求即产能过剩是市场经济中的正常现象，是经济波动中产品供求关系的特殊表现，合理区间范围内的产能过剩甚至有利于促进市场竞争、提高技术和管理创新水平、增进消费者福利，但是当产能过剩超过一定程度时，便会导致市场恶性竞争、企业经营状况恶化、失业、金融风险加大和资源浪费等问题，严重影响国民经济的高效、持续、健康和协调发展。当前，在我国市场经济渐进式改革背景下，经济运行不仅受到市场化因素的影响，还会受到现阶段制度体制和政策性干预等非市场化因素影响，我国的产能过剩表现出周期性产能过剩和结构性、体制性等非周期性产能过剩并存的特征，因此对我国工业产能过剩状况的判断要在结合市场经济一般规律的前提下，充分考虑现实国情和经济发展阶段性特征。本章在系统梳理中国几次大规模产能过剩形成和演进的基础上，通过构建综合性产能过剩评价指标体系，对中国工业行业具体的产能过剩情况进行了深入分析，为我国工业产能过剩的整体评价和治理提供了理论和实证依据。

3.1　中国工业产能过剩的形成和演进

改革开放前，由于现实国情和国际形势的需要，我国推行重工业优

先发展的战略，并在此基础上建立了一系列的资源配置计划体制以确保资源优先流向重工业领域，实现了重工业的快速增长，以较快的速度建立起了比较完整的中国工业体系，使中国摆脱了新中国成立之初的落后处境，然而这种发展战略却也限制和阻碍了经济的全面、健康发展，如工业技术水平低下，农业、轻工业和服务业发展受到严重制约，人民生活水平长期得不到改善、基本物质消费需求得不到满足等，供给短缺现象严重，实质上抑制了国民经济发展。因此，在党的十一届三中全会后，为了纠正扭曲的经济发展体制，解决经济结构失衡问题，我国做出了实行改革开放的重要决策，建立社会主义市场经济体制，调整经济发展结构，促进消费导向型工业和消费品工业发展，推动工业全面发展，使得我国逐渐由短缺经济转变为过剩经济，产能过剩现象由此开始进入政府和学术界的视野。从经济周期变化来看，每一次大规模的产能过剩在一定程度上都代表着一个高经济增长周期的结束，而且在高经济增长周期过程中都存在一个拉动经济增长的主导产业，改革开放初期的主导产业是轻纺工业和消费导向型工业，20 世纪 90 年代的主导产业是电气工业，21 世纪以来的主导产业是重化工业，产能过剩作为经济系统潜在风险的表现形式，大规模的经济主导产业产能过剩意味着经济系统危机的发生，经济运行进入低速调整期。根据卢锋（2011）的研究，我国改革开放以来先后经历过 3 次大规模的产能过剩，发生年份分别为 1998～2001 年、2003～2006 年和 2008 年至今，与之相对应的是电气工业和重化工业等主导产业的大规模产能过剩，同时考虑到改革开放初期的轻工业产能过剩，因此，本章对我国工业产能过剩形成和演进的梳理主要从四个时期进行。

3.1.1　产能过剩问题初现：改革开放初期

改革开放初期，政府相继出台多项政策措施调整产业发展结构，纠正改革开放前扭曲的产业发展模式。通过压缩重工业投资规模和清理在建项目规模，严格审查重工业企业经营条件，对能耗高、污染重、效益差的企业进行关停并转，全面控制重工业发展速度；出台一系列重工业结构调整政策，调整重工业发展方向，构建和发展有利于促进农业、轻工业、消费导向型工业和服务业发展的重工业体系；注重市场需求导向，优先发展轻工业，为轻工业和消费导向型工业发展提供扶持和优惠政策，推动了轻工业的快速发展，使轻工业产品和消费品的供给能力迅速提升，提高了居民消费水平从而使得消费能力得以释放，进一步促进了轻工业的快速发展；与此同时，在宽松的宏观政策环境背景下，随着各项资源配置制度和企业经营体制的不断完善，我国多种所有制经济都得到了充分发展，形成了以市场化为导向的工业化发展模式，使得我国迅速告别了消费品短缺时代。然而，随着轻工业的高速发展，轻工业发展所需生产要素逐渐走向大部分由市场配置的局面，这导致轻工业产品成本普遍升高，与此同时，轻工业优先发展政策的实施使得居民消费水平得到提高，释放了巨大的消费需求，促使轻工业在短期内有了爆发式的发展，再加上市场力量引导和中央政策扶持的双重作用，地方政府和企业扩大轻工业投资规模的热情高涨，大大减弱了产能规制政策的实施效果，轻工业生产能力急剧扩张，重复建设现象严重，部分商品逐渐由卖方市场转变为买方市场，市场竞争不断强化、市场集中度下降、产品价格下滑，再加上消费水平和消费能力的提升使得消费者的消费需求层次提高，消费者更加严格地选择商品，这些使轻工业行业盈利水平、设备利用率和有效开工率下降，纺织、家用电器等部分轻工业行业出现全面亏损，产能过剩现象开始频繁出现。据 1995 年国家统计局数据显示，70 多种工业品产能利用率测算中，有 15 种产品的产能利用率较低，其中 11 种属于轻工业，在产能利用率较高的产品中只有一种产品属于轻工业，以家电、纺织为代表的部分轻工业行业产能利用率保持在较低水平。到 1996 年，全国主要工业品大约有 40% 以上的生产能力闲置，1997 年下半年主要消费品供大于求的局面进一步恶化。1998 年对 900 多种主要工业产品生产能力的普查数据显示，多数工业产品的产能利用率低于 60%，最低仅有 10%。① 然而，值得注意的是，本次产能过剩具有明显的结构性产能过剩特征，主要表现为消费品和轻工业行业产能过剩，重工业行业并未出现生产能力过剩，同时市场上供给超过需求的大多属于技术水平不高的低端产品，而技术含量高的高端产品没有出现过剩。

① 许召元. 我国两轮大范围产能过剩现象及其比较 [J]. 经济观察，2016（3）：24 - 27.

3.1.2 第一轮产能过剩：1998～2001 年

在 1992 年党的十四大明确提出建立社会主义市场经济体制目标之后，经济社会改革进程的加快使得我国经济进入了新一轮的高速增长时期，国民经济过热现象进一步加剧。1993 年开始，中国经济增长速度明显加快，出现显著的经济过热和通货膨胀现象，尽管适度紧缩的货币、财政政策和扩大内需的政策方针使我国经济在 1996 年顺利软着陆，但随着市场经济体制和市场经济法律法规体系的不断完善，政府管理机构和职能改革深入推进，全社会工业企业逐步建立和完善现代企业制度，这些经济社会改革措施促进了多种所有制经济的发展，尤其是推动了非国有经济的迅速壮大，使得竞争成为市场经济发展的主题，极大促进了工业和整个国民经济的高速增长，市场经济激励机制和约束机制逐渐发挥更加全面的经济发展引导作用，企业生产开始逐渐转向以市场需求为导向。在 20 世纪 90 年代中期以后，买方市场基本形成，我国较大数量的工业品生产能力出现过剩，产品供给超过市场需求，由短缺经济时代进入过剩经济时代，工业产品库存压力逐年增大，大多数工业部门都面临着产能过剩的约束，工业企业产能利用率呈下降趋势。根据第三次全国工业普查公报统计，1995 年对 900 多种主要工业产品生产能力的普查，有一半左右产品的产能利用率低于 60%，企业亏损总额增加 1158.1 亿元，销售利润率比 1985 年下降 8.8%。[①]

1998 年，在东南亚金融危机影响下，我国宏观经济严重衰退，经济增长率下降，在总需求不足的经济环境及其他结构性因素影响下，除能源、原材料供给短缺外，主要工业行业普遍存在产能过剩的问题，产品供需矛盾日益严重，工业品价格持续走低，据统计，1997～1999 年的工业生产者出厂价格指数连续三年低于 100，工业成本费用利润率最低降到 3% 以下（周劲和付保宗，2011）。[②] 与此同时，国内经济发展也暴露出诸多问题，在能源、原材料和交通运输等基础性行业的国有

---

① 资料来源：中华人民共和国国家统计局、第三次全国工业普查办公室关于第三次全国工业普查主要数据的公报。

② 周劲，付保宗. 产能过剩的内涵、评价体系及在我国工业领域的表现特征 [J]. 经济学动态，2011（10）：58-64.

69

比重过高，国有企业改革滞后，行业竞争不充分，技术创新激励较弱、技术进步缓慢、生产率低下，国有企业亏损严重、盈利能力差；随着居民收入水平的提高，消费者的消费需求层次不断提升，对工业品加工的高度化、精细化要求更加严格，而受限于当时的产业发展模式，工业行业普遍存在生产技术水平落后、产品质量参差不齐、多样化水平不足等问题，工业品加工处于产业链中低端，而高附加值的高端产品缺失、加工业高端化无法实现，导致市场有效需求不足，落后产能过剩；经济建设过程中的盲目投资、低水平重复建设和资源浪费现象严重，导致国民经济运行质量和效益普遍不高，全国各地产业结构趋同，产业集中度较低，行业竞争不断强化，工业企业盈利能力趋于下降、亏损逐渐增加，大部分工业行业开工率不足、产能利用率低下。在此背景下，1999 年《政府工作报告》指出，我国的经济结构矛盾突出，多年的盲目投资和大量的低水平重复建设导致多数工业行业产能过剩现象严重，并提出停止审批和金融支持工业基础建设投资项目、继续压缩产能过剩行业生产能力、淘汰落后产能、鼓励兼并重组以建立具有竞争能力的大型企业、提高产能过剩行业市场集中度、鼓励市场竞争等全面治理产能过剩的政策措施。尽管此次大规模产能过剩发生在经济周期性波动时期，属于周期性产能过剩，但也暴露出诸多经济发展结构性问题，表明我国也同时存在着结构性产能过剩问题，周期性产能过剩和结构性产能过剩相互交织使得我国工业产能过剩的治理困难重重。

3.1.3 第二轮产能过剩：2003～2006 年

我国 2003～2006 年的第二次大规模产能过剩主要起因于政府主导的新一轮固定投资高速增长，尤其是重化工业投资的高速增长，内外需求的强劲增长也加速了投资的快速增长，因此，抑制投资过快增长成为该时期治理产能过剩的主题。一方面，从国际经济环境来看，我国于 2002 年正式加入世界贸易组织（WTO），大大加快了我国的对外开放进程，对我国的产业经济发展产生了至关重要的影响，推动我国加速融入经济全球化，促进了具有比较优势的传统工业和纺织业、轻工业等劳动密集型产业的产品出口，关税的降低也提高了我国工业下游产业在国际市场上的竞争力，出口的迅速增长消化了之前积累的大量过剩产能，在增加收入的同时也刺激了国内投资的高速增长，同时大量国际资本看好中国汽车、钢铁、房地产等重化工业，外商投资的进入进一步推动了国内投资的快速增长。另一方面，从国内经济环境来看，随着放权让利改革的深化和财政分权体制的确立，地方政府的经济自主性和独立性提高，使得地方政府及官员的各种利益与地方经济发展息息相关（耿强等，2011），再加上在渐进式改革过程中，除关键能源、原料类产品以外的工业产品已经形成由市场定价，但要素市场化进程却相对滞后，土地产权模糊、金融融资体系软预算约束、环境产权和资源类产权模糊，这些为地方政府不当干预微观经济发展提供了条件，政府实际控制着土地、能源、环境、劳动等关键性生产要素的定价权和配置权，同时又掌握着产业发展规划、产业目录等产业发展指导性政策和文件的制定权，各级地方政府为了提升地方经济发展水平、扩大地方政府利益、凸显地方官员政绩，往往通过提供各种政策性补贴和低价要素使用权间接补贴等方式选择相关产业优先发展，导致部分行业资源过度配置和盲目过度投资。重化工业具有高投入、高产出的特征，对拉动地区经济增长、促进就业和增加财政收入有重要意义，吸引重化工业投资还能凸显地方官员的政绩，有利于职位晋升，因此各级地方政府及相关部门领导都有强烈的动机利用掌握的要素资源和政策性资源引导投资重化工业（张日旭，2013），汽车和房地产需求的升级也为重化工业的迅速发展发挥了重要推动作用，政府干预下重工业的投资扩张是我国自2003年起固定资产投资高速增长、经济出现局部过热的重要原因。而且，由于地方保护主义、市场分割和诸侯式竞争模式的影响，我国的投融资体制不健全，投融资渠道狭窄，地方政府往往将企业投资限制在本地，导致全国性的重复建设、产业同构现象严重。

　　与此同时，市场经济体制的完善促进了多种所有制经济的发展，由于对钢铁、汽车、房地产等重工业行业有良好的前景预期，多种经济成分集中投资助推了重化工业和全社会投资的增长。尽管宏观调控部门采取了紧缩银根和地根的调控政策，使投资增长速度有所降低，但仍处于高位运行状态，固定资产投资增长率从2003年的30.5%降到2005年的25.7%又上升到2006年的30%，其中重化工业投资占全部工业投资的70%以上，重化工业比重也由21世纪初的60%上升到2006年的70%

（周炼石，2007）①，投资的高速增长形成了巨大的生产能力，直接造成了市场供给严重超过市场需求，导致企业产能利用率下降、开工率不足，市场竞争的强化也导致工业产品价格趋于下降，企业产品积压严重、盈利水平降低、出现亏损等，市场中产能过剩现象频繁发生。2006年《国务院关于加快推进产能过剩行业结构调整的通知》指出，部分行业盲目投资、低水平重复建设已经成为阻碍经济发展的突出问题，钢铁、电解铝、电石、铁合金、焦炭、汽车等行业产能已经出现明显过剩；水泥、煤炭、电力、纺织等行业也存在着产能过剩问题。② 此次产能过剩发生在经济繁荣时期，并没有和经济周期性波动保持一致，具有显著的非周期性产能过剩的特征，除了具有显著的体制性产能过剩特征外，还体现出明显的结构性产能过剩特征，比如，粗放型的产业发展模式导致我国工业行业自主创新能力较差，产业结构调整不能跟上市场消费结构变化的步伐，使得我国供需结构严重脱节，形成了低端过剩和高端不足甚至依赖进口的局面，工业产品只能依靠低廉的成本价格优势参与竞争。

3.1.4　第三轮产能过剩：2008 年至今

2008 年下半年由美国"次贷危机"引发的金融危机和随之而来的2010 年欧洲主权债务危机导致全球性金融市场运转困难，金融市场秩序混乱，国际经济运行反复波动、不确定性增加、增速明显放缓，国内经济也进入经济周期性低谷阶段，国际经济危机带来的国际需求萎缩和国内供需严重失衡诱发了我国新一轮的大规模产能过剩，新时期的产能过剩体现出周期性产能过剩和结构性、体制性等非周期性产能过剩相互交织的特点，我国的产能过剩逐渐由阶段性产能过剩转变为长期性产能过剩，由低端局部性产能过剩转变为高端全局性产能过剩（李晓华，2013）。

2008 年的金融危机导致全球性金融市场秩序混乱，金融机构丧失融资能力，国际热钱涌向大宗商品期货市场，推动了原材料和初级加工品的价格上涨，导致我国工业生产成本不断攀升，对我国长期以来依靠

---

① 周炼石. 中国产能过剩的政策因素与完善 [J]. 上海经济研究，2007（2）：3-10.
② 资料来源：《国务院关于加快推进产能过剩行业结构调整的通知》。

成本优势发展的中低端产品加工业形成了巨大冲击，再加上经济危机导致的国际市场需求萎缩，长期依赖出口的经济发展遭受重挫，出口对GDP 的贡献率由 2007 年的 19.7% 下降到 2008 年的 8.9%，出口对 GDP的拉动从 2007 年的 2.6% 下降到 2008 年的 0.8%，出口增长率从危机前的 30% 左右下降到 2008 年的 7.3%，甚至 2009 年出现 − 18.3% 的负增长，大量出口企业的库存增加、利润率下降。与此同时，2003 ~ 2006年高速增长的固定资产投资使得我国经济于 2007 年开始进入高通胀时期，2007 年的通胀率上升到 4.8%，2008 年以来月度最高 CPI 达到8.7%，而受经济危机的影响我国当期的经济增长速度迅速下滑，由2003 ~ 2007 年的年均增长 11% 下降到 2008 年的 9%，2008 年前 4 个月的消费实际增长率下降 0.2%、投资增长率下降 7%、出口增长率下降10.9%，第四季度经济增长率仅为 6.8%①，经济危机前高速增长的投资形成了大规模的过剩产能，市场供需失衡严重。

　　为应对国际经济危机对我国经济的负面影响，促进经济复苏，2008年 6 月开始中国政府实行了包括"4 万亿投资计划"、调整振兴产业规划、推进自主创新、发展战略性新兴产业和宽松的财政货币政策等一系列刺激经济回暖、扩大内需的措施，促使我国经济于 2009 年开始恢复增长，2009 年和 2010 年经济增长率分别为 9.2%②和 10.6%③。然而，经济刺激计划在推动经济恢复发展动力的同时，也给钢铁、汽车、水泥、房地产等行业带来了巨大的市场需求，带动了传统工业行业新一轮的盲目过度投资和低水平重复建设，导致投资过快增长、重化工业产能急剧扩张，产能过剩程度进一步加重。与此同时，由于政府调整产业发展结构的需要，光伏、风电、新能源等新兴产业得到了大量的政策和金融支持，全国各地大搞新兴产业建设，例如，在"十二五"规划期间，有 30 个省份将新材料和生物制药作为地方重点发展新兴行业，28 个省份投资发展新能源行业，25 个省份将信息技术产业和节能环保产业纳入产业发展规划，24 个省份发展了现代装备制造业（顾智鹏等，2016），

---

　　①　王建. 关注增长与通胀格局的转变点 [J]. 宏观经济管理，2008（8）：11 – 13.

　　②　统计局将 2009 年 GDP 增长率由 9.1% 调整为 9.2% [EB/OL]. 中央政府门户网站，2011 – 01 – 11.

　　③　中华人民共和国 2010 年国民经济和社会发展统计公报 [EB/OL]. 国家统计局网站，2023 – 02 – 06.

然而由于缺乏核心技术，当前的新兴产业建设多数都停留在进入门槛不高的产业链中下游低水平加工业，新兴产业爆发式的发展也逐渐显露出低水平重复建设、产能利用不足等产能过剩特征。2010 年欧债危机的发生以及之后几年的反复发作，使得国际经济形势进一步恶化，外需进一步收缩，在国际经济形势影响下国内经济增长速度下滑，2012～2015 年 GDP 平均增长率仅为 7% 左右，经济增长速度下滑进一步导致国内需求下降。持续性的外需乏力、国内有效需求不足，再加上此时受益于国家经济刺激计划形成的大量产能陆续建成，产能释放压力激增，根据工业和信息化部的统计，到 2012 年，产能过剩行业已经由钢铁、水泥、平板玻璃、电解铝、船舶、汽车、机械等传统行业扩大到光伏、多晶硅、风电、新能源等战略性新兴行业，《国务院关于化解产能严重过剩矛盾的指导意见》中指出，2012 年底，我国钢铁、水泥、电解铝、平板玻璃、船舶产能利用率分别仅为 72% 、73.7% 、71.9% 、73.1% 和 75% ，明显低于正常水平。工业和信息化部发布的《中国工业发展报告 2014》指出，中国制造业 24 个行业中，有 22 个行业存在着严重的产能过剩，国家统计局数据显示，2014 年第三季度我国工业产能利用率为 78.7% ，是 2009 年以来的最低点，19 个制造业产能利用率低于 79% ，7 个产业在 70% 以下，风电制造业闲置产能甚至超过 40% ，风电整机产能过剩 50% 以上[1]，2014 年底粗钢、水泥、电解铝、平板玻璃和船舶的产能利用率分别为 74.6% 、71.3% 、73.1% 、68.3% 和 70% 。受产能过剩的影响，9 月规模以上工业企业库存同比增长 15.1% ，工业生产者出厂价格同比下降 1.8% ，连续 31 个月负增长，企业经营状况不容乐观。[2] 2015 年粗钢、水泥、电解铝、平板玻璃和造船业的产能利用率分别为 67% 、67% 、78% 、68% 和 60% 左右。[3] 2016 年 9 月，工业生产者出厂价格指数同比增幅结束了自 2012 年 3 月开始的负增长，54 个月以来首次转正。[4] 此次大规模的产能过剩起因于由经济危机引发的经济周期性波动，但也暴露出诸多国内经济发展结构性问题和经济社会体制

---

① 王晓涛. 黎明前必有风电企业被淘汰出局［N］. 中国经济导报，2013 - 05 - 30（B02）。

② 建立长效机制化解产能过剩［N］. 经济日报，2014 - 11 - 18.

③ 去产能淬炼中国工业［EB/OL］. 新华网，2016 - 10 - 23.

④ 经济运行出现明显企稳迹象 PPI 4 年半来首次由负转正［N］. 经济日报，2016 - 10 - 15.

问题，产能过剩已经成为阻碍我国经济稳定、健康、协调发展的突出问题，治理产能过剩成为当前以及未来很长一段时间经济转型升级和调整优化产业结构的重要任务。

3.2　产能过剩的综合性评价指标体系

准确识别产能过剩是有效治理产能过剩的重要前提。准确判断和评价工业行业的产能过剩需要从两个方面进行：一是直接测度工业行业生产能力利用程度，即测算产能利用率，根据产能利用率对产能过剩程度进行直接的判断；二是根据工业行业存在产能过剩时会产生的经济、社会和环境影响效应进行判断，系统评价产能过剩情况（周劲和付保宗，2011；冯梅和陈鹏，2013）。

3.2.1　产能过剩程度指标：产能利用率

产能利用率是指实际产出和产能产出的比率，表示生产能力利用程度，是目前国际上反映产能利用情况、测度产能过剩程度最直接、最常用的指标。一般来说，在生产运营过程中，企业不可能对已有产能实现充分完全的利用，适度的生产能力剩余属于正常现象，然而，较高程度的产能过剩却会导致产品积压、价格下降、企业利润下滑、设备大量闲置、市场过度竞争等不良后果，因此对企业生产能力的利用状况即产能利用率进行监测是十分必要的。由于市场经济中的产品供给大多数都以市场需求为导向，产能利用率指标对市场需求变动的敏感程度较高，因此，关于产能利用率测度所需的数据及测算结果的披露应具有连续性，以便能够真实有效地反映产能利用率和市场需求的变化情况。在此方面，美国、日本等发达国家从 20 世纪 70 年代就开始对工业行业进行产能利用情况的统计监测和数据公布，并将产能利用率作为工业行业产能监测、指导工业发展的重要指标。实践证明，对产能利用率的统计监测和分析，有利于政府及时掌握工业行业的运行态势，了解宏观经济发展情况，有助于政府宏观调控政策和经济发展指导政策的科学、合理制定，同时也能够为微观企业提供行业运行和市场供求的信息，对企业进行准确的市场决策提供了巨大帮助。而当前我国还没有建立起完整、系统的产能利用率的相关数据整理、统计监测和信息公布体系，对工业行业产能利用情况的判断和评价主要来源于其他相关的替代指标，不利于对经济运行状况进行准确的判断和调控。同时也应该注意到，由于不同的工业行业具有差异化的行业特征，因此，不同行业产能利用率的合理范围也存在着较大的差异，通过产能利用率指标判断产能过剩程度的方法不能一概而论。一般来说，根据欧美等发达国家的经验，产能利用率的合理区间应处于 79% ~ 83%，如果低于 79%，说明企业开工不足、产能利用程度低，存在着产能过剩的风险；如果高于 90%，则说明企业产能不足，出现生产瓶颈，存在生产设备超负荷运转的情况（韩国高等，2011）。产能利用率低于合理区间只是产能过剩的具体表现之一，产能利用率只能作为考察产能过剩情况的必要条件，对产能过剩的判断还需要结合产能过剩发生时带来的经济、社会、环境等影响效应进行全面、系统的分析。

3.2.2 产能过剩的经济社会效应评价指标

在我国政治、经济、社会体制尚不完善的情况下，产能过剩在带来诸多经济影响的同时，也会产生众多的社会、环境问题，因此应科学构建能够反映工业产能过剩的指标体系，对产能过剩情况进行全面、系统的分析。根据韩国高和王立国（2012）、邹涛（2020）的建议，选取的指标首先应能综合反映工业行业的生产运行状况；其次，根据产能利用情况与经济社会发展的内在联系，选取具有科学内涵、能客观反映产能过剩情况的指标；最后，应该选择可获得、可比较、可操作性较强的连续性指标，以此为标准构建系统的产能过剩评价指标体系。

1. 产能过剩的经济效应评价指标

在市场经济条件下，产能过剩的经济影响效应会通过工业行业、企业的经济状况指标体现出来，如产品价格、库存变动、行业经济效益水平、固定资产投资状况和行业亏损情况等。第一，工业生产者出厂价格指数可以在一定程度上很好地反映市场供求情况，通过产能过剩的内涵可以知道，市场供给超过市场需求形成产品过剩是产能过剩的直接表现，供给大于需求便会直接导致工业品价格下降，继而使得行业产能利用水平下降、产品供给减少。而当价格上涨时，产能利用率随之提高、供给增加，产能利用率达到一定程度后，供给的大量增加又使得价格下降，从而产能利用率下降。一般来说，除垄断行业或政府干预的特殊行业会导致价格与产能利用水平关联弱以外，工业行业的产品价格水平都会和产能利用率呈现交替上涨或下降的特性，当然产品价格的影响因素很多，运用价格指标考察产能过剩情况时，应注意参考正常条件下的指标合理区间。第二，产能过剩带来的产品过剩还会导致行业和企业的产品大量积压、库存增加，因此可以通过工业行业库存变化判断产能过剩情况。第三，大量研究表明，过度投资是导致产能过剩的直接原因（韩国高等，2011；王立国和鞠蕾，2012），固定资产投资规模与行业或企业的生产能力直接相关，因此固定资产投资的快速增长意味着行业发生产能过剩的风险增大。第四，通过分析行业经济效益指标来判断产能过剩情况，行业的经济效益水平包括销售利润率、资金利润率、成本费用利润率、流动资产周转次数、亏损状况、产品销售率和利润总额等。销售利润率反映企业单位销售收入获得的利润水平；资金利润率表明单位资金获得的利润水平；成本费用利润率体现了经营耗费带来的经营成果，值越大表明利润越高、经济效益越好；较快的流动资产周转次数意味着流动资产利用率较高，相当于资产的增加，增强了行业盈利能力；亏损状况大多采用亏损面作为考察指标，表示亏损企业所占比重大小；产品销售率可以很好地体现产品满足社会需求的程度，一定程度上反映市场供求信息；利润总额则直接反映了一定时期内的经营成果。当发生产能过剩时，会导致产品价格下降、行业经济效益下降，成本费用利润率、产销率和利润都会降低，行业资金周转速度减慢，整体盈利能力减弱，亏损面增加，因此当行业经济效益水平下降、亏损增加时，行业存在产能过剩的可能性增加。然而，值得注意的是，产能过剩产生的经济效应不能单纯从各项指标的数值大小上做判断，行业经济运行的各项指标还受到如经济周期、行业异质性、经济发展阶段性特征等因素影响，因此还应该结合经济周期性波动情况、行业特征、市场环境、发展阶段、制度环境和政策环境等方面进行分析。

2. 产能过剩的社会效应评价指标

为了能够全面地判断工业行业的产能过剩情况，还应该选取一些能体现产能过剩造成的社会影响的指标。第一，工业行业产能过剩会带来大量的社会问题，产品价格下降、市场恶性竞争导致的行业经济效益下滑会使得大量企业开工不足甚至亏损倒闭，失业人数增加，职工工资水平下降；第二，低水平重复建设和过度投资在导致产能过剩的同时，也致使整个社会资源浪费现象严重，因此可以通过考察行业的闲置资产和生产设备开工情况来反映资源浪费程度（周劲和付保宗，2011）；第三，我国目前大规模的投资资本来源于银行信贷，产能过剩发生时导致的企业盈利水平下降、经济效益下滑、亏损增加等会促使金融风险增大，银行的呆账坏账增加；第四，渐进式改革进程中，要素市场化步伐缓慢，要素市场化定价机制尚未形成，权力过大的全能型政府控制着要素资源的定价权，政府为了发展经济和彰显政绩，往往通过压低要素成本价格的方式扶持具有潜在产能过剩风险行业的发展，必然会改变产品的成本结构，导致这些行业的盈利水平上升从而改变市场供求情况，增加产能过剩的风险；第五，环境的模糊产权和完善的环保制度缺失使得企业的内部成本外部化，再加上地方政府为了经济发展纵容企业污染环境，助推了重化工业等高耗能、高污染行业的投资增长，而外部环境成本的内部化会提高生产成本和产品价格，一定程度上影响市场供需状况，因此在判断环境影响较大行业的产能过剩情况时，需要选取环境效应指标考察其对环境的影响，当一个行业对环境的负向影响较大时，表明该行业可能存在落后产能和潜在的产能过剩。

综上所述，工业行业产能过剩会直接表现出产能利用水平的下降，给工业行业经营带来各种负面影响，同时也会导致众多社会问题，因此，构建全面、科学、系统的产能过剩判断、评价体系是十分必要的。在对产能过剩情况进行评价时，除了应该详尽、系统地分析经济社会影响效应外，还需要结合不同行业的行业特征、经济发展阶段、市场环境和体制机制等方面的情况进行综合分析，才能更好地掌握经济运行中的产能过剩情况，以便有效预防和解决产能过剩问题。根据前文的论述，本章构建的产能过剩综合性评价指标体系如表 3 - 1 所示，分为直接评价指标和间接评价指标。

表 3 – 1   产能过剩的综合性评价指标体系

指标类型		具体评价指标	评价内容
直接评价指标		产能利用率	生产能力利用水平
间接评价指标	经济效应指标	工业生产者出厂价格指数	工业行业市场价格水平
		库存变动率	工业行业存货变化情况
		固定资产投资增速	固定资产投资规模变动情况
		销售利润率	工业行业盈利能力和盈利水平
		资金利润率	
		成本费用利润率	
		流动资产周转率	
		产品销售率	
		利润总额	
		亏损面	工业行业亏损状况
	社会效应指标	失业人数	工业行业就业情况
		职工平均工资	
		闲置资产	工业行业资源浪费情况
		生产设备开工率	
		银行不良资产	金融市场风险情况
		要素价格水平	工业行业生产成本
		污染物排放水平	工业行业的环境污染情况

3.3　中国工业产能过剩的测度

3.3.1　模型构建

根据第 2 章的论述，产能可以分为工程意义上的产能、技术意义上的产能和经济意义上的产能。在企业实际运行过程中，资本必须通过购买生产设备转化为生产能力，不同生产设备的生产能力是有显著差异的，传统研究中会假设企业购买生产能力最大化的生产设备，在这种情况下的工程意义上的产能和基于生产前沿面方法的狭义技术意义上的产能是相同的，但实际上，由于存在各种现实约束，企业往往没有做出购买生产能力最大的生产设备的理性选择，这就导致了生产中技术无效率的存在，也就是此时企业存在落后产能，由于生产中存在资源浪费情况，两种意义上的产能不再相等，如果此时仍然采用工程意义的产能来测度产能利用率，则会出现明显的高估，考虑到我国市场经济体制尚不完善、落后产能普遍存在的现实情况，工程意义上的产能对企业生产技术有效的前提假设是不合适的（董敏杰等，2015）。同时，由于中国经济发展过程中存在众多非市场因素的影响，要素市场化进程滞后、国有经济比重过高、政府政策干预等现象普遍存在，经济意义上的产能所要求的企业追求利润最大化和成本最小化的前提假设可能不完全适用，而且成本函数法也存在诸如数据要求严格、无法获取准确的要素价格信息、函数设定主观性强和适用性不足等问题（徐明东和陈学彬，2012；贾润崧和胡秋阳，2016）。因此，考虑到企业生产中技术非效率、落后产能和非市场因素的普遍存在，采用生产前沿面方法得到技术意义上的产能，进而测算出产能利用率可能更适用于中国的经济发展情况，既反映了产能利用情况，又涵盖了落后产能的内涵。

为了较好地规避要素价格和生产成本等测算造成的偏差，本章采用生产前沿面方法测度产能利用率。进一步地，数据包络分析方法（DEA）由于不必设定具体的函数形式和分布假设，避免了生产函数设定的主观性和随意性；不需要行为假设，减少了条件限制和因为函数形式设定不当对实证结果的负面影响；不需要估计参数，也不考虑生产要素价格的影响，单纯利用企业或行业的投入产出数据找到位于生产前沿面上的相对有效投入产出点，结果具有较强的客观性和稳健性，得到了广泛应用。此外，DEA 方法还可以把技术效率与产能利用率分离，以测度无偏产能利用率，从而避免传统测量方法中产能利用率向下偏误的问题。因此，本章采用 DEA 方法对中国工业行业的产能利用率进行测度。

具体地，参考法尔等（Fare et al.，1989）、董敏杰等（2015）、贾润崧和胡秋阳（2016）、张少华和蒋伟杰（2017）的研究，假设市场中有 N 个行业，每个行业 i 在 t 时期使用的投入要素包括固定投入要素 F 和可变投入要素 V。进一步假设，Y 为产能产出，y 为实际产出，由于可变投入要素可以任意调整，但固定投入要素由于其昂贵的调整成本无法任意调整，因此行业的短期生产能力主要受到固定投入要素的约束，即可表示为 $Y(F_{it})$，而生产能力能够在多大程度上转化为实际产出 y，还要取决于行业的生产技术水平和可变投入要素 V，行业的生产技术水平采用技术效率 TE 替代，反映因存在技术非效率导致的产出不足情况。因此，实际产出可表示为：

$$y_{it} = Y(F_{it}, V_{it}, TE_{it}) = TE_{it} \times Y(F_{it}, V_{it}) \qquad (3-1)$$

根据前文所述，产能利用率可表示为实际产出与产能产出的比值：

$$CU_{it} = y_{it}/Y(F_{it}) = TE_{it} \times Y(F_{it}, V_{it})/Y(F_{it}) \qquad (3-2)$$

其中，CU_{it} 表示产能利用率。然而，这种方法计算的产能利用率包含了技术非效率的影响，也就是此时的产能利用率低不仅表明存在产能过剩的情况，还可能是由于技术非效率导致的，因此采用这种方法计算的产能利用率会存在向下偏误的问题，法尔等（Fare et al.，1989）、科克利等（Kirkley et al.，2002）将其称为有偏产能利用率（biased capacity utilization），并指出应该从产能利用率中剔除技术非效率的影响，采用技术有效产出作为与产能产出对比的参考标杆，也就是只有因产能增加而不是效率提高带来的产出增加才可以用于计算产能利用率。据此可以计算得到无偏产能利用率（unbiased capacity utilization），即：

$$UCU_{it} = BCU_{it}/TE_{it} = Y(F_{it}, V_{it})/Y(F_{it}) \qquad (3-3)$$

其中，UCU_{it} 表示无偏产能利用率；BCU_{it} 表示有偏产能利用率，即为式（3-2）计算得到的产能利用率。有效产出 $Y(F_{it}, V_{it})$ 和 $Y(F_{it})$ 可以通过 DEA 方法测算得到。具体地，本章的固定要素投入为资本投入 K_{it}，可变要素投入包括劳动投入 L_{it} 和中间投入 M_{it}，实际产出为工业总产值 y_{it}，同时由于径向 DEA 模型只考虑了所有投入或产出等比例的改进部分，没有包括松弛改进的部分，这会导致产能利用率的估计偏误，因此本章采用考虑松弛变量的非径向产出导向 SBM 模型测算有效产出 $Y(F_{it}, V_{it})$ 和 $Y(F_{it})$，测算模型分别为：

$$\max\rho_1^* = 1 + \frac{s^+}{y_{kt}}$$

$$s.t. \ \sum_i^N \lambda_{it} y_{it} - s^+ = y_{kt}$$

$$\sum_i^N \lambda_{it} K_{it} \leq K_{kt}, \ \sum_i^N \lambda_{it} L_{it} \leq L_{kt}, \ \sum_i^N \lambda_{it} M_{it} \leq M_{kt}$$

$$\sum_{i}^{N} \lambda_{it} = 1$$

$$\lambda_i \geqslant 0, \, s^+ \geqslant 0 \qquad\qquad (3-4)$$

$$\max \rho_2^* = 1 + \frac{s^+}{y_{kt}}$$

$$\text{s. t.} \quad \sum_{i}^{N} \lambda_{it} y_{it} - s^+ = y_{kt}$$

$$\sum_{i}^{N} \lambda_{it} K_{it} \leqslant K_{kt}$$

$$\sum_{i}^{N} \lambda_{it} = 1$$

$$\lambda_i \geqslant 0, \, s^+ \geqslant 0 \qquad\qquad (3-5)$$

其中，λ_{it} 为权重向量，是待估计的线性组合系数，用于构造生产前沿面；k 表示第 k 个决策单元；N 为市场中的行业个数；s^+ 表示决策单元产出的松弛变量；$\sum_{i}^{N} \lambda_{it} = 1$ 表示规模报酬可变；ρ_1^* 和 ρ_2^* 表示决策单元在当前技术水平下，在不增加投入的条件下，如果生产达到技术有效状态时产出可以扩张的最大比例。因此，决策单元 k 在时期 t 的有效产出 $Y(F_{kt}, V_{kt}) = Y(K_{kt}, L_{kt}, M_{kt}) = y_{kt} \times \rho_1^*$，即技术效率产出，则技术效率 $TE_{kt} = y_{kt}/Y(K_{kt}, L_{kt}, M_{kt}) = 1/\rho_1^*$；决策单元 k 在时期 t 的有效产出 $Y(F_{kt}) = Y(K_{kt}) = y_{kt} \times \rho_2^*$，即有偏产能产出，则有偏产能利用率 $BCU_{kt} = y_{kt}/Y(K_{kt}) = 1/\rho_2^*$。进一步可计算得到剔除技术非效率影响的无偏产能利用率为：

$$
\begin{aligned}
UCU_{kt} &= Y(F_{kt}, V_{kt})/Y(F_{kt}) \\
&= Y(K_{kt}, L_{kt}, M_{kt})/Y(K_{kt}) \\
&= \rho_1^*/\rho_2^* \\
&= \frac{1/\rho_2^*}{1/\rho_1^*} \\
&= BCU_{kt}/TE_{kt} \qquad\qquad (3-6)
\end{aligned}
$$

由于式（3-4）包含了式（3-5）中的所有约束条件，因此 $BCU_{kt} \leqslant UCU_{kt} \leqslant 1$，即无偏产能利用率大于有偏产能利用率，同时小于等于 1。

3.3.2　数据说明及变量选取

1. 样本选择、数据处理与数据来源

根据卢锋（2011）的划分，我国第一次大规模产能过剩发生在 1998 年东南亚金融危机之后，而最近一次大规模产能过剩一直延续至今，考虑到相关统计年鉴从 1998 年开始调整统计口径为规模以上工业企业，因此为了避免统计口径不一致问题，同时考虑到数据的完整性、准确性和可得性，本章的样本时期范围为 1999～2020 年，数据统计口径统一采用规模以上工业企业数据。由于工业行业统计口径调整的原因，部分行业统计数据无法良好衔接，因此根据最新的国民经济行业分类标准（GB/T 4754—2017），本章对工业行业统计数据进行了重新整理，剔除"开采专业及辅助性活动""其他采矿业""木材及竹材采运业""其他制造业""废弃资源综合利用业""金属制品、机械和设备修理业"六个数据连贯性较差的行业。同时为了统一样本期间部分行业的数据统计标准，本章将 2012 年之前的橡胶制品业和塑料制品业合并为橡胶和塑料制品业，将 2012 年之后的汽车制造业和铁路、船舶、航空航天和其他运输设备制造业合并为交通运输设备制造业。通过整理，最终得到中国 35 个工业行业的面板数据，本章所需数据主要来源于《中国工业统计年鉴》《中国统计年鉴》《中国经济普查年鉴》《中国价格统计年鉴》和国泰安 CSMAR 数据库、中国国家统计局网站等。

2. 变量选取与描述性统计

（1）实际产出（y）。考虑到工业行业中间投入的重要性，模型中加入了从外部购入、当期投入、一次性消耗的中间投入变量，因此本章采用包含中间投入的工业总产值作为实际产出指标，并以 1999 年为基期的分行业工业生产者出厂价格指数进行平减。由于相关统计年鉴自 2011 年起不再公布分行业工业总产值数据，2012 年工业总产值利用销售产值和产销率数据计算得到，同时考虑到 2013～2020 年各省份统计数据缺失严重、数据质量参差不齐，通过加总各省份数据的方法存在严重的数据偏差，因此本章参考王兵等（2013）、杨振兵和张诚（2015）、

陈汝影和余东华（2019）等现有研究的做法，采用国家统计局公布的
历年工业分大类行业增加值增长率计算得到。

（2）资本投入（K）。本章采用固定资本存量来衡量资本投入。固
定资本存量大多采用永续盘存法计算得到（张军等，2004；单豪杰，
2008；陈诗一，2011），但是由于该方法的计算结果很大程度上受到对
基期资本存量、投资额和折旧率等因素的假设和处理方法的影响，不同
估算方法得到的结果存在较大差异，再加上我国转型时期非市场化因素
可能导致投资和折旧出现非常规波动，也考虑到我国统计数据信息不完
善等的影响，永续盘存法在实际应用过程中存在各种困难（程俊杰，
2015）。为了减少数据估计环节带来的偏差，限于数据可得性和完整性，
本章借鉴庞瑞芝和李鹏（2011）、吴延兵和米增渝（2011）和韩国高等
（2011）研究的做法，采用规模以上工业行业固定资产净值作为固定资
本存量的替代指标，201.～2020 年的固定资产净值数据通过固定资产
原价与当年累计折旧相减得到。资本投入采用固定资产投资价格指数折
算成 1999 年不变价，其中 2020 年国家统计局取消《固定资产投资价格
统计报表制度》，不再编制相应价格指数，2020 年固定资产投资价格指
数采用一阶向量自回归方法补齐。

（3）劳动投入（L）。由于我国存在大量非正式职工的就业现象，从
业人员数可以较好地反映一段时期内工业行业全部劳动力资源的利用情况
（韩国高等，2011），因此本章采用工业行业全部从业人员平均人数衡量
劳动投入情况，其中 2012 年统计数据缺失，采用相邻年份的平均值替代。

（4）中间投入（M）。由于中间投入数据无法直接获取，本章根据
工业增加值的生产法计算方法推算得到，中间投入＝工业总产值－工业
增加值＋应交增值税，并采用工业生产者购进价格指数折算成 1999 年
不变价格。本章主要变量的描述性统计结果如表 3－2 所示。

表 3－2　　1999～2020 年中国 35 个工业行业的数据描述性统计

变量	观测数	单位	均值	标准差	最小值	最大值
工业总产值	770	亿元	17855.745	29934.327	131.270	308839.375
资本投入	770	亿元	4271.034	7122.418	97.770	64240.590
劳动投入	770	万人	222.399	184.090	14.540	914.840
中间投入	770	亿元	10072.035	12799.400	100.130	80593.594

3.4　中国工业产能过剩的综合评价

3.4.1　基于产能利用率测度结果的分析

1. 中国工业行业产能利用率整体情况

采用 SBM 模型计算得到的中国工业行业产能利用率情况如表 3 - 3
和图 3 - 1 所示。①

表 3 - 3　　　　　**1999 ~ 2020 年中国工业行业产能利用率**

行业	1999 年	2002 年	2005 年	2008 年	2011 年	2014 年	2017 年	2020 年	行业均值
煤炭开采和洗选业	0.319	0.175	0.211	0.319	0.435	0.340	0.241	0.286	0.278
石油和天然气开采业	0.358	0.157	0.112	0.145	0.121	0.065	0.053	0.061	0.117
黑色金属矿采选业	1.000	1.000	0.550	0.893	0.586	0.572	0.529	0.469	0.705
有色金属矿采选业	0.468	0.449	0.586	0.750	0.603	0.502	0.445	0.323	0.500
非金属矿采选业	0.423	0.280	1.000	0.464	0.446	0.422	1.000	1.000	0.593
农副食品加工业	0.670	0.808	0.896	0.948	0.706	0.669	0.713	0.984	0.810
食品制造业	0.552	0.597	0.615	0.731	0.747	0.677	0.686	0.866	0.685
酒、饮料和精制茶制造业	0.393	0.406	0.422	0.531	0.574	0.543	0.571	0.701	0.522
烟草制品业	0.470	0.529	0.554	0.826	0.746	1.000	1.000	0.826	0.731
纺织业	0.828	0.575	0.548	0.631	0.717	0.683	0.743	1.000	0.706
纺织服装、服饰业	0.907	0.964	0.955	0.996	1.000	1.000	1.000	1.000	0.971

① 限于篇幅，本章只列出了部分年份的工业行业产能利用率结果，如有需要可向作者索取。

行业	1999 年	2002 年	2005 年	2008 年	2011 年	2014 年	2017 年	2020 年	行业均值
皮革、毛皮、羽毛及其制品和制鞋业	1.000	1.000	1.000	1.000	1.000	1.000	1.000	1.000	1.000
木材加工和木、竹、藤、棕、草制品业	0.584	0.566	0.698	0.918	0.931	0.936	1.000	1.000	0.833
家具制造业	1.000	1.000	0.849	0.933	0.928	0.995	1.000	0.872	0.938
造纸和纸制品业	0.422	0.387	0.342	0.444	0.414	0.435	0.434	0.498	0.422
印刷和记录媒介复制业	0.473	0.440	0.462	0.611	0.567	0.533	0.638	0.531	0.528
文教、工美、体育和娱乐用品制造业	1.000	0.977	1.000	1.000	1.000	1.000	1.000	1.000	0.999
石油、煤炭及其他燃料加工业	0.464	0.297	0.308	0.276	0.199	0.189	0.174	0.195	0.258
化学原料和化学制品制造业	0.903	0.647	0.586	0.647	0.574	0.563	0.483	0.377	0.595
医药制造业	0.559	0.516	0.409	0.533	0.628	0.579	0.569	0.736	0.569
化学纤维制造业	0.343	0.424	0.510	0.610	0.567	0.642	0.587	0.584	0.550
橡胶和塑料制品业	0.507	0.562	0.561	0.690	0.710	0.670	0.690	0.924	0.674
非金属矿物制品业	0.658	0.408	0.333	0.461	0.615	0.609	0.516	0.645	0.515
黑色金属冶炼和压延加工业	0.788	0.582	0.663	0.480	0.440	0.462	0.331	0.279	0.505
有色金属冶炼和压延加工业	0.416	0.438	0.575	0.446	0.327	0.295	0.317	0.382	0.404
金属制品业	0.662	0.781	0.862	0.969	0.840	0.673	0.862	1.000	0.852
通用设备制造业	0.537	0.598	0.730	0.830	0.795	0.684	0.749	1.000	0.743
专用设备制造业	0.512	0.648	0.653	0.755	0.755	0.628	0.689	1.000	0.717
交通运输设备制造业	0.844	0.737	0.619	0.708	0.719	0.747	0.724	0.736	0.718
电气机械和器材制造业	0.738	0.825	0.954	1.000	0.934	0.886	0.925	1.000	0.923

续表

行业	1999 年	2002 年	2005 年	2008 年	2011 年	2014 年	2017 年	2020 年	行业均值
计算机、通信和其他电子设备制造业	1.000	1.000	1.000	1.000	1.000	1.000	1.000	1.000	1.000
仪器仪表制造业	0.727	0.758	0.918	0.952	0.939	0.951	1.000	1.000	0.895
电力、热力生产和供应业	0.685	0.412	0.585	0.402	0.349	0.332	0.305	0.299	0.417
燃气生产和供应业	0.090	0.097	0.108	0.158	0.138	0.095	0.203	0.187	0.139
水的生产和供应业	0.084	0.060	0.032	0.028	0.022	0.020	0.015	0.012	0.033
年度均值	0.611	0.574	0.606	0.660	0.631	0.611	0.634	0.679	0.624

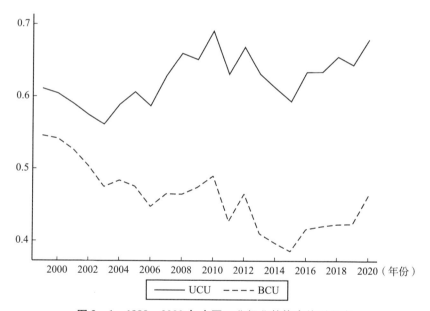

图 3 - 1　1999 ~ 2020 年中国工业行业整体产能利用率

　　根据表 3 - 3 的中国工业行业产能利用率测算结果，从整体来看，1999 ~ 2020 年中国工业行业的平均产能利用率为 62.4% 。按照欧洲、美国等发达国家或地区的经验，产能利用率的合理区间应处于 79% ~ 83% ，如果低于 79% ，说明企业开工不足、产能利用程度低，存在着产能过剩的问题。然而，该标准是基于欧洲、美国等发达国家或地区经济发展情况确定的经验判断标准，不是普遍适用的经济规律，对于产能过剩的判断还需要结合中国具体的行业整体情况、产业组织结构、生产工艺特征等进行综合分析，徐海洋等（2013）认为，我国不同的工业化阶段，产能利用率的合理区间也是不同的，其中，1991～2000 年属于重工业阶段，中国工业产能利用率的合理区间是 88%～91%；2001 年开始中国进入重化工业阶段，该阶段的产能利用率合理区间是 72%～74%。本章的研究时期绝大多数属于重化工业阶段，因此，参考张少华和蒋伟杰（2017）、黄秀路等（2018）的做法，采用 72%～74% 的产能利用率标准对产能过剩进行分析。通过比较可知，在研究样本期内，我国工业行业 62.4% 的产能利用率要低于 72% 的标准，更远低于 79% 的标准，这表明我国工业行业确实存在严重的产能过剩现象，该结论与董敏杰等（2015）、贾润崧和胡秋阳（2016）、张少华和蒋伟杰（2017）测算得到的 69.3%、64.36%、60.68% 的工业行业平均产能利用率结果较为一致。然而，以上研究的样本范围均截至 2011 年，而本章的研究时期跨度较大，为 1999～2020 年，基本覆盖了我国三次大规模的产能过剩，能较好反映产能过剩的现状，同时还能反映新时代我国经济进入新常态后的产能过剩情况，特别是对于考察供给侧结构性改革的"去产能"效果有重要的理论意义和现实参考价值。

通过观察图 3-1 的中国工业行业平均产能利用率变化趋势可以发现，样本期间中国工业行业的平均产能利用率整体呈波动式上升趋势，同时其变化趋势也具有显著的阶段性特征。

第一阶段，1999～2003 年。中国工业行业产能利用率处于明显的下降趋势，这一阶段的产能过剩主要表现为周期性产能过剩，主要是由 1998 年金融危机所引起的国际、国内市场总需求不足导致的，同时也存在着结构性产能过剩问题，存在低端落后产能大规模过剩、盲目投资、低水平重复建设和产业竞争力不足等问题。

第二阶段，2004～2008 年。中国工业行业产能利用率基本呈上升趋势，只有 2006 年相对 2005 年下降了 3.2%，原因是该阶段我国整体处于经济繁荣时期，一方面，我国市场经济体制不断完善，多种所有制经济蓬勃发展；另一方面，加入 WTO 加快了我国的经济全球化进程，国际、国内市场需求旺盛，极大地促进了经济的快速发展，不仅迅速消化了之前累积的大规模产能过剩，而且还有力促进了投资的高速增长和产能利用率的回升，该结论与余淼杰等（2018）的研究较为一致，纪志宏（2015）的研究也表明 2008 年第三季度的产能利用率高达 83.7%。然而新一轮投资热潮也使得国内各行业的生产能力大幅扩张，尽管国内各行业需求旺盛，但在粗放型的经济发展模式下，重复建设和资源浪费现象严重，投资急速扩张形成的生产能力远远超过市场需求，部分行业出现大量生产能力闲置的现象，直接表现为 2006 年出现了工业行业产能利用率下降、产能过剩的情况，但是很快被强劲的需求消化；同时通过观察还可以发现，虽然该阶段中国工业行业产能利用率整体表现出不断改善的态势，但仍然低于 72% 的合理产能利用率标准，表明中国工业行业仍存在产能过剩的现象。

第三阶段，2009～2015 年。中国工业行业产能利用率整体呈下降趋势，特别是 2009 年、2011 年和 2013～2015 年均表现出明显的下降，这主要是受到 2008 年全球金融危机的影响，我国出口导向型经济发展模式所依赖的国际市场需求萎缩，再加上经济危机前高速增长的投资形成的大规模过剩产能，使得中国工业行业面临着有效需求不足、生产能力大幅过剩的局面，市场供需严重失衡，2009 年产能利用率明显下降；同时为了应对经济危机的影响，中央政府实施了"四万亿"投资计划、大力发展战略性新兴产业、十大产业振兴规划等一揽子刺激经济复苏的政策措施，这一举措虽然在短期拉动了内需增长，有效推动了中国经济的恢复和发展，也促进了产能的释放，一定程度上缓解了产能过剩，使得中国工业行业产能利用率在 2010 年出现明显的反弹，但经济刺激计划也同时引发了钢铁、水泥、房地产等传统行业新一轮的投资热潮和产能扩张，而且在此期间战略性新兴产业由于得到大量的政策和金融支持也开始出现过度投资、低水平重复建设、野蛮发展的现象，这些都为未来更严重的长期性产能过剩埋下了隐患，再加上欧债危机的冲击，国际市场需求持续萎缩，国内经济增速放缓，进入经济新常态，2011 年我国工业行业产能利用率便下降为 63.1%，比 2010 年下降了 9%，这与 IMF 国别报告中 60% 的产能利用率较为一致。虽然我国工业行业产能利用率在 2012 年有所回升，但从 2013 年起便开始了持续性的下降，2015 年中国工业行业产能利用率仅为 59.3%，远低于经济危机前的产能利用率水平，为此，国务院于 2013 年发布《关于化解产能过剩严重矛盾的指导意见》，强调"化解产能严重过剩矛盾是当前和今后一个时期推进产业结构调整的工作重点"，党的十八届三中全会通过的《中共中央关于全面深化改革若干重大问题的决定》指出，要"建立健全防范和化解产能过剩长效机制"，着力解决产能过剩问题。

第四阶段，2016～2020 年。中国工业行业产能利用率基本呈上升趋势，这主要得益于我国于 2015 年开始的供给侧结构性改革，同时2015 年 12 月召开的中央经济工作会议提出"三去一降一补"是 2016年五大重要任务，其中去产能居于五大任务之首，党的十九大报告更是明确指出去产能是优化存量资源配置的根本途径，此后连续 3 年我国都将去产能作为供给侧结构性改革的首要任务，有力推动了过剩产能、落后产能的出清，从而促进了产能利用率的提升。然而，2019 年的产能利用率出现了短暂下降，这可能是受到 2018 年中美贸易战的阶段性影响。

与此同时，通过观察图 3 - 1 还可以发现，中国工业行业无偏产能利用率水平要高于有偏产能利用率，表明有偏产能利用率确实会导致产能利用率测算向下偏误的问题，而且有偏产能利用率和无偏产能利用率的变化趋势基本保持一致，说明本章测算的中国工业行业产能利用率具有较好的稳健性。

2. 分门类中国工业行业产能利用率情况

图 3 - 2 汇报了 1999～2020 年制造业、采矿业和公共事业三大门类工业行业的产能利用率情况。首先是制造业，整体上看，制造业的产能利用率最高，样本期间制造业平均产能利用率为 70.6%，略低于 72%的合理产能利用率标准，表明样本时期内我国制造业行业总体来说产能利用率相对较高，不存在严重的产能过剩；从变化趋势上看，样本期间我国制造业行业产能利用率和中国工业行业整体产能利用率的变化趋势较为一致，都呈现出波动式上升态势。其次是采矿业，样本期间采矿业平均产能利用率为 43.9%，表明样本时期内我国采矿业整体来看存在较为严重的产能过剩问题，这主要是因为：一方面，地区资源禀赋存在差异，开采消耗的成本不同，整体来看资源开采效率低；另一方面，采矿业技术水平长期以来和前沿技术有着显著差异，开采过程中浪费严重，技术效率水平低，存在落后产能，而且资源储量有限，行业的资产设备专用性较强，资源枯竭后设备闲置率较高；从变化趋势来看，我国采矿业产能利用率在样本期间相对稳定，呈现出小幅度的下降趋势，同

时在 2004 ~ 2016 年这一较长时期内存在显著的上下波动现象，这主要是由于采矿业属于原料型基础工业，对经济发展状况和市场供求变化的反应较为灵敏，导致产能利用率波动较大。最后是公共事业，三大门类中公共事业的产能利用率最低，样本期间公共事业平均产能利用率仅为19.6%，而且从趋势上看基本呈明显下降趋势，说明我国公共事业行业存在严重的产能过剩问题，这主要是由其特殊的行业特征所决定的，对于公共事业行业来说，其经营目标并不是利润最大化，而主要是满足经济社会的生产生活需求，一般来说设备生产能力远高于日常生活需求水平以预防特殊情况发生，而且公共事业行业多为自然垄断行业，本身要素投入规模尤其是资本投资规模较大，而且随着我国经济发展水平和城市化水平不断提升，经济社会对公共事业行业产品的需求不断增长，推动公共事业行业产能不断扩张，也使行业资本密集度提升，由于资本的调整难度相对劳动要高，因此在经济处于下行区间时，就会导致其产能利用率相对较低（徐海洋等，2013），这与董敏杰等（2015）的结论基本一致。

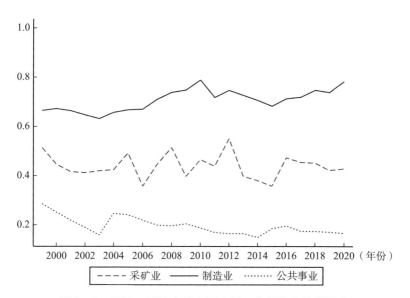

图 3 - 2　1999 ~ 2020 年分门类中国工业行业产能利用率

3. 中国工业分行业产能利用率情况

表 3 - 4 和图 3 - 3 展示了 1999 ~ 2020 年中国 35 个工业行业的产

能利用率情况。通过观察可以发现，35 个工业行业中有 18 个行业的产能利用率大于 62.4%，即超过中国工业行业产能利用率整体平均水平，其中，计算机、通信和其他电子设备制造业，皮革、毛皮、羽毛及其制品和制鞋业，文教、工美、体育和娱乐用品制造业，纺织服装、服饰业，家具制造业，电气机械和器材制造业，仪器仪表制造业，金属制品业，木材加工和木、竹、藤、棕、草制品业，农副食品加工业，通用设备制造业，烟草制品业 12 个工业行业的平均产能利用率大于 72% 的合理产能利用率标准，表明样本期间这些工业行业平均来看不存在明显的产能过剩问题，这 12 个工业行业全部都属于制造业行业，有 6 个工业行业平均产能利用率高达 90% 以上。采矿业中除了黑色金属矿采选业和非金属矿采选业的产能利用率相对较高外，有色金属矿采选业、煤炭开采和洗选业、石油和天然气开采业均位列倒数 10 个行业中。公共事业门类下的电力、热力生产和供应业，燃气生产和供应业、水的生产和供应业的产能利用率均处于较低水平，均位列倒数 10 个行业，其中燃气生产和供应业、水的生产和供应业平均产能利用率分别为 13.9% 和 3.3%，位列倒数第三和倒数第一。

表 3-4   1999~2020 年中国工业分行业产能利用率排名

行业	产能利用率	类型	排名
计算机、通信和其他电子设备制造业	1.000	重工业	1
皮革、毛皮、羽毛及其制品和制鞋业	1.000	轻工业	2
文教、工美、体育和娱乐用品制造业	0.999	轻工业	3
纺织服装、服饰业	0.971	轻工业	4
家具制造业	0.938	轻工业	5
电气机械和器材制造业	0.923	重工业	6
仪器仪表制造业	0.895	重工业	7
金属制品业	0.852	重工业	8
木材加工和木、竹、藤、棕、草制品业	0.833	轻工业	9
农副食品加工业	0.810	轻工业	10

续表

行业	产能利用率	类型	排名
通用设备制造业	0.743	重工业	11
烟草制品业	0.731	轻工业	12
交通运输设备制造业	0.718	重工业	13
专用设备制造业	0.717	重工业	14
纺织业	0.706	轻工业	15
黑色金属矿采选业	0.705		16
食品制造业	0.685	轻工业	17
橡胶和塑料制品业	0.674	重工业	18
化学原料和化学制品制造业	0.595	重工业	19
非金属矿采选业	0.593		20
医药制造业	0.569	轻工业	21
化学纤维制造业	0.550	轻工业	22
印刷和记录媒介复制业	0.528	轻工业	23
酒、饮料和精制茶制造业	0.522	轻工业	24
非金属矿物制品业	0.515	重工业	25
黑色金属冶炼和压延加工业	0.505	重工业	26
有色金属矿采选业	0.500		27
造纸和纸制品业	0.422	轻工业	28
电力、热力生产和供应业	0.417		29
有色金属冶炼和压延加工业	0.404	重工业	30
煤炭开采和洗选业	0.278		31
石油、煤炭及其他燃料加工业	0.258	重工业	32
燃气生产和供应业	0.139		33
石油和天然气开采业	0.117		34
水的生产和供应业	0.033		35

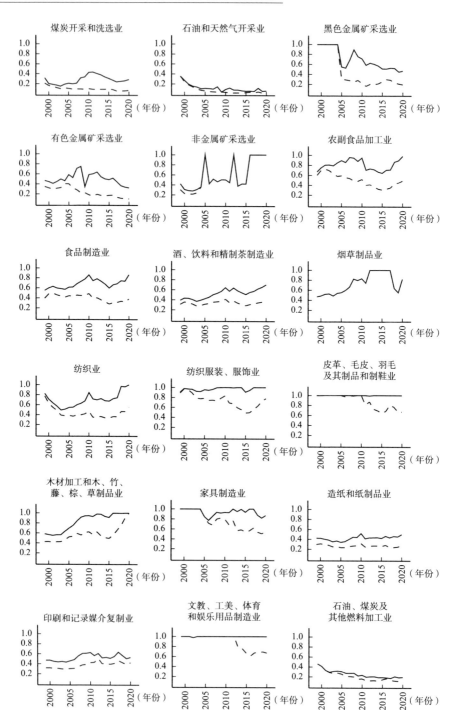

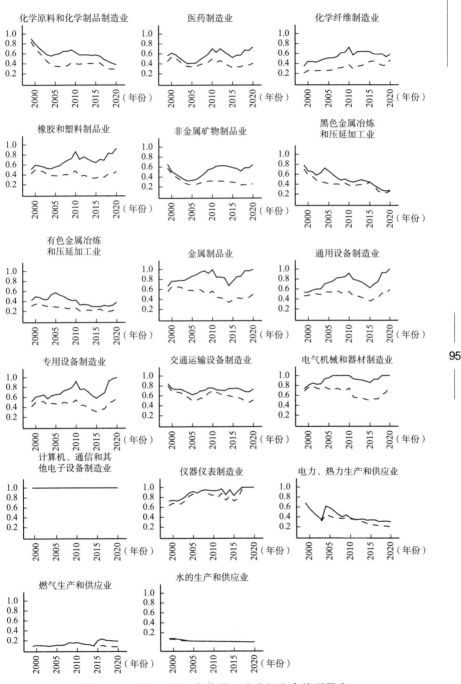

化学原料和化学制品制造业
医药制造业
化学纤维制造业
橡胶和塑料制品业
非金属矿物制品业
黑色金属冶炼和压延加工业
有色金属冶炼和压延加工业
金属制品业
通用设备制造业
专用设备制造业
交通运输设备制造业
电气机械和器材制造业
计算机、通信和其他电子设备制造业
仪器仪表制造业
电力、热力生产和供应业
燃气生产和供应业
水的生产和供应业

图 3 - 3　1999～2020 年中国工业分行业产能利用率

此外，钢铁、水泥、平板玻璃、煤化工、多晶硅、电解铝、船舶等被普遍认为是样本期间产能过剩较为严重的行业，与这些行业相关的黑色金属冶炼及压延加工业、非金属矿物制品业、化学原料和化学制品制造业、有色金属冶炼和压延加工业的产能利用率分别为50.5%、51.5%、59.5%、40.4%，远低于工业行业整体平均水平，只有交通运输设备制造业产能利用率相对较高，为71.8%，但仍然略低于72%的合理产能利用率标准，这意味着这些行业确实存在着不同程度的产能过剩问题。同时还可以发现，石油、煤炭及其他燃料加工业，造纸和纸制品业，酒、饮料和精制茶制造业，印刷和记录媒介复制业，化学纤维制造业，医药制造业等行业的产能利用率也处于较低水平，位列倒数15个行业之中。这与韩国高等（2011）、董敏杰等（2015）、纪志宏（2015）、国务院发展研究中心课题组（2015）的研究基本一致。

从各工业行业产能利用率变化趋势来看，石油和天然气开采业，黑色金属矿采选业，有色金属矿采选业，石油、煤炭及其他燃料加工业，化学原料和化学制品制造业，黑色金属冶炼和压延加工业，有色金属冶炼和压延加工业，电力、热力生产和供应业，水的生产和供应业9个行业呈现明显下降趋势；煤炭开采和洗选业，非金属矿采选业，食品制造业，酒、饮料和精制茶制造业，烟草制品业，纺织业，纺织服装、服饰业，木材加工和木、竹、藤、棕、草制品业，造纸和纸制品业，印刷和记录媒介复制业，医药制造业，化学纤维制造业，橡胶和塑料制品业，非金属矿物制品业，金属制品业，通用设备制造业，专用设备制造业，电气机械和器材制造业，仪器仪表制造业，燃气生产和供应业等行业基本呈上升趋势；其他行业产能利用率在样本期间相对稳定。

同时，本章还根据国家统计局对轻工业、重工业的划分办法，将27个制造业行业进一步细分成轻工业和重工业两组，分别考察不同特征行业的产能利用率情况，如表3-4和图3-4所示。首先，在制造业中，轻工业和重工业的平均产能利用率分别为73.3%和67.7%，整体来看，轻工业的产能利用率要显著高于重工业，而且轻工业平均产能利用率处于合理区间范围内，表明从轻工业整体来看不存在严重的产能过剩问题，相对而言，重工业平均产能利用率要低于72%的合理产能利用率标准，说明重工业整体来说存在一定程度的产能过剩问题，这与韩国高等（2011）、董敏杰等（2015）、张少华和蒋伟杰（2017）、黄秀路

等（2018）的研究结论较为吻合。其次，在产能利用率处于合理区间
范围内的 12 个行业中，有 7 个轻工业行业、5 个重工业行业，轻工业占
58%、重工业占 42%，然而根据产能利用率排名情况还可以发现，在
产能利用率最低的 15 个行业中，轻工业占了 1/3，重工业占比要略低于
轻工业，说明当前轻工业的产能过剩情况也不容忽视。最后，从轻工
业、重工业的产能利用率变化趋势来看，轻工业和重工业的产能利用率
整体都呈明显上升趋势，但轻工业产能利用率提高幅度要高于重工业，
轻工业产能利用率年平均增长率超出重工业 1.5 倍，重工业产能利用率
每年仅以 0.48% 的水平提高，同时还可以发现 1999~2007 年轻工业、
重工业的产能利用率比较接近，在个别年份存在交互领先的现象，但由
于受到 2008 年金融危机的冲击，重工业行业相对轻工业行业的资本密
集度要高，在面临经济危机冲击时的调整难度要更大，再加上政府为了
缓解经济危机影响、促进经济增长所实施的 "四万亿" 投资计划大部
分都进入了重工业领域，进一步加重了重工业原本就存在的产能过剩问
题，而轻工业行业资本密集度相对较低、进入退出壁垒相对较小，使其
能够更灵活应对市场供求变化（张少华和蒋伟杰，2017），从而表现出
2008~2020 年轻工业的产能利用率始终高于重工业的产能利用率，重工
业相对轻工业而言存在更严重的产能过剩问题。

97

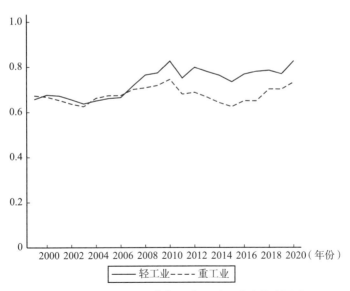

图 3-4　1999~2020 年轻工业、重工业产能利用率

考虑到制造业在我国经济发展中的重要地位，本章利用达古姆（Dagum，1997）提出的 Dagum 基尼系数及其分解方法进一步考察样本期间我国制造业产能利用率的差异情况。根据 Dagum 基尼系数及其分解方法，可将基尼系数分解为组内差异贡献、组间差异贡献和超变密度贡献三个部分，如前文所述，将 27 个制造业行业分为轻工业和重工业两组，1999～2020 年中国制造业产能利用率基尼系数及其分解结果如表 3－5 所示。首先，样本期间，中国制造业产能利用率总体差异的变化趋势相对稳定，但表现出明显的波动态势，具有显著的阶段性特征，在 1999～2003 年呈上升趋势，2004～2010 年呈明显下降趋势，2011～2019 年整体呈上升趋势，在 2020 年又出现下降趋势。其次，轻工业和重工业表现出不同的组内差异特征，轻工业产能利用率组内差异整体呈下降趋势，表明轻工业内部各行业间的差异在逐渐缩小，而重工业产能利用率组内差异整体呈上升趋势，表明重工业内部各行业间的差异在逐渐扩大；轻工业和重工业的组间差异整体呈上升趋势，同时表现出与总体差异较为一致的波动特征。最后，样本期间内，中国制造业产能利用率的总体差异主要是来自轻工业和重工业的组内差异，组内差异对总体差异的平均贡献率为 48.5%，但是组内差异对总体差异的贡献率整体呈下降趋势；超变密度对总体差异的平均贡献率为 39.3%，超变密度对总体差异的贡献率在样本考察期内也呈明显的下降趋势；轻工业和重工业的组间差异对总体差异的贡献最小，平均贡献率为 12.2%，但组间差异对总体差异的贡献率在样本期间呈显著上升趋势。这表明中国制造业产能利用率整体来看不存在明显的轻工业、重工业间差异，而是主要表现为轻工业、重工业内部的行业差异，所以在治理产能过剩时不能一味地将重点聚焦于重工业各行业，轻工业各行业的产能过剩问题也需要关注（黄秀路等，2018），同时还要注意轻工业和重工业之间产能利用率差异逐渐扩大的问题，注重推动轻工业、重工业协同治理产能过剩。

表 3－5　　1999～2020 年中国制造业产能利用率基尼系数及其分解结果

年份	总体	组内差异		组间差异	贡献率（%）		
		轻工业	重工业	轻工业－重工业	组内	组间	超变密度
1999	0.1774	0.1990	0.1466	0.1804	49.20	3.44	47.36

年份	总体	组内差异		组间差异	贡献率（%）		
		轻工业	重工业	轻工业 – 重工业	组内	组间	超变密度
2000	0.1618	0.1818	0.1301	0.1656	48.91	2.03	49.06
2001	0.1707	0.1853	0.1436	0.1751	48.81	4.30	46.89
2002	0.1828	0.1930	0.1602	0.1875	48.81	4.08	47.11
2003	0.1939	0.2052	0.1707	0.1984	48.93	2.51	48.56
2004	0.1938	0.2025	0.1753	0.1977	49.03	2.28	48.70
2005	0.1867	0.1936	0.1734	0.1893	49.37	2.54	48.09
2006	0.1841	0.1825	0.1820	0.1860	49.55	1.77	48.67
2007	0.1728	0.1626	0.1817	0.1743	49.66	3.26	47.08
2008	0.1647	0.1434	0.1835	0.1683	49.06	11.57	39.36
2009	0.1563	0.1326	0.1787	0.1595	49.12	11.82	39.07
2010	0.1432	0.1033	0.1813	0.1490	48.13	18.04	33.83
2011	0.1663	0.1387	0.1921	0.1705	48.89	14.89	36.22
2012	0.1605	0.1266	0.1877	0.1685	47.73	23.20	29.07
2013	0.1645	0.1395	0.1791	0.1727	47.73	23.54	28.73
2014	0.1761	0.1477	0.1949	0.1848	47.79	24.29	27.92
2015	0.1811	0.1572	0.1937	0.1896	47.87	22.16	29.97
2016	0.1814	0.1455	0.2099	0.1903	47.79	22.68	29.53
2017	0.1870	0.1412	0.2252	0.1978	47.36	24.28	28.36
2018	0.1833	0.1326	0.2302	0.1915	47.93	15.19	36.88
2019	0.1930	0.1468	0.2355	0.2001	48.30	11.91	39.79
2020	0.1723	0.1189	0.2219	0.1812	47.61	17.54	34.85

3.4.2　基于综合性评价指标体系的分析

产能利用率只是判断工业行业生产能力利用水平的指标，不能单纯将产能利用率低看作判断产能过剩的标准，产能过剩还会直接导致产品价格大幅下降、产品库存增加、企业经济效益大幅下滑、亏损企业增加等，因此，还需要结合工业行业运营的其他综合指标对产能过剩进行判断。为了综合评价中国工业行业的产能过剩情况，同时限于数据的完整性和可得性，本章根据前文构建的产能过剩综合性评价指标体系，选取部分衡量产能过剩的经济社会效应指标，对中国工业行业的产能过剩情况进行综合分析。

1. 中国工业行业产品价格分析

图 3 - 5 汇报了 1999～2020 年中国工业生产者出厂价格指数的变化趋势。从工业整体来看，在 2008 年以前，我国工业品价格呈波动式上升趋势，尤其是 1998 年金融危机过后经济复苏和 2002 年开始的投资热潮都带动了工业产品价格的快速上涨，但过度投资、重复建设带来的大规模产能的建成使得市场上的供给很快便超过需求，2004～2007 年中国工业行业的工业品价格持续下滑，表明尽管危机过后的大规模需求拉动了经济的复苏和快速增长，但由于粗放型的经济发展方式，盲目过度投资、低水平重复建设、产业同构等现象严重，市场过度竞争、产品价格持续下降，低效、无序地投资形成的大规模产能导致了 2003～2006 年新一轮的产能过剩，这也直接表现为中国工业行业产能利用率在 2006 年出现了明显下降。随后的 2008 年金融危机进一步暴露出我国经济发展中供需结构严重失衡的产能过剩矛盾，工业品价格急剧下降，特别是 2009 年工业生产者价格指数相比 2008 年下降了 10.5%，2009 年中国工业行业产能利用率也出现明显下降。政府为稳定经济增长、促进经济复苏采取的经济刺激计划在 2010 年开始发挥作用，带动了大规模的市场需求，一定程度上释放了产能压力，产品价格上升，然而不完善的产业政策在拉动内需的同时也带来了新一轮更严重的过度投资和重复建设现象，形成了巨大的过剩产能，再加上持续性的金融危机和欧债危机影响下外需疲软，从 2011 年开始我国工业品价格再次出现了持续性、长期性的下滑，一直持续到 2015 年，产能过剩越发严重，成为当前阻碍中国经济健康、稳定、持续发展的主要问题，这也验证了前文产能利用率测算结果显示出的中国工业行业平均产能利用率在 2009～2015 年整体呈下降趋势的结论。随后，工业整体的产品价格指数在 2016 年和 2017 年出现了短暂的回升，这主要是受到我国"三去一降一补"等供给侧结构性改革的影响，过剩产能、落后产能协调有序出清，新动能不

断增多，经济结构不断优化，经济形势整体稳中向好，但在 2018 ~ 2020 年又出现明显的连续下降趋势，这可能是受到中美贸易战的影响，使工业品市场需求下滑。从整体上看，中国工业产品的价格变化趋势与产能利用率变化趋势较为一致，也与卢锋（2011）关于我国几次大规模产能过剩的论断大体一致。另外，从图 3 - 5 中也可以发现采矿业由于属于原料型基础工业，需求价格弹性较高，受经济发展周期性因素的影响程度较大，公共事业由于其公共品特性和垄断特性对市场供求变化不敏感，受影响最弱，制造业价格变化趋势与工业整体大体一致。

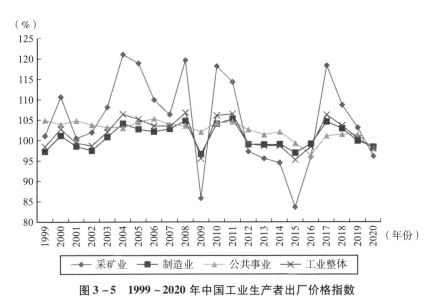

图 3 - 5　1999 ~ 2020 年中国工业生产者出厂价格指数

2. 中国工业行业库存变动分析

企业维持一定规模的库存是为了应对特殊情况和服从市场竞争的需要，而规模过大的、不合理的库存增长则意味着企业的产品销售情况不容乐观，可能存在市场供需失衡、产能过剩的风险。从图 3 - 6 中可以看出，中国工业行业产品库存整体呈逐年增加的趋势，其中，采矿业和公共事业在 2003 年之前的库存增长较平缓，2003 ~ 2014 年库存增加速度提高，公共事业产品库存在 2014 ~ 2020 年仍呈现出明显的增长趋势，而采矿业在 2015 ~ 2020 年则呈现出明显的下降趋势，这是因为采矿业是产能过剩比较严重的行业，平均产能利用率为 43.9%，是去产能、去库存的重点领域。制造业在 2002 年开始的投资过热以后便出现库存高速增长现象。2008 年的金融危机导致国内外市场需求紧缩，制造业、采矿业和公共事业的库存都有大幅度的提高，制造业比上一年增加了 18%，采矿业增加了 41%，公共事业增加了 53%。2008 年末开始施行的经济刺激政策虽然没有直接减少工业各行业的库存总量，但工业行业库存增长率有明显的大幅度下降，2009 年工业整体库存增长速度比上一年下降了约 15 个百分点。然而，经济刺激计划也使得 2009 年和 2010 年出现了大规模新建产能，产能过剩进一步加剧，工业各行业于 2010 年开始了漫长的去库存之路，由于政府对治理产能过剩的高度重视，以及调结构、去产能的供给侧结构性改革的有序进行，产能过剩的治理卓有成效，近几年工业行业库存增长率呈下降趋势，工业整体的库存增长率由 2010 年的 23% 下降到 2020 年的 5.8%。

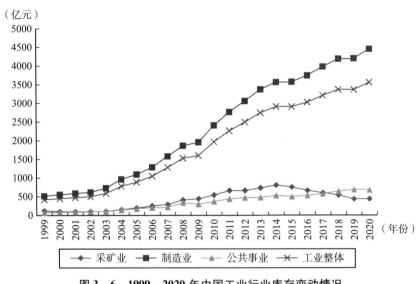

图 3-6　1999~2020 年中国工业行业库存变动情况

样本期间中国工业行业整体的平均库存增长率为 11%，有 18 个工业行业产品库存增长率超过整体平均值，其中轻工业行业 6 个，包括食品制造业（11.4%），农副食品加工业（12.5%），医药制造业（13.3%），家具制造业（13.6%），烟草制品业（14.2%），文教、工美、体育和娱乐用品制造业（20.8%）；重工业行业 8 个，包括仪器仪表制造业（11.5%），交通运输设备制造业（11.5%），电气机械和器材制造业（11.6%），金属制品业（11.9%），专用设备制造业（12.3%），计算机、通信和其他电子设备制造业（13.3%），石油、煤炭及其他燃料加工业（14.2%），有色金属冶炼和压延加工业（14.3%）；此外，还包括电力、热力生产和供应业（11.6%），水的生产和供应业（14.3%），燃气生产和供应业（14.8%），以及黑色金属矿采选业（14.9%）。因此，从库存增长率变动的情况来看，中国工业行业当前的产能过剩是以重化工业为主，同时部分轻工业也可能存在严重的过剩问题。

3. 中国工业行业经济效益分析

（1）产销率。

产销率是工业销售产值与总产值的比值，数值越大表明产品越符合市场需求，产销率下降也在一定程度上表明工业行业盈利水平的下滑。通过观察图 3 - 7 中国工业行业产销率的变化趋势可以得知，中国工业行业在 1999~2012 年整体都存在不同程度的产品滞销情况，特别是 1999~2001 年整体产销率水平较低，2008 年受到金融危机的影响，内需和外需收缩，产销率出现大幅度下降，虽然 2009~2012 年中国工业行业整体产销率开始逐渐恢复，但总体而言要低于经济危机前。采矿业和公共事业产销率的波动较大，制造业相对平缓，基本与工业行业整体的变化趋势一致。三个大类工业行业的产品销售都明显受到经济周期的影响，以制造业为例，1999~2001 年中国逐渐摆脱 1998 年金融危机的负面影响，经济发展开始复苏，制造业产销率也呈上升趋势，但整体仍然处于较低水平，低于样本期间平均水平 0.7%，于 2002 年恢复到平均水平左右；2003~2006 年处于中国经济快速发展时期，制造业产销率也呈逐渐上升趋势；受到 2005 年大范围产能过剩和金融危机的影响，2007~2008 年开始出现产销率负增长，尤其是 2008 年产销率出现大幅度下降；受到经济刺激计划的影响，2009~2012 年制造业产销率开始恢复，但产销率的增长率却表现出逐年递减的乏力现象。从图 3 - 7 中还可以看出，由于粗放型经济发展方式带来的环境污染、资源浪费、生态破坏等负面影响越来越大，再加上金融危机导致内外需急剧收缩，采矿业的产销率在 2008 年出现了大幅度地下降，随后受益于扩大内需政策得以缓解，但好景不长，由于行业存在大规模的过剩产能、落后产能，以及国内能源结构调整等影响，产销率又开始了漫长的下滑期。

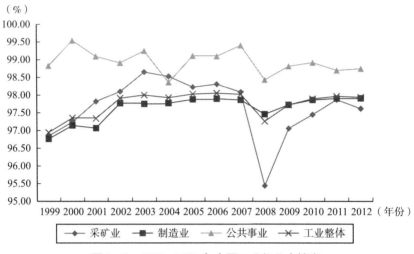

（%）

图 3 - 7　1999 ~ 2012 年中国工业行业产销率

　　通过图 3 - 8 轻工业和重工业的产销率对比可以发现，重工业产销率高于制造业整体平均水平，这恰好符合我国近些年优先发展重化工业的产业发展战略，由于大规模的产能投资，重工业行业间的需求旺盛，保证了产销率的上升，而受限于我国居民消费习惯的影响，居民消费水平低、储蓄水平高，再加上收入分配体制不健全、收入差距逐渐拉大等，主要用于满足居民生活需求的轻工业品的产销率却低于制造业整体平均水平，这也表明了我国工业行业产能过剩除了源于重工业过度投资外，另一个重要原因就是社会有效需求不足，尤其是居民消费需求不足。另外，从图中 2002 ~ 2007 年轻工业、重工业产销率变化趋势可以看出，2002 年开始的投资过热主要集中在重工业领域，国内巨大的市场需求和政府的推动使得重工业产销率维持在高水平，一直到发生金融危机才暴露出严重的产能过剩问题，重工业产销率出现大幅度下降，2008 年重工业产销率下降幅度约为轻工业的 1.6 倍，随后由于一揽子经济刺激计划的促进作用，重工业和轻工业的产销率都有所提升，而且轻工业的提升幅度较大，但是经济刺激计划形成的大规模产能的建成也

使得重工业的产能过剩矛盾再次激化，重工业产销率增长速度自 2010
年开始持续性下降，2012 年出现负增长，而轻工业的产销率受益于提
振居民消费、扩大内需的政策表现出低速上升趋势，这在一定程度上表
明我国重工业产能过剩相对更严重。

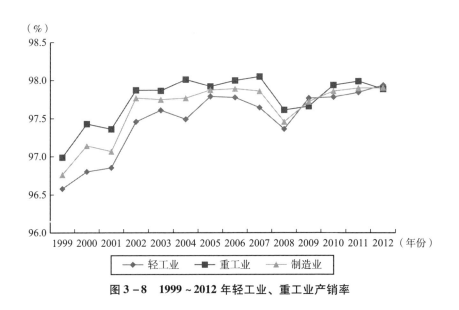

图 3 - 8   1999 ~ 2012 年轻工业、重工业产销率

（2）成本费用利润率。

成本费用利润率衡量了行业的盈利水平，从图 3 - 9 中国工业行业
成本费用利润率可以发现，1999 ~ 2020 年中国工业行业成本费用利润
率整体呈先上升后下降再上升的趋势，1999 ~ 2007 年呈上升趋势，中
国工业行业整体处于逐渐从 1998 年金融危机中恢复并快速发展的阶段，
盈利水平逐年递增，2008 ~ 2009 年受到经济危机的影响中国工业行业
成本费用利润率又出现了较大幅度的下降，虽然政府的经济刺激计划使
其在 2010 年出现短暂的回升，但由于产能过剩矛盾进一步加剧，普遍
存在工业产品价格下降、库存增加和产品滞销等现象，2011 ~ 2016 年
又出现了持续性的下降，盈利水平年均下降 5.6%，2017 ~ 2020 年整体
呈小幅上升态势，这主要受益于"三去一降一补"等供给侧结构性改
革的红利，中国工业行业整体逐渐向高质量发展转型，从而使盈利水平
逐年改善。

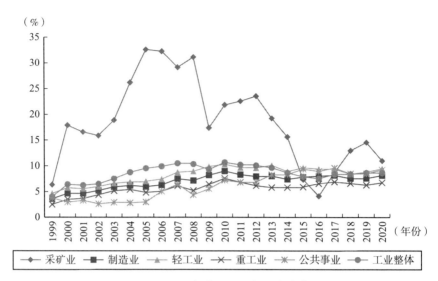

图 3 - 9　1999 ~ 2020 年中国工业行业成本费用利润率

1999 ~ 2020 年中国制造业的平均成本费用利润率为 7% ，在 2008 年、2011 ~ 2014 年、2018 年表现出明显下降趋势，在 1999 ~ 2007 年、2015 ~ 2017 年、2019 ~ 2020 年呈上升趋势，除了个别时期外，制造业盈利水平变动趋势和工业行业整体基本一致，2018 年的下降可能是受到中美贸易战引起的国际贸易收缩导致。从具体轻工业、重工业的成本费用利润率变动情况看，轻工业盈利水平比重工业高，轻工业盈利水平最高时比重工业高 4% ，而且重工业受周期性因素和经济发展状况的影响更大，表现为其成本费用利润率的波动幅度要比轻工业大，这也意味着在经济危机和经济形势低迷的时期，重工业行业更容易遭受产能过剩的困扰。

采矿业的盈利水平在工业行业中是最高的，平均成本费用利润率为 18% ，最高达 33% ，但从行业的实际运营情况来看，采矿业的盈利水平波动较大，而且受经济周期和产业政策等影响较多，成本费用利润率在 2009 年下降了 44% ，2013 ~ 2016 年年均下降 33% 。公共事业行业由于其公共品供给的行业特性，盈利水平是最低的，平均成本费用利润率为 6% ，样本期间呈现波动式上升趋势，特别是盈利水平在 2013 ~ 2020 年均高于制造业。

（3）流动资产周转率。

流动资产周转率体现了行业流动资金的利用程度，用来衡量行业的盈利能力，资金周转越快，盈利能力越强。如图3－10所示，中国工业行业的盈利能力大体呈不断提升的趋势，这说明我国工业行业的竞争力在不断增强，工业发展水平、发展质量得到了提高。图3－10显示，中国工业行业在2008年之前盈利能力一直处于上升趋势，这说明虽然经历了金融危机和两轮产能过剩的冲击，但产能过剩的倒逼机制也促使中国工业行业的产品种类、技术、质量得到了显著提升，反而提高了中国工业行业的盈利能力，然而长期粗放型经济发展方式积累的经济发展矛盾在2008年的金融危机冲击下凸显，虽然之后的经济刺激计划有效刺激了市场需求，缓解了工业行业盈利能力下滑的趋势，但仍旧是杯水车薪，而且又带来了新一轮的全局性、持续性的产能过剩。我国经济在2011年正式进入低速增长时期，低端产品过剩、高端产品缺乏，产品竞争力不强，国内外有效需求不足，导致工业行业的盈利能力呈波动式下降。同时从图3－10中可以发现，我国工业行业中的重工业比重过高，重工业的盈利能力变动趋势基本和制造业、工业行业整体重合，由于产能严重过剩，重工业的盈利能力在2008年后下降较多，直接拉低了我国工业整体的盈利能力，而相对来说轻工业无论是从盈利能力还是从实际盈利水平上来看都高于重工业。采矿业的盈利能力是最高的，但受政策、经济发展形势和周期性因素影响较多，整体呈波动式上升趋势。公共事业的盈利能力在样本期间整体呈上升趋势，但平均盈利能力最低，这也验证了其公共品供给的行业特性，与其较低的盈利水平相对应。

107

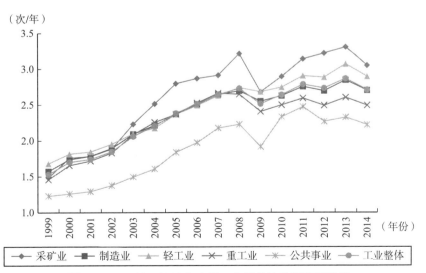

图 3－10　1999～2014 年中国工业行业流动资产周转率

（4）亏损面。

亏损面是直接反映工业行业亏损情况的指标，通过计算行业中亏损企业数与企业总数的比值得到。如图3-11所示，1999~2017年中国工业行业整体平均亏损面是16.96%，其中，公共事业平均亏损面最高，为29.18%，其次为采矿业，平均亏损面为15.93%，制造业平均亏损面相对较低，为15.79%。从图3-11中明显可以看出，由于受1998年金融危机的影响，样本初期采矿业、制造业和公共事业都存在较大的亏损面，制造业和公共事业的亏损面在1999~2017年基本呈逐年下降的趋势，只有采矿业在继2008年的亏损面上涨之后，受益于2009年经济刺激计划，采矿业的亏损面开始下降，但又于2011年开始逐年上升。采矿业、制造业和公共事业都在2003年经济过热时期由于过度投资、重复建设、市场竞争加剧等原因有显著的亏损面上升趋势，之后一方面受到去产能、去库存、调结构的政策影响，另一方面也受益于国内外巨大的市场需求，亏损面开始逐渐下降。相对于采矿业来说，制造业和公共事业在2008年金融危机后的亏损面上升程度较弱，并在经济刺激计划后继续呈下降趋势，然而从2011年开始，由于受到经济低速增长、大范围产能过剩、产业结构调整转型升级和外需萎缩的影响，制造业和公共事业的盈利能力和盈利水平都有不同程度的下降，导致这两个行业止亏速度趋于平缓。从轻工业和重工业的对比中可以发现，改革开放以来优先发展轻工业和消费品工业的发展战略推动了轻工业的迅速发展，并在20世纪90年代开始出现产品过剩的情况，虽然社会主义市场经济体制确立后，受到财税改革、分灶吃饭以及产业发展政策的影响，各地工业发展重心有所转移，但轻工业的过剩情况还是持续到了21世纪之后，表现为2005年以前的轻工业亏损面超过重工业，而随着重工业的比重越来越高，产能规模不断增加，供大于求的产能过剩现象凸显并日益严峻，重工业在2005~2017年的亏损面一直大于轻工业，这也说明我国2005年以前的产能过剩行业大部分属于轻工业，而2005年以后重工业的产能过剩是我国面临的主要问题。同时也可以看出，在2008年金融危机时的重工业亏损面上升幅度超过轻工业，经济刺激计划的后遗症也同时表现为轻工业、重工业在2012~2015年亏损面出现波动式上升，但重工业整体在此阶段的亏损面上升趋势要更显著，且在2016~2017年出现明显的下降趋势，这可能是受到供给侧结构性改革的影响，重工业逐渐开始止亏转盈。

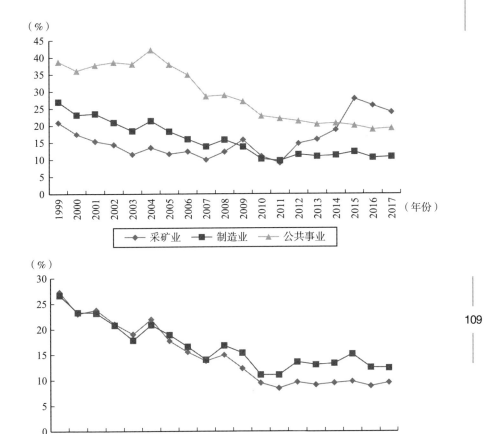

图 3-11　1999~2017 年中国工业行业亏损面

（5）产能利用率排名倒数 15 位具体行业经济效益分析。

从产能利用率较低行业的产销率来看，制造业所属行业产销率大多在 2007 年、2008 年和 2009 年三个年份出现明显下降，而且除酒、饮料和精制茶制造业，医药制造业，石油、煤炭及其他燃料加工业外，印刷和记录媒介复制业、造纸和纸制品业、化学纤维制造业、非金属矿物制品业、黑色金属冶炼和压延加工业、有色金属冶炼和压延加工业等行业近几年产销率都出现不同程度的下降，表明这些行业在经济危机之后确实存在明显的产能过剩问题；电力、热力的生产和供应业，燃气生产和供应业，水的生产和供应业由于其行业特性，产销率相对稳定，变动较平缓；煤炭开采和洗选业的产销率在 2009～2010 年出现明显下降；有色金属矿采选业产销率在 2004～2009 年呈持续下降趋势；石油和天然气开采业的产销率在 2008 年下降了 10%。

从盈利水平来看，制造业中的有色金属冶炼和压延加工业，化学纤维制造业，黑色金属冶炼和压延加工业，石油、煤炭及其他燃料加工业的盈利水平在全部工业行业中分别排名倒数前 4 位，倒数 15 位的 9 个制造业行业中 5 个在 2008 年出现盈利水平明显下降，尤其是石油、煤炭及其他燃料加工业的成本费用利润率下降为负值，除印刷和记录媒介复制业、有色金属冶炼和压延加工业在 2011～2020 年整体呈持续下降趋势外，多数行业盈利水平从 2010 年开始下滑，一直持续到 2014 年或 2015 年。酒、饮料和精制茶制造业，医药制造业，非金属矿物制品业盈利水平于 2015～2020 年开始回升；造纸和纸制品业，化学纤维制造业，黑色金属冶炼和压延加工业，石油、煤炭及其他燃料加工业从 2018 年开始出现下降趋势；采矿业中煤炭开采和洗选业、石油和天然气开采业、有色金属矿采选业虽然盈利水平较高，但受经济周期、经济政策和经济发展情况的影响较大，盈利水平上下波动较大，变动趋势与采矿业整体一致；电力、热力的生产和供应业的盈利水平在 1999～2007 年相对稳定，呈小幅度上升趋势，2008 年出现大幅下滑，2009～2015 年整体呈上升趋势，2016～2020 年又表现出下降趋势；燃气的生产和供应业在 1999～2010 年整体呈上升趋势，2011～2020 年整体呈下降趋势；水的生产和供应业在 1999～2020 年整体呈波动式上升趋势。

从盈利能力方面看，制造业中的造纸和纸制品业，化学纤维制造业，石油、煤炭及其他燃料加工业，有色金属冶炼和压延加工业，黑色金属冶炼和压延加工业，非金属矿物制品业等流动资产周转率在 2007 年以前基本处于上升趋势，与制造业整体一致，受经济危机影响在 2008 年或 2009 年表现出明显下滑，又于 2010～2011 年得益于经济刺激计划而开始回升，之后又出现不同程度的下降趋势，特别是石油、煤炭及其他燃料加工业的流动资产周转率自 2008 年就开始表现出波动式下降趋势，而酒、饮料和精制茶制造业，医药制造业，印刷和记录媒介复制造业在经济危机期间流动资产周转率未出现明显下降，1999～2014 年整体呈上升趋势；采矿业中的石油和天然气开采业、煤炭开采和洗选业受 2008 年金融危机影响较大，流动资产周转率下降明显，有色金属矿采选业下降幅度较小，煤炭开采和洗选业在 2012～2014 年呈下降趋势，而石油和天然气开采业、有色金属矿采选业在 2010～2014 年则整体呈上升趋势；公共事业门类中的电力、热力的生产和供应业，水的生产和供应业的流动资产周转率受经济周期性影响较小，电力、热力的生产和供应业盈利能力整体呈上升趋势，水的生产和供应业盈利能力相对稳定，没有明显波动趋势，而燃气的生产和供应业盈利能力在 1999～2008 年整体呈持续提升趋势，2009 年出现大幅下降，2010～2014 年整体呈波动式上升趋势。

从亏损情况来看，1999～2017 年亏损面较高的 15 个行业中有 12 个是产能利用率排名倒数 15 位的行业，分别是煤炭开采和洗选业，石油和天然气开采业，酒、饮料和精制茶制造业，印刷和记录媒介复制业，医药制造业，化学纤维制造业，有色金属冶炼和压延加工业，黑色金属冶炼和压延加工业，石油、煤炭及其他燃料加工业，电力、热力的生产和供应业，燃气的生产和供应业，水的生产和供应业，表明本章的产能利用率测算结果具有较好的稳健性。制造业中的酒、饮料和精制茶制造业，印刷和记录媒介复制业，医药制造业的亏损面基本呈下降趋势，而化学纤维制造业，石油、煤炭及其他燃料加工业，有色金属冶炼和压延加工业，黑色金属冶炼和压延加工业等都在 2008 年、2011～2012 年出现明显上升趋势，造纸和纸制品业也在 2008 年、2012～2015 年呈上升趋势，非金属矿物制品业在 2012 年、2015 年有明显上升，这进一步说明我国重工业的产能过剩比轻工业严重，也意味着我国的产能过剩治理措施正在发挥积极作用。采矿业中煤炭开采和洗选业亏损面在 2009 年、2012～2015 年呈明显上升趋势，石油和天然气开采业亏损面在 2008～2016 年整体呈波动式上升趋势，有色金属矿采选业亏损面在 2008 年、2012～2015 年都呈明显上升趋势，煤炭开采和洗选业、有色金属矿采选业的亏损面在 2016～2017 年开始下降，石油和天然气开采业亏损面也在 2017 年开始下降。公共事业中电力、热力的生产和供应业，水的生产和供应业的亏损面在 1999～2004 年处于上升趋势，水的生产和供应业的亏损面在 2005～2017 年整体呈下降趋势；电力、热力的生产和

111

供应业亏损面在 2005～2007 年开始下降，2008 年出现大幅上升，随后在 2009～2017 年又呈下降趋势，这是因为电力是工业行业重要的投入要素，经济发展状况、周期性经济危机、经济政策对工业行业发展产生影响的同时也必然会传导至电力行业，从而导致电力、热力的生产和供应业亏损面表现出明显的波动趋势；燃气的生产和供应亏损面在 1999～2017 年整体呈下降趋势。

3.4.3　中国工业产能过剩整体评价

通过综合分析中国工业行业的产能利用率和行业具体运营指标情况可以发现，中国工业行业整体上经历了 1998～2002 年、2003～2006 年和 2008 年至今三次大规模产能过剩，尤其以第三次产能过剩最为严重，影响最为广泛，产能过剩程度最高，从局部性、短期性的产能过剩发展为全局性、长期性的产能过剩，以重工业行业产能过剩为主，部分轻工业行业也存在较严重的产能过剩，采矿业和公共事业的产能过剩也不容忽视，产能过剩成为当前我国经济发展需要解决的主要根源性问题，是阻碍我国经济持续、健康、稳定发展的主要障碍。中国工业行业在 1999～2020 年绝大多数行业都存在着产能利用率不高、资源浪费、设备闲置的问题，工业行业产能利用程度普遍较低。然而，公共事业行业中水的生产和供应业、燃气的生产和供应业由于其公共品供给行业性质和自然垄断性质，主要满足公众基本生活需要，其经营指标波动会受到经济发展周期和市场环境的影响存在一定程度的产能过剩，但不属于常规意义上的产能过剩。对于电力、热力的生产和供应业来说，根据统计数据中主要工业品产量与主要产品生产能力的比值计算得到生产能力利用率，电力行业的产能利用率不足 50%（2011 年为 45.46%，2012 年为 45.82%，2013 年为 45.64%，2014 年为 43.62%），产能利用严重不足。

采矿业属于为工业生产提供原材料和动力的基础性行业，采矿业各项经营指标容易受到生产加工行业的影响，制造业市场供需变化会更显著地反映在采矿业的供需变化情况中，因此更容易受到经济周期和产能过剩的影响，从而表现出更显著的设备闲置、开工不足、行业亏损和供给过剩现象，采矿业的盈利能力和盈利水平的下降幅度远超过制造业，采矿业的亏损面在 2008 年金融危机爆发后也一直高于制造业，2014 年采矿业的亏损面超过制造业 7 个百分点。而且，由于采矿业盈利能力和盈利水平都较高，吸引了地方政府和私人的大量投资，低水平重复建设现象严重，形成了国有企业为主、小矿井众多的局面，供给严重超过需求，过剩产能规模较大，再加上采矿业生产设备技术水平低，技术进步缓慢，采矿业企业技术效率不高，产品质量不高，竞争力较弱，在国际市场需求萎缩的情况下，采矿业的结构性产能过剩严重。同时，由于长期粗放型经济发展带来的环境污染问题越发严重、雾霾天气越来越多、生态环境破坏严重等问题，迫切需要转变经济发展方式，经济结构调整压力也使得采矿业的产能过剩矛盾进一步凸显。

制造业中的造纸和纸制品业，化学纤维制造业，非金属矿物制品业，黑色金属冶炼和压延加工业，有色金属冶炼和压延加工业，石油、煤炭及其他燃料加工业无论是产能利用率还是盈利能力、盈利水平和亏损情况都显示出明显的产能过剩问题；印刷和记录媒介复制业虽然盈利能力持续提升，但盈利水平却在 2011 ~ 2020 年整体呈持续下降趋势，亏损面在 2012 ~ 2017 年有小幅上升，这可能是由于行业内企业过多，市场集中度较低，企业间同质化竞争激烈，同时受到相关制造业产能过剩的影响，从而导致行业存在一定程度的产能过剩；医药制造业，酒、饮料和精制茶制造业的产能利用率虽然排名靠后，分别为第 21 位和第 24 位，但其盈利能力和盈利水平基本呈上升趋势、亏损面基本呈下降趋势，表明这两个行业可能存在较低程度的产能过剩。

现阶段的产能过剩主要是以重化工业为主，部分新兴产业的产能过剩问题也逐渐凸显并日趋严重，其次是部分轻工业行业。国家发展和改革委员会统计数据表明，产能过剩较严重的行业有电解铝、电石、焦炭、水泥、平板玻璃、钢铁、风电设备、光伏和船舶，行业产能利用率低于 75% ；2013 年，粗钢、水泥、电解铝和平板玻璃的产能利用率分别为 74.9% 、75.7% 、73.5% 和 73.5% ，2014 年进一步下降，分别为74.6% 、71.3% 、73.1% 和 68.3%[①] ，其中最为严重的钢铁行业在 2012年全面亏损，2013 ~ 2015 年的利润总额持续下降，销售利润率基本为零。此外，石化行业的产能过剩也不容乐观，根据有关数据统计，中国

---

① 纪志宏. 我国产能过剩风险及治理［J］. 新金融评论，2015（11）：1 – 24.

石化行业 60%～70% 的产品存在过剩，过剩程度在 30%～50% 不等，如炼油行业产能利用率为 71.6%，电石行业产能利用率自 2008 年开始持续下降，2014 年仅为 60.91%，部分化工产品存在严重的产能过剩，二甲苯、甲醇、PVC 树脂、PTA 等行业产能利用率分别为 70%、58%、68% 和 61%[①]，然而石油和化工行业与煤炭和钢铁的全面性过剩有所不同，主要是中低端产业过剩、高端产业不足的结构性产能过剩。光伏行业由于其"两头在外"的行业发展模式导致阶段性产能过剩严重，2013 年产能利用率不到 60%，根据天则经济研究所报告结果，太阳能电池的过剩率高达 95%，然而近几年随着国际光伏市场的快速发展，我国光伏产业开始回暖，产能利用率有所提升，2015 年部分细分行业达到 77%，但产能利用率的分化趋势明显。[②] 风电行业在经历了初期的快速发展后，也于 2011 年出现装机年均增长率负增长，40% 的产能闲置，2011～2014 年的平均产能利用率不足 70%。[③] 除了传统的重化工业和部分新兴产业出现严重的产能过剩外，由于受到持续性的欧债危机影响，国际经济恢复缓慢，外需不足，轻工业中的纺织业和纺织服装、服饰业也于 2011 年下半年出现了明显的开工不足现象，而且由于国内外棉花成本价格差异拉大，成本上涨，产品价格下降，棉纺、化学纤维又主要集中在低端产品的生产，缺乏高端产品，导致我国纺织和服装鞋帽出现库存增加、大面积的亏损和停产现象。2013 年中国纺织工业联合会副会长兼秘书长高勇表示，"如果产能得以释放，按照中国当前纺织业的产能来看，未来 5～7 年内不再需要新建产能"[④]，据此可知纺织业和服装鞋帽业的产能过剩问题也不容忽视。本章所得结论与工信部、国家发展改革委所指出的产能过剩行业基本一致。

3.5　本章小结

在当前渐进式改革进程中，产业发展不仅受到经济发展周期等市场

① 2015 年我国石化行业发展概况［EB/OL］.中国产业信息网，2015－11－05.
② 我国太阳能电池产能过剩高达 95%［EB/OL］.中电网，2013－10－30.
③ 风电迈入调整期　弃风限电顽疾难除［EB/OL］.前瞻产业研究院，2016－06－29.
④ 明年纺织业：续增势　缓扩张［EB/OL］.经济导报，2013－12－04.

性因素的影响，还会受到诸如要素价格扭曲、政策性干预和现行制度等非市场性因素的影响，我国工业行业的产能过剩既有周期性特征，又有结构性特征和体制性特征，对我国工业行业产能过剩状况的认识不仅要考虑经济发展周期性波动情况，更要充分考虑产能过剩发生的经济发展阶段特征、异质性的行业特征以及我国的特殊国情。

本章通过系统地梳理中国工业行业产能过剩的初现和几次大规模产能过剩情况，对产能过剩的发生原因、表现特征和过剩程度进行了分析，对中国工业行业的产能过剩有了更加深入的了解，同时根据产能过剩时的行业运营指标变动状况，构建了全方位的、综合性的产能过剩评价指标，包括产能利用率、经济效应评价指标和社会效应评价指标。同时通过构建产能利用率测度模型，测算了中国 35 个工业行业 1999~2020 年的产能利用率，结果显示样本期间中国工业行业平均产能利用率为 62.4%，存在严重产能过剩，但样本期间中国工业行业平均产能利用率整体呈波动式上升趋势，同时变化趋势也具有显著的阶段性特征。制造业产能利用率相对较高，采矿业和公共事业相对来说产能利用率较低，而且重工业的产能过剩情况比轻工业更严重，但在产能利用率最低的 15 个行业中，轻工业占了 1/3，重工业占比要略低于轻工业，说明当前轻工业的产能过剩情况也不容忽视，同时制造业产能利用率整体来看不存在明显的轻工业、重工业间差异，而是主要表现为轻工业、重工业内部的行业差异。最后，选取本章构建的产能过剩综合性评价指标体系中的部分指标对中国工业行业的经营状况进行了系统的分析，证实了我国工业行业自 1998 年以后发生过三次大规模的产能过剩，其中 2008 年至今的产能过剩影响最为广泛、程度最深，目前我国工业行业的产能过剩主要以部分重工业行业为代表的重化工业全局性产能过剩为主，光伏、风电、新能源等新兴产业也出现了较高程度的产能过剩，造纸和纸制品业，化学纤维制造业，印刷和记录媒介复制业，医药制造业，酒、饮料和精制茶制造业等部分轻工业也存在不同程度的产能过剩。由于国内外需求紧缩，2011 年以来我国绝大多数工业行业都面临着艰巨的去库存、止亏损、淘汰落后产能、调结构、稳增长的任务，当前我国的产能过剩已从局部行业过剩、短期性的过剩转变成为全局性的、长期性的过剩，大规模的产能过剩导致资源浪费严重，资源配置效率低下，产业结构调整缓慢、滞后，是当前阻碍经济发展的主要障碍，化解产能过剩矛盾、淘汰落后产能、推动新旧动能转换仍然是当前和未来一段时期内推进产业结构调整、转变经济发展方式的重点任务，应继续深化供给侧结构性改革，巩固"三去一降一补"成果，从而持续推动产业优化升级、提质增效。

第4章 产业政策视角下中国产能过剩的宏观形成机制

产业政策是政府影响市场化资源配置的一种手段，虽然对其必要性和有效性的争议在学术界一直存在，但其在世界各国得到广泛应用也是不争的事实，中国也不例外，产业政策的实施为经济快速发展作出了巨大贡献。中国从 20 世纪 80 年代末开始全面推行产业政策，产业政策涉及众多行业，经过 40 余年的发展，产业政策日趋完善。然而，一个不可忽视的典型事实是，一定时期内一个区域的政府能够配置的资源总体上是有限的，在经济转型时期，由于受到财政分权体制和以 GDP 为核心的政绩考核体制的影响，地方政府在利用产业政策推动经济发展的过程中，往往倾向于使用政府补贴、信贷支持、税收优惠等鼓励型产业政策，有选择地将资源配置给经济贡献较大、具有比较优势的重点产业以扶持其发展（林毅夫，2017；张莉等，2017），这种带有选择性特征的重点产业政策在促进产业快速发展的同时，也会因为地区间竞争而出现产业政策趋同、产业结构趋同、要素市场扭曲和区域间投资竞争等现象，在全国市场范围内形成潮涌现象（林毅夫，2007），从而导致大规模的产能过剩（郭克莎，2019）。为此，本章从地方政府间竞争的宏观视角出发，构建理论分析框架，剖析重点产业政策导致产能过剩的内在逻辑，并通过实证检验为产业政策导致产能过剩的研究结论提供经验证据支持。

4.1 理论分析与研究假说

在中国经济转型时期，财政分权体制改革和以 GDP 为核心的政绩考核与晋升体制一方面使地方政府面临着较大的财政压力和晋升压力，另一方面也极大程度地调动了地方政府发展经济的积极性，赋予了地方政府通过产业政策干预经济发展的动机和能力，从而引发了地方政府间诸侯式的激烈经济竞争（周黎安，2007；江飞涛，2010；王立国和鞠蕾，2012），导致了过度投资、资源浪费、重复建设等问题，最终形成了严重的大规模产能过剩。通过梳理相关领域文献，本章归纳出重点产业政策主要通过产业结构趋同效应、要素价格扭曲效应和地区投资竞争效应等途径导致了产能过剩。

4.1.1 产业结构趋同效应

在我国经济转型时期，地方政府具有强烈的动机和强大的能力通过制定和实施产业政策来干预地方经济的发展。在财政体制方面，财政分权体制改革赋予了地方政府独立的经济利益和经济地位，地方政府间的经济利益逐步分化，地方经济利益与地方经济发展挂钩充分调动了地方政府发展经济、获取经济利益的积极性（王立国和鞠蕾，2012）。尤其是财政分权改革使得当时仍处于落后状态的地方政府的财政资源大大减少，不断减少的财政收入和逐年增加的财政支出之间的收支失衡矛盾加剧，地方政府面对着财权事权的不匹配和巨大的财政压力，但财政分权体制改革和放权让利改革也同时赋予了地方政府更多的经济自主权和经济发展成果支配权，因此为了发展地方经济、扩大税基、增加财政收入，地方政府有较强的动机通过产业政策将有限的资源配置给特定的重点产业以扶持其发展，实现地方经济利益的最大化。在政绩考核体制方面，由于中央政府拥有对官员的任免权，地方政府之间职能同构，都对经济发展有一定的干预能力，使得以经济发展为考核指标成为以经济建设为中心背景下政绩考核的最佳选择，但晋升机会总是有限的，官员晋升考核具有零和博弈的晋升锦标赛特征，一人晋升就意味着减少了其他人的晋升机会，而且官员晋升也意味着利益的扩大化，因此以经济增长为主要考核指标的政绩考核体制和官员晋升体制激发了地方政府通过产业政策干预经济发展的热情（周黎安，2007）。

在财政分权和政治集权的背景下，地方政府内生出"经济人"和

"政治人"双重属性，地方政府对政治绩效的追求实际上也转变为对经济绩效的偏好，从而激励地方政府间展开了激烈的经济竞争（潘凌云和董竹，2019），为了追求经济总量增长，忽视社会成本和经济发展效益，为保护本地的资源、市场和税收而"各自为战"，这种诸侯式的地区间竞争往往会引发经济发展扭曲现象，导致地方经济发展偏离比较优势（张莹和王磊，2015）。在中央政府出台重点产业政策后，一方面，地方政府为了发展经济、增加政绩、获得晋升优势，会盲目地采取模仿策略、积极响应中央号召出台趋同的重点产业政策，不考虑地方实际，"一窝蜂"地集中发展这些重点产业，以实现自身利益最大化；另一方面，地方政府出台和中央政府趋同的重点产业政策还能够有利于其争取中央政府的金融资源、财政补贴、税收、土地等各种政策优惠，同时对这些产业提供税收、补贴、信贷等方面的优惠也具有了合法性依据（魏后凯，2001；郭庆旺和贾俊雪，2006；江飞涛和曹建海，2009；王燕武和王俊海，2009；余东华和吕逸楠，2015）。与此同时，在地方政府间的诸侯式竞争模式下，为了在地区间经济和政治竞争中积累优势，地方政府一般都秉承"人无我有，人有我也有"的产业发展思路，这不仅导致了地方照搬中央产业政策、"中央舞剑，地方跟风"的央地产业政策趋同成为一种普遍现象（吴意云和朱希伟，2015；张莉等，2017），而且导致各地方经济发展自成体系，地区之间存在严重的地区间产业政策趋同问题，造成了严重的过度投资、资源浪费、重复建设和产业结构趋同现象，从而在全国市场范围内引发了大规模的产能过剩（江飞涛，2010；王立国和张日旭，2010；付保宗，2011；陈胜勇和孙仕祺，2013）。而且，由于我国的中央政府和地方政府实际上形成了一种信息不对称的委托—代理关系，由于中央政府处于信息劣势方，同时缺乏有效的监督机制、法制不健全、司法独立性差，无法对地方政府的不规范行为进行有效约束，进一步加剧了重复建设、产业结构趋同和产能过剩（杨培鸿，2006；纪志宏，2015）。

4.1.2　要素价格扭曲效应

我国各级地方政府一般都会通过制定产业发展规划的方式来实施

重点产业政策，明确产业发展目标和方向，最典型的就是各级地方政府会在地方五年规划内明确未来一段时期内的产业发展重点，同时为了落实重点产业政策、实现预期的产业发展目标，各级地方政府都会配套财政补贴、金融支持、税收优惠、产业基金、土地优惠、环境宽松政策等具体的鼓励型产业政策，引导地区内资源和要素向这些重点产业聚集，以促进重点产业发展。这种带有选择性特征的产业政策具有明显的直接干预市场、限制竞争、政府选择代替市场机制的根本性缺陷，具有较强的计划经济色彩和管制特征，在促进经济快速发展的同时，也导致了很多经济效率扭曲的现象（江飞涛和李晓萍，2010），特别是政府通过对资本、劳动、土地、能源及环境等关键要素定价权和配置权的干预和控制来实施重点产业政策、实现经济发展目标，导致要素价格被普遍低估，形成不同程度的要素价格扭曲，造成要素资源配置长期低效率，使要素市场成为中国经济改革的滞后领域和瓶颈。要素价格扭曲对企业的投资行为形成了实质性的补贴效应（林毅夫，2014），大量的补贴收入会形成企业正常经营活动之外的额外收益，理性的企业会在利润最大化的驱使下为了获取这种超额补贴收益而进行低效率的进入、退出和投资等活动，而且政府为企业提供价格扭曲的低成本要素资源还会对企业产生经营成本和经营风险外部化效应，即重点产业政策导致的要素价格扭曲使得企业的进入、退出和投资等决策偏离了真实市场价格机制下的企业行为，对企业形成了过度进入、退出延滞和过度投资的扭曲激励，从而导致了大规模的产能过剩（耿强等，2011；江飞涛等，2012；韩文龙等，2016；邹涛，2020；邹涛和李沙沙，2021；李沙沙和邹涛，2021）。与此同时，要素价格扭曲还会抑制消费，导致我国内需不足，经济增长形成投资路径依赖，从而形成了我国目前高投资、低消费的现状，引发了大规模的过剩产能（冼国明和石庆芳，2013；陈彦斌等，2015；王宁和史晋川，2015），而且要素价格扭曲催生了大量的落后产能，使落后产能仍然有利可图，也导致企业缺乏创新动力，抑制了企业创新能力提升，严重阻碍了产业结构的优化、升级，提高了产能过剩化解难度，进一步加剧了产能过剩严重程度（徐长生和刘望辉，2008；王希，2012；踪家峰和周亮，2013）。

4.1.3　地区投资竞争效应

过度投资是导致产能过剩的最直接原因已得到了学术界的一致认可（韩国高等，2011；王立国和鞠蕾，2012；黄健柏等，2015）。我国的财政分权体制和以经济增长为主要考核指标的政绩考核体制及官员晋升体制将地方政府的政治经济利益与地区经济增长挂钩，受到晋升竞争激励的影响，地方政府间的经济竞争也出现了扭曲，地方政府往往盲目追求经济总量的快速增长，而投资扩张作为短期内实现经济增长的有效手段，各地方政府间纷纷利用掌握的行政权力通过制定和实施重点产业政策的方式展开了激烈的投资竞争，竞相为投资企业提供各种优惠政策和补贴，谋求投资的快速增长，忽视整体的经济社会效益和地区间的协调平衡发展，这种"诸侯割据"的竞次式竞争使得各地政府不甘人后，政府的重点产业政策趋同，各地方经济发展自成体系，地区间产业分工失调，各地的产业投资一窝蜂似地涌入趋同的重点产业，不仅导致了大规模的过度投资和重复建设，还导致了地区间产业结构严重趋同的现象，从而引发了宏观层面的产能过剩问题（李江涛，2006；王立国和鞠蕾，2012）。与此同时，由于我国仍属于发展中国家，为了快速提升经济发展水平，形成了粗放型的投资拉动经济增长模式，地方政府和企业都把扩大投资作为推动经济发展的首选，存在严重的"投资饥渴症"，这促使各地投资增长过快、投资规模偏大。一方面，抑制了消费需求的提升，导致供需严重失调；另一方面，企业缺乏创新动力，企业的创新能力差，进一步使经济增长更加依赖于投资，从而形成了产能过剩（张前程和杨光，2015；胡荣涛，2016）。

企业的过度投资行为是重点产业政策引发投资竞争从而导致产能过剩的微观基础。首先，国有企业是产能过剩的"重灾区"，地方政府间的投资竞争导致了国有企业的过度投资问题（曹春方等，2014）。国有企业与政府之间具有天然的政治联系，其多重委托代理关系使得国有企业产权不明晰，企业的投资决策和运营会受到地方政府、经营管理者、外部市场因素的共同制约，同时国有企业还承担着解决就业、增加税收、维护社会稳定等多重政治、社会任务，使得国有企业只有通过不断扩张规模才能完成既定的多重目标，因此国有企业会较大程度上受到地方政府重点产业政策、投资竞争的影响从而进行过度投资，而且国有企业缺乏完善的内部投资约束机制，内部成本和风险外部化严重，国有企业的管理者会存在为了自身利益而产生过度投资的道德风险，国有企业管理者同时也受政绩考核晋升体制的制约，这进一步强化了国有企业的过度投资风险（王立国和农媛媛，2014；贺京同和何蕾，2016），同时基于所有制的信贷扭曲则为国有企业的过度扩张提供了外部刺激，政府的经济刺激政策也进一步激励了国有企业的过度投资行为，加剧了产能过剩（马如静等，2007）。修宗峰和黄健柏（2013）对制造业上市公司过度投资和产能过剩关系的实证研究发现，国有企业的过度投资会明显导致企业产能利用率下降。其次，地方政府间的投资竞争同样导致了民营企业的无效过度投资，在产能过剩的形成过程中起到了不容忽视的作用（徐业坤和李维安，2016；潘凌云和董竹，2019）。周炼石（2007）指出，随着市场化改革的深入，市场经济体制不断完善，我国的非公有制经济得到了充分的发展，以民营资本为主的多种非公有制资本大规模涌入市场，大量进入以前国有经济垄断的高利润的钢铁、水泥、电解铝等行业，民营资本和外商资本的固定资产投资规模迅速增加，地方政府的产业政策推动更加剧了这种由于信息不对称导致的投资潮涌现象，从而导致了整个社会的过度投资，导致和加剧了产能过剩。而且，由于我国全能型地方政府权力过大，在经济建设中发挥着主导作用，政府在宏观上充当着资源配置者的角色，这种非市场化的配置方式会造成企业间竞争的不公平，尤其是国有企业和民营企业间的资源可获得难度和获得的资源数量之间存在巨大差异，民营企业为了获得更多的资源和政策支持，会通过各种方式与地方政府建立政治联系，形成政府与企业间的政治经济利益联盟，这种政治关联使民营企业间接承担了地方政府扩大投资、发展经济、带动就业、增加税收、维护社会稳定等多重任务，使民营企业经营目标偏离企业价值最大化，诱导民营企业进行过度投资，从而形成了大规模的过剩产能（王立国和鞠蕾，2012；赵岩和陈金龙，2014）。

基于上述理论分析，本章提出以下研究假说：

假说 4 - 1：重点产业政策会引致产能过剩问题。

假说 4 - 2：重点产业政策通过产业结构趋同效应、要素价格扭曲效应和地区投资竞争效应等机制引致产能过剩问题。

4.2　研 究 设 计

4.2.1　样本选择与数据来源

为了使样本区间覆盖我国三次大规模的产能过剩，同时反映中国经济进入新时代以来的产能过剩情况，考虑到数据的完整性、准确性和可得性，本章选取 2001~2020 年 30 个省份的 27 个规模以上制造业行业（剔除西藏自治区）作为研究样本。由于工业行业统计口径调整的原因，部分行业统计数据无法良好衔接，因此根据最新的国民经济行业分类标准（GB/T 4754—2017），本章对工业行业统计数据进行了重新整理，剔除"开采专业及辅助性活动""其他采矿业""木材及竹材采运业""其他制造业""废弃资源综合利用业""金属制品、机械和设备修理业"6 个数据连贯性较差的行业，剔除海南的文教、工美、体育和娱乐用品制造业，贵州的化学纤维制造业，青海的烟草制品业、化学纤维制造业和文教、工美、体育和娱乐用品制造业，宁夏的文教、工美、体育和娱乐用品制造业等数据严重缺失的行业。同时为了统一样本期间部分行业的数据统计标准，本章将 2012 年之前的橡胶制品业和塑料制品业合并为橡胶和塑料制品业，将 2012 年之后的汽车制造业和铁路、船舶、航空航天和其他运输设备制造业合并为交通运输设备制造业。本章所需的制造业行业数据主要来源于《中国工业统计年鉴》《中国统计年鉴》《中国经济普查年鉴》《中国价格统计年鉴》和国泰安 CSMAR 数据库、中国国家统计局网站、各省份的统计年鉴等。

为了考察重点产业政策对产能过剩的影响，本章参考宋凌云和王贤彬（2013）、吴意云和朱希伟（2015）、蔡庆丰和田霖（2019）、王贤彬和陈春秀（2020）的研究，手工整理了样本期间国家和各省份的"十五""十一五""十二五""十三五"四个五年规划政策文本中提及的重点产业，并将其与国民经济行业分类标准（GB/T 4754—2017）中的制造业行业二位数代码进行匹配，整理得到重点产业政策数据。

4.2.2 实证模型设定

根据前文的理论分析和研究假说，本章参考董敏杰等（2015）、包群等（2017）、王贤彬和陈春秀（2020）的研究，构建如下计量模型实证检验重点产业政策对产能过剩的影响：

$$CU_{ijt} = \alpha + \beta IPlg_{ijt} + \delta CV_{ijt} + \omega_t + \omega_p + \omega_r + \varepsilon_{ijt} \qquad (4-1)$$

其中，i 表示省份，j 表示工业行业，t 表示年份；CU_{ijt} 为被解释变量产能利用率，衡量产能过剩情况；$IPlg_{ijt}$ 是核心解释变量，为重点产业政策虚拟变量，如果 i 省的 j 行业被五年规划提及为重点产业，则赋值为 1，否则赋值为 0，$IPlg_{ijt}$ 的回归系数 β 是关注的重点，如果 β 显著为负，则表明各省份制定和实施的重点产业政策会显著降低工业行业产能利用率、引致产能过剩问题；CV_{ijt} 为一系列控制变量；ω_t、ω_p 和 ω_r 为虚拟变量，分别控制了年份固定效应、行业固定效应和所在省份固定效应；ε_{ijt} 为随机误差项。

4.2.3 变量说明

1. 被解释变量：产能利用率

参考法尔等（Fare et al., 1989）、董敏杰等（2015）、贾润崧和胡秋阳（2016）、张少华和蒋伟杰（2017）的研究，本章采用第 3 章介绍的非径向产出导向 SBM 模型测算各省份制造业分行业的产能利用率，同时考虑到中国制造业行业技术效率差异现象和落后产能问题普遍存在（Coelli et al., 2002；董敏杰等，2015），本章将技术效率纳入产能利用率以综合反映中国制造业行业的产能利用情况，并采用不纳入技术效率的产能利用率以检验实证结果的稳健性。此外，由于工业行业间存在明显的生产技术和生产设备差异，本章细分制造业二位数行业测算产能利用率。

产能利用率测算过程中需要的产出和投入数据包括：（1）工业总产值。由于《中国工业统计年鉴》和多数省份 2008 年后不再统计分行业工业增加值数据，相对而言分行业工业总产值数据的统计较为完整，因此考虑到数据的可得性和完整性，本章采用工业总产值作为制造业行业的实际产出指标，并以 2001 年为基期的分地区工业生产者出厂价格指数进行平减。对于部分地区的缺失数据，本章参考王兵等（2013）、杨振兵和张诚（2015）、陈汝影和余东华（2019）等现有研究的做法，主要采用销售产值和产销率数据、国家统计局公布的历年工业分大类行业增加值增长率计算得到。（2）资本投入。本章采用固定资本存量来衡量资本投入。固定资本存量大多采用永续盘存法计算得到（张军等，2004；单豪杰，2008；陈诗一，2011），但是由于该方法的计算结果很大程度上受到对基期资本存量、投资额和折旧率等因素的假设和处理方法的影响，不同估算方法得到的结果存在较大差异，再加上我国转型时期非市场化因素可能导致投资和折旧出现非常规波动，也考虑到我国统计数据信息不完善等的影响，永续盘存法在实际应用过程中存在各种困难（程俊杰，2015）。为了减少数据估计环节带来的偏差，限于数据可得性和完整性，本章借鉴庞瑞芝和李鹏（2011）、吴延兵和米增渝（2011）、韩国高等（2011）研究的做法，采用各地区规模以上制造业行业固定资产净值作为固定资本存量的替代指标，部分年份缺失的固定资产净值数据通过固定资产原价与当年累计折旧相减得到。固定资本存量采用各地区的固定资产投资价格指数折算成 2001 年不变价，其中 2020 年国家统计局取消《固定资产投资价格统计报表制度》，不再编制相应价格指数，2020 年各地区固定资产投资价格指数采用平均值方法补齐。（3）劳动投入。由于我国存在大量非正式职工的就业现象，从业人员数可以较好地反映一段时期内工业行业全部劳动力资源的利用情况（韩国高等，2011），因此本章采用各省份制造业行业全部从业人员平均人数衡量劳动投入情况。

2. 核心解释变量：重点产业政策

国民经济和社会发展五年规划纲要是中央政府和地方政府布局未来经济发展目标和方向、统筹经济资源配置的重要文件，也是中央政府和地方政府进行经济干预、资源配置的指导性文件（吴意云和朱希伟，2015；蔡庆丰和田霖，2019），在五年规划纲要中会有专门的章节介绍未来五年工业发展方向、结构、布局和目标的内容，国家和地方会以此为依据鼓励、调整和限制相关产业的发展，因此本章参考宋凌云和王贤彬（2013）、吴意云和朱希伟（2015）、张莉等（2017）、蔡庆丰和田霖（2019）、王贤彬和陈春秀（2020）的研究，通过手工整理样本期间国家和各省份的"十五""十一五""十二五""十三五"四个五年规划政策文本中提及的重点产业，并将其与国民经济行业分类标准（GB/T 4754—2017）中的制造业行业二位数代码匹配，最终整理得到重点产业政策数据。

然而，本章对于重点产业政策的识别策略与既有研究有所不同：

首先，现有研究大多都采用搜索关键词语的方式确定某个产业是否属于重点产业，主要是将带有"重点发展""大力发展""做大做强""重点扶持""着力培养""优先发展""支柱产业""积极发展""大力振兴"等鼓励性、积极性词语的产业识别为重点产业（宋凌云和王贤彬，2013；吴意云和朱希伟，2015；张莉等，2017；杨继东和罗路宝，2018；王贤彬和陈春秀，2020），但这种识别方式可能会在一定程度上导致重点产业识别偏误，例如，在 2008 年经济危机后，钢铁、水泥、电解铝、平板玻璃、船舶等行业出现了严重的产能过剩，因此中央和地方在"十二五"规划中对这些产能过剩产业大多要求其调整产业结构、淘汰落后产能、转变发展方式等，将重点主要放在调整性工作上，并没有采用"大力发展""重点发展"等鼓励性、积极性词语论述，但是这些产业又往往是当地经济贡献较大、就业带动能力较强的支柱型产业，本身就是当地经济发展的重点产业，因此仅仅通过"大力发展""重点发展""优先发展""做大做强"等关键词来识别重点产业可能会导致识别不足的问题。为此，本章通过详细阅读五年规划纲要的方法准确识别重点产业。

其次，在将五年规划纲要中提及的重点产业信息转换为数据的过程中，现有文献大多是根据五年规划纲要中提及的产业名称直接与国民经济行业分类中的工业二位数代码行业进行匹配（宋凌云和王贤彬，2013；吴意云和朱希伟，2015；张莉等，2017；王贤彬和陈春秀，2020），但由于各地方对于不同行业或产品的表述不尽相同，进一步增加了重点产业的识别难度，而上述方法同样会导致识别偏误的问题。例如，五年规划纲要中提到的食品、纺织、石化、轻工等产业实际上采用的是工信部的行业统计口径，而并非国民经济行业分类中的工业二位数代码行业，食品工业包括农副食品加工业、食品制造业和酒、饮料和精制茶制造业，不单指农副食品加工业或食品制造业，不能简单地将五年规划纲要中的产业名称直接与国民经济行业分类中的二位码工业行业匹配。为此，本章在详细阅读五年规划纲要基础上，综合采用工信部行业分类、国民经济行业分类和国家统计局统计用产品分类目录对重点产业进行识别和匹配。

此外，对于五年规划中提及的新材料产业，由于涉及的产业较多，无法将其准确归类，本章不做考虑。重点产业统计结果如表4-1所示。

表 4 - 1　　　　　2001~2020 年中国制造业行业重点产业

行业代码	"十五"规划		"十一五"规划		"十二五"规划		"十三五"规划	
	中央列为重点产业	各省份列为重点产业次数	中央列为重点产业	各省份列为重点产业次数	中央列为重点产业	各省份列为重点产业次数	中央列为重点产业	各省份列为重点产业次数
13	是	26	是	26	是	26	否	23
14	是	27	是	26	是	27	否	22
15	是	26	是	23	是	24	否	21
16	否	9	否	10	否	9	否	6
17	是	27	是	22	是	25	否	23
18	是	17	否	18	否	21	否	14
19	否	4	是	8	否	12	否	5
20	否	4	否	6	否	6	否	2
21	否	2	否	4	否	9	否	5
22	是	18	是	21	是	16	否	8
23	否	3	否	2	否	4	否	1
24	否	4	否	5	否	10	否	7
25	否	22	是	30	是	29	否	29
26	是	30	是	30	是	29	是	29
27	是	30	是	29	是	30	是	28
28	是	21	是	17	是	14	是	9
29	否	14	是	16	是	14	是	6
30	是	30	是	28	是	27	是	26

续表

行业 代码	"十五"规划		"十一五"规划		"十二五"规划		"十三五"规划	
	中央列为 重点产业	各省份列 为重点产 业次数	中央列为 重点产业	各省份列 为重点产 业次数	中央列为 重点产业	各省份列 为重点产 业次数	中央列为 重点产业	各省份列 为重点产 业次数
31	是	24	是	26	是	29	是	27
32	是	24	是	24	是	26	是	25
33	否	9	否	10	是	14	是	7
34	是	28	是	29	是	30	是	29
35	是	28	是	28	是	30	是	29
37	是	24	是	27	是	30	是	30
38	是	25	是	28	是	29	是	27
39	是	26	是	29	是	27	是	29
40	是	5	是	13	是	11	是	5

注：行业代码对应的制造业工业行业为：13 农副食品加工业；14 食品制造业；15 酒、饮料和精制茶制造业；16 烟草制品业；17 纺织业；18 纺织服装、服饰业；19 皮革、毛皮、羽毛及其制品和制鞋业；20 木材加工和木、竹、藤、棕、草制品业；21 家具制造业；22 造纸和纸制品业；23 印刷和记录媒介复制业；24 文教、工美、体育和娱乐用品制造业；25 石油、煤炭及其他燃料加工业；26 化学原料和化学制品制造业；27 医药制造业；28 化学纤维制造业；29 橡胶和塑料制品业；30 非金属矿物制品业；31 黑色金属冶炼和压延加工业；32 有色金属冶炼和压延加工业；33 金属制品业；34 通用设备制造业；35 专用设备制造业；37 交通运输设备制造业；38 电气机械和器材制造业；39 计算机、通信和其他电子设备制造业；40 仪器仪表制造业。

在四个五年规划中，各省份的重点产业与中央的重点产业有较高的相似性，而且各省份之间的重点产业也具有较高的相似性，例如，四个五年规划期间被各省份列为重点产业平均次数较多的前十个行业是 26 化学原料和化学制品制造业，27 医药制造业，34 通用设备制造业，35 专用设备制造业，37 交通运输设备制造业，39 计算机、通信和其他电子设备制造业，30 非金属矿物制品业，25 石油、煤炭及其他燃料加工业，38 电气机械和器材制造业，31 黑色金属冶炼和压延加工业。为了反映各省份与中央、各省份之间的重点产业相似程度，本章利用常用于衡量二值变量相似程度的 Jaccard 相似系数测度了各省份与中央的重点产业 Jaccard 相似系数和各省份之间的重点产业 Jaccard

相似系数①，测算结果显示，各省份与中央的重点产业 Jaccard 相似系数平均为 0.6797，表明各省份与中央的重点产业相似程度较高（张莉等，2017；杨继东和罗路宝，2018），各省份之间的重点产业 Jaccard 相似系数平均为 0.51，表明各省份之间的重点产业也存在较高程度的相似性，这初步验证了本章研究假说的正确性，各省份与中央、各省份之间的重点产业政策存在一定程度的趋同现象，从而使得各地一窝蜂似的集中投资某几个行业，导致地区间产业结构趋同、要素价格扭曲和投资竞争，继而在全国范围内引致了大规模的产能过剩。

3. 控制变量

为了避免遗漏变量导致估计偏误，保证实证结果的稳健性，本章参考董敏杰等（2015）、杨振兵（2016）、韩国高和张倩（2019）、王贤彬和陈春秀（2020）、范欣和李尚（2020）等国内外相关研究，选取可能对产能过剩产生影响的关键因素作为控制变量，具体包括：（1）经济周期（gdpg），采用各省份地区生产总值的增长速度衡量，经济繁荣时，市场需求旺盛，产能利用率较高；经济衰退时，市场需求萎缩，产能利用率降低。（2）市场分割指数（mseg），本章参考桂琦寒等（2006）、盛斌和毛其淋（2011）的研究，采用相对价格指数法计算各省份的市场分割程度，而且考虑到地区间竞争导致的市场分割主要表现为经济空间上的分割，与现有文献只考虑相邻省份不同，本章将测算范围扩展到全国市场（吕越等，2018）。市场分割指数测算所需的数据主要来自《中国统计年鉴》公布的各省份商品零售环比价格指数，为了保证数据的连贯性，本章选取了粮食、纺织品、服装鞋帽、化妆品、家用电器及音响器材、金银珠宝、燃料、日用品、书报杂志及电子出版物、水产品、饮料烟酒、中西药品及医疗保健用品 12 种商品。（3）行业内企业平均规模（size），采用行业内企业平均从业人数的对数衡量，规模越大的企业经营调整成本和退出壁垒也越高，更容易出现产能过剩（张少华和蒋伟杰，2017；范欣和李尚，2020）。（4）行业竞争程度（compe-

① 各省份与中央的重点产业 Jaccard 相似系数 = (A∩B)/(A∪B)，其中，A 为 A 省份五年规划中确定的重点产业，B 为国家五年规划中确定的重点产业；各省份之间的重点产业 Jaccard 相似系数 = (A∩B)/(A∪B)，其中，A 为 A 省份五年规划中确定的重点产业，B 为 B 省份五年规划中确定的重点产业。

tition）：采用行业内企业数量取对数衡量，行业竞争程度越高，越有利于优化资源配置、促进企业提高产能利用率，缓解产能过剩。（5）轻重工业（light_heavy）：采用虚拟变量衡量，本章根据国家统计局对轻重工业的划分办法，将27个制造业行业进一步细分成轻工业和重工业两组，令轻工业为0，重工业为1。由于重工业属于资本密集型行业，相对轻工业来说，重工业投资规模更大、资产专用性更强、调整成本更高，因此更容易出现产能过剩问题（韩国高等，2011；程俊杰，2015）。（6）全要素生产率（MI），采用Malmquist全要素生产率指数衡量，一般而言，行业生产率水平越高，越有利于促进其产能利用率提高，缓解产能过剩问题。本章主要变量的描述性统计结果如表4-2所示。

表4-2　　　　　　　　　　　主要变量描述性统计

变量	样本量	平均值	标准差	最小值	最大值
CU	16080	0.556	0.284	0.002	1.000
IPlg	16080	0.642	0.479	0.000	1.000
gdpg	16080	0.101	0.035	-0.050	0.238
mseg	16080	0.052	0.040	0.011	0.438
size	15692	-3.742	0.671	-8.517	-0.399
competition	15692	4.692	1.834	0.000	9.129
light_heavy	16080	0.485	0.500	0.000	1.000
MI	15276	1.167	2.242	0.008	189.851

4.3　实证结果与分析

4.3.1　基准回归结果

表4-3报告了模型（4-1）的基准回归结果。列（1）加入了年份、行业及省份固定效应但未加入控制变量，列（2）加入了控制变量但未加入年份、行业及省份固定效应，列（3）为同时加入控制变量和年份、行业及省份固定效应的基准回归结果。列（1）~列（3）的回归

结果显示，不管是否加入控制变量或年份、行业及省份固定效应，重点产业政策的估计系数都在1%的水平上显著为负，这表明在控制了其他因素对产能利用率的影响后，重点产业政策会显著降低制造业行业的产能利用率，即重点产业政策会显著引致产能过剩问题，验证了假说4-1。

表4-3　　　　　　　　　　　基准回归结果

变量	（1）	（2）	（3）
	CU	CU	CU
IPlg	−0.0163 *** (−3.07)	−0.0564 *** (−11.48)	−0.0242 *** (−4.55)
gdpg		1.3598 *** (20.31)	0.6626 *** (5.89)
mseg		0.3599 *** (6.17)	−0.3054 *** (−3.58)
size		−0.0304 *** (−7.35)	−0.0794 *** (−16.76)
competition		0.0590 *** (36.97)	0.0286 *** (10.82)
light_heavy		−0.0215 *** (−4.76)	−0.0124 (−0.95)
MI		0.0078 *** (2.72)	0.0068 *** (2.65)
_cons	0.6485 *** (44.30)	0.0428 *** (2.66)	0.1372 *** (4.51)
年份固定效应	Yes	No	Yes
行业固定效应	Yes	No	Yes
省份固定效应	Yes	No	Yes
N	16080	14890	14890
R^2	0.398	0.182	0.445

注：括号内为稳健性t统计值；*** 表示在1%的水平上显著。

从表4-3列（3）基准模型的各控制变量回归结果来看，经济周期

（gdpg）对产能利用率有显著的正向影响，即经济发展速度较快的繁荣时期，制造业行业产能利用率较高，有利于缓解产能过剩问题，经济发展速度较低的低谷时期，市场需求萎缩，也会导致制造业行业产能利用率下降，从而引致产能过剩问题；市场分割指数（mseg）对产能利用率有显著的负向影响，这表明地方政府间竞争导致的市场分割会显著降低制造业行业产能利用率、引致产能过剩问题；行业内企业平均规模（size）的估计系数在1%的水平上显著为负，表明规模较大的企业更容易出现产能过剩；行业竞争程度（competition）的估计系数在1%的水平显著为正，表明行业竞争程度越高，越有利于提高制造业行业的产能利用率，治理产能过剩问题；轻重工业（light_heavy）对制造业产能利用率有负向影响，但不显著，说明无论重工业还是轻工业都有可能出现产能过剩问题，产能过剩的产生并不存在明显的轻重工业差异；全要素生产率（MI）的估计系数在1%的水平上显著为正，表明制造业行业提高生产率水平，有利于促进其产能利用率提高，治理产能过剩问题。

根据前文的理论分析可知，地方政府出台的重点产业政策之所以会引致产能过剩问题，主要是因为各省份与中央的重点产业政策、各省份之间的重点产业政策存在趋同的现象，为了验证这一理论，本章整理了样本期间的国家五年规划，并构造中央提及且地方提及重点产业和中央提及但地方未提及重点产业两个变量，对产能利用率进行回归，同时还将各省份与中央的重点产业 Jaccard 相似系数和各省份之间的重点产业 Jaccard 相似系数作为解释变量进行回归，回归结果如表 4–4 所示。表 4–4 中列（1）和列（2）是中央提及且地方提及重点产业（IPcl）作为解释变量的回归结果，IPcl 的估计系数在1%的水平上显著为负，表明中央提及且地方提及的重点产业会显著降低制造业行业的产能利用率，引致产能过剩，这意味着地方和中央的重点产业政策趋同显著引致了产能过剩问题；列（3）和列（4）是中央提及但地方未提及重点产业（IPc）作为解释变量时的回归结果，IPc 的估计系数在1%的水平上显著为正，表明中央提及但地方未提及的重点产业会显著提高制造业行业的产能利用率，缓解产能过剩问题，也就是说如果一个行业只被中央确定为重点产业但地方并未将其作为重点产业，那么该重点产业政策并不会导致产能过剩问题，反而有利于促进制造业行业的产能利用率提升，这进一步验证了地方和中央的重点产业政策趋同会引致产能过剩的理论。进一步地，

表 4 - 4　产业政策趋同引致产能过剩的回归结果

变量	(1) IPcl	(2) IPcl	(3) IPc	(4) IPc	(5) Jaccard	(6) Jaccard	(7) Jaccardp	(8) Jaccardp
IPcl	-0.0314*** (-5.48)	-0.0287*** (-5.04)						
IPc			0.0431*** (6.86)	0.0386*** (6.12)				
Jaccard					-0.0336*** (-5.68)	-0.0258*** (-4.41)		
Jaccardp							-0.0363*** (-4.16)	-0.0464*** (-5.19)
gdpg		0.6531*** (5.81)		0.6593*** (5.87)		0.7486*** (6.15)		0.6594*** (5.87)
mseg		-0.3064*** (-3.60)		-0.3076*** (-3.61)		-0.2557*** (-2.61)		-0.3051*** (-3.58)
size		-0.0794*** (-16.78)		-0.0791*** (-16.70)		-0.0853*** (-16.12)		-0.0793*** (-16.75)
competition		0.0277*** (10.58)		0.0280*** (10.67)		0.0272*** (9.14)		0.0289*** (10.94)

续表

变量	(1) IPcl	(2) IPcl	(3) IPc	(4) IPc	(5) Jaccard	(6) Jaccard	(7) Jaccardp	(8) Jaccardp
light_heavy		-0.0111 (-0.85)		-0.0239* (-1.79)		-0.0066 (-0.49)		-0.0270* (-1.95)
MI		0.0067*** (2.63)		0.0067*** (2.63)		0.0056*** (2.90)		0.0067*** (2.65)
_cons	0.6536*** (44.91)	0.1423*** (4.66)	0.6266*** (44.10)	0.1176*** (3.86)	0.7025*** (44.71)	0.1445*** (4.34)	0.6569*** (43.79)	0.1448*** (4.74)
年份固定效应	Yes	Yes	Yes	Yes	Yes	Yes	Yes	Yes
行业固定效应	Yes	Yes	Yes	Yes	Yes	Yes	Yes	Yes
省份固定效应	Yes	Yes	Yes	Yes	Yes	Yes	Yes	Yes
N	16080	14890	16080	14890	12550	11708	16080	14890
R²	0.399	0.446	0.399	0.446	0.429	0.472	0.398	0.446

注：括号内为稳健性统计 t 统计值；*** 和 * 分别表示在1%和10%的水平上显著。

列（5）～列（8）分别为各省份与中央的重点产业 Jaccard 相似系数（Jaccard）和各省份之间的重点产业 Jaccard 相似系数（Jaccardp）作为解释变量的回归结果，Jaccard 和 Jaccardp 的估计系数均在 1% 的水平上显著为负，表明各省份与中央的重点产业政策趋同显著降低了制造业行业产能利用率、引致了产能过剩问题，同时各省份之间的重点产业政策趋同同样会显著降低制造业行业产能利用率、引致产能过剩问题，这进一步验证了前文理论的稳健性，即各省份与中央的重点产业政策趋同和各省份之间的重点产业政策趋同显著引致了产能过剩问题。同时，通过比较 Jaccard 和 Jaccardp 的估计系数可以发现，各省份之间的重点产业政策趋同对产能利用率的负向影响更大，这表明相比各省份与中央的重点产业政策趋同而言，各省份之间的重点产业政策趋同会在更大限度上引致产能过剩问题。

4.3.2 影响机制检验

基准回归结果显示各省份制定和实施的重点产业政策会显著引致产能过剩问题，这主要是因为各省份和中央的重点产业政策趋同、各省份之间的重点产业政策趋同会显著引致产能过剩。那么各省份的重点产业政策趋同、各省份和中央的重点产业政策趋同、各省份之间的重点产业政策趋同又是通过哪些途径引致产能过剩呢？根据前文的理论分析，重点产业政策主要通过产业结构趋同效应、要素价格扭曲效应和地区投资竞争效应等机制引致了产能过剩。为了验证这一影响机制，本章借鉴温忠麟等（2004）、韩国高等（2022）的做法，在模型（4-1）的基础上，构建中介效应模型进行机制检验，具体模型设定如下：

$$M_{ijt} = \theta_0 + \theta_1 IPlg_{ijt} + \delta CV_{ijt} + \omega_t + \omega_p + \omega_r + \varepsilon_{ijt} \quad (4-2)$$
$$CU_{ijt} = \varphi_0 + \varphi_1 IPlg_{ijt} + \varphi_2 M_{ijt} + \delta CV_{ijt} + \omega_t + \omega_p + \omega_r + \varepsilon_{ijt} \quad (4-3)$$

其中，M_{ijt} 为中介变量，包括产业结构趋同、要素价格扭曲和地区投资竞争。具体地，产业结构趋同（iso），本章参考刘传江和吕力（2005）、杨桐彬等（2021）的研究，采用克鲁格曼（Krugman，1991）提出的产业结构差异度指数取倒数衡量地区间的产业结构趋同程度，值越大表示产业结构趋同程度越高，值越小表示产业结构趋同程度越低；要素价格扭曲（factor）采用王小鲁等（2021）的《中国分省份市场化指数报告（2021）》中的要素市场化指数表示，要素市场化指数越大，表明要素市场化程度越高、要素价格扭曲水平越低，反之，要素市场化程度越低、要素价格扭曲水平越高；地区投资竞争（invest），本章参考杨振兵（2016）、王贤彬和陈春秀（2020）的研究，采用各省份制造业行业固定资产投资额占工业总产值的比重表示，制造业行业的固定资产投资额由当年固定资产原价减去上年固定资产原价计算得到。其他变量含义与前文一致。表4-5汇报了基于中介效应模型的影响机制检验结果。

表4-5　　　　重点产业政策引致产能过剩的影响机制检验结果

变量	产业结构趋同效应		要素价格扭曲效应		地区投资竞争效应	
	（1）	（2）	（3）	（4）	（5）	（6）
	iso	CU	factor	CU	invest	CU
IPlg	0.0064 *** (3.09)	-0.0237 *** (-4.46)	-0.0735 *** (-2.72)	-0.0232 *** (-4.38)	0.0698 ** (2.11)	-0.0168 *** (-2.96)
iso		-0.0715 *** (-3.25)				
factor				0.0133 *** (8.02)		
invest						-0.0524 *** (-23.31)
gdpg	-0.5306 *** (-12.94)	0.6247 *** (5.53)	-8.3803 *** (-14.28)	0.7738 *** (6.92)	4.7390 *** (6.27)	0.8658 *** (6.99)
mseg	-0.1886 *** (-7.99)	-0.3189 *** (-3.75)	-3.9196 *** (-11.43)	-0.2535 *** (-2.97)	-0.0700 (-0.13)	-0.1312 (-1.39)
size	-0.0064 *** (-4.69)	-0.0798 *** (-16.83)	-0.0253 (-1.26)	-0.0790 *** (-16.64)	0.0759 ** (2.50)	-0.0627 *** (-11.68)
competition	-0.0008 (-0.99)	0.0285 *** (10.81)	-0.0414 *** (-3.34)	0.0292 *** (11.02)	-0.0300 * (-1.88)	0.0342 *** (11.76)
light_heavy	0.0056 (1.05)	-0.0120 (-0.92)	-0.1280 * (-1.76)	-0.0107 (-0.82)	0.4235 *** (5.03)	0.0101 (0.70)
MI	-0.0009 (-1.58)	0.0067 *** (2.66)	0.0031 (1.57)	0.0067 *** (2.65)	-0.1460 *** (-2.90)	0.0219 *** (4.93)

变量	产业结构趋同效应		要素价格扭曲效应		地区投资竞争效应	
	（1）	（2）	（3）	（4）	（5）	（6）
	iso	CU	factor	CU	invest	CU
_cons	1.3734 *** (132.00)	0.2354 *** (5.48)	9.4663 *** (66.94)	0.0117 (0.35)	-3.8468 *** (-19.42)	-0.0873 ** (-2.52)
年份固定效应	Yes	Yes	Yes	Yes	Yes	Yes
行业固定效应	Yes	Yes	Yes	Yes	Yes	Yes
省份固定效应	Yes	Yes	Yes	Yes	Yes	Yes
N	14890	14890	14890	14890	11154	11154
R^2	0.822	0.446	0.880	0.448	0.258	0.530

注：括号内为稳健性 t 统计值；***、** 和 * 分别表示在 1%、5% 和 10% 的水平上显著。

表 4 - 5 中列（1）、列（3）、列（5）为模型（4 - 2）的估计结果，即重点产业政策分别对产业结构趋同、要素价格扭曲和地区投资竞争 3 个中介变量的回归结果，结果显示，重点产业政策在 1% 的水平上会显著导致产业结构趋同，重点产业政策在 1% 的水平上显著降低了要素市场化程度、提高了要素价格扭曲水平，重点产业政策在 5% 的水平上显著提高了地区制造业行业投资水平、强化了地区投资竞争力。列（2）、列（4）、列（6）是在基准模型基础上分别加入中介变量进行回归的结果，结果表明，产业结构趋同、要素价格扭曲和地区投资竞争 3 个中介变量的估计系数均在 1% 的水平上显著，产业结构趋同和地区投资竞争会显著降低制造业行业产能利用率、导致产能过剩，要素市场化程度提高、要素价格扭曲水平降低有利于促进制造业行业产能利用率提升，即要素价格扭曲会显著降低制造业行业产能利用率、导致产能过剩。同时核心解释变量重点产业政策的估计系数也均在 1% 的水平上显著为负，而且核心解释变量重点产业政策的估计系数绝对值与表 4 - 3 列（3）基准模型同归结果相比均有不同程度的下降，表 4 - 3 列（3）的重点产业政策估计系数为 - 0.0242，表 4 - 5 列（2）、列（4）、列（6）的重点产业政策估计系数分别为 - 0.0237、- 0.0232、- 0.0168。综上所述，基于中介效应模型的影响机制检验结果表明，重点产业政策

通过产业结构趋同效应、要素价格扭曲效应和地区投资竞争效应等机制引致产能过剩问题，假说4-2得到验证。

为了进一步检验各省份和中央的重点产业政策趋同、各省份之间的重点产业政策趋同对产能过剩的影响机制，本章还将中央提及且地方提及重点产业（IPcl）、各省份与中央的重点产业 Jaccard 相似系数（Jaccard）、各省份之间的重点产业 Jaccard 相似系数（Jaccardp）作为解释变量进行回归，回归结果如表4-6、表4-7、表4-8所示。表4-6的回归结果显示，中央提及且地方提及重点产业（IPcl）对产业结构趋同有显著为正的影响，但对要素价格扭曲和地区投资竞争的影响不显著，表明中央提及且地方提及的重点产业主要是通过产业结构趋同效应引致产能过剩，即如果一个行业被中央确定为重点产业且被地方也确定为重点产业，那么就会显著导致该产业出现地区间产业结构趋同，从而引致产能过剩问题。

表4-6　　　　中央提及且地方提及重点产业引致产能过剩的影响机制

变量	产业结构趋同效应		要素价格扭曲效应		地区投资竞争效应	
	（1）	（2）	（3）	（4）	（5）	（6）
	iso	CU	factor	CU	invest	CU
IPcl	0.0096 *** (4.35)	-0.0280 *** (-4.92)	-0.0349 (-1.20)	-0.0283 *** (-4.97)	0.0409 (1.12)	-0.0193 *** (-3.12)
iso		-0.0701 *** (-3.19)				
factor				0.0133 *** (8.08)		
invest						-0.0525 *** (-23.35)
gdpg	-0.5291 *** (-12.91)	0.6160 *** (5.46)	-8.4371 *** (-14.35)	0.7657 *** (6.85)	4.7964 *** (6.35)	0.8563 *** (6.92)
mseg	-0.1879 *** (-7.98)	-0.3196 *** (-3.76)	-3.9124 *** (-11.42)	-0.2542 *** (-2.99)	-0.0771 (-0.15)	-0.1324 (-1.40)
size	-0.0065 *** (-4.76)	-0.0799 *** (-16.85)	-0.0278 (-1.40)	-0.0790 *** (-16.65)	0.0787 *** (2.60)	-0.0629 *** (-11.73)

续表

变量	产业结构趋同效应		要素价格扭曲效应		地区投资竞争效应	
	（1）	（2）	（3）	（4）	（5）	（6）
	iso	CU	factor	CU	invest	CU
competition	-0.0007 （-0.85）	0.0277*** （10.57）	-0.0468*** （-3.86）	0.0283*** （10.80）	-0.0254 （-1.61）	0.0336*** （11.63）
light_heavy	0.0058 （1.08）	-0.0107 （-0.82）	-0.1105 （-1.52）	-0.0096 （-0.74）	0.4106*** （4.86）	0.0102 （0.70）
MI	-0.0008 （-1.55）	0.0066*** （2.64）	0.0029 （1.47）	0.0066*** （2.63）	-0.1455*** （-2.89）	0.0217*** （4.85）
_cons	1.3714*** （131.63）	0.2385*** （5.55）	9.4641*** （66.75）	0.0160 （0.48）	-3.8446*** （-19.36）	-0.0835** （-2.41）
年份固定效应	Yes	Yes	Yes	Yes	Yes	Yes
行业固定效应	Yes	Yes	Yes	Yes	Yes	Yes
省份固定效应	Yes	Yes	Yes	Yes	Yes	Yes
N	14890	14890	14890	14890	11154	11154
R^2	0.823	0.446	0.880	0.448	0.258	0.530

注：括号内为稳健性 t 统计值； *** 和 ** 分别表示在 1% 和 5% 的水平上显著。

表 4 - 7 的回归结果与表 4 - 6 一致，各省份与中央的重点产业 Jaccard 相似系数（Jaccard）同样仅对产业结构趋同有显著为正的影响，但对要素价格扭曲和地区投资竞争的影响不显著，表明各省份与中央的重点产业政策趋同主要是通过导致产业结构趋同从而造成产能过剩。

表 4 - 7　　　　　　　各省份与中央的重点产业政策趋同
引致产能过剩的影响机制

变量	产业结构趋同效应		要素价格扭曲效应		地区投资竞争效应	
	（1）	（2）	（3）	（4）	（5）	（6）
	iso	CU	factor	CU	invest	CU
Jaccard	0.0124*** （5.41）	-0.0246*** （-4.21）	-0.0427 （-1.40）	-0.0252*** （-4.32）	0.0598 （1.58）	-0.0183*** （-2.89）

续表

变量	产业结构趋同效应		要素价格扭曲效应		地区投资竞争效应	
	(1)	(2)	(3)	(4)	(5)	(6)
	iso	CU	factor	CU	invest	CU
iso		−0.0912*** (−3.84)				
factor				0.0131*** (7.24)		
invest						−0.0539*** (−20.90)
gdpg	−0.5072*** (−10.77)	0.7023*** (5.75)	−8.7818*** (−13.02)	0.8633*** (7.14)	4.7939*** (5.80)	0.9481*** (7.13)
mseg	−0.1780*** (−6.49)	−0.2719*** (−2.79)	−3.6086*** (−8.71)	−0.2086** (−2.14)	−0.1270 (−0.21)	−0.0909 (−0.84)
size	−0.0078*** (−4.93)	−0.0861*** (−16.24)	−0.0181 (−0.76)	−0.0851*** (−16.01)	0.0907*** (2.74)	−0.0662*** (−11.03)
competition	−0.0007 (−0.73)	0.0271*** (9.13)	−0.0376** (−2.51)	0.0276*** (9.28)	−0.0191 (−1.06)	0.0344*** (10.75)
light_heavy	0.0105* (1.93)	−0.0056 (−0.42)	−0.0784 (−1.02)	−0.0056 (−0.42)	0.4091*** (4.74)	0.0115 (0.78)
MI	−0.0007 (−1.56)	0.0055*** (2.92)	0.0023 (1.58)	0.0055*** (2.89)	−0.1510** (−2.56)	0.0168*** (3.34)
_cons	1.3631*** (115.61)	0.2689*** (5.74)	9.3224*** (55.39)	0.0228 (0.62)	−3.8723*** (−17.48)	−0.0815** (−2.19)
年份固定效应	Yes	Yes	Yes	Yes	Yes	Yes
行业固定效应	Yes	Yes	Yes	Yes	Yes	Yes
省份固定效应	Yes	Yes	Yes	Yes	Yes	Yes
N	11708	11708	11708	11708	8928	8928
R^2	0.820	0.472	0.872	0.474	0.253	0.553

注：括号内为稳健性 t 统计值；***、**和*分别表示在1%、5%和10%的水平上显著。

表4−8中列（1）、列（3）、列（5）的回归结果显示，各省份之间的重点产业 Jaccard 相似系数（Jaccardp）在1%的水平上会显著导致

产业结构趋同，在1%的水平上会显著降低要素市场化程度、提高要素价格扭曲水平，在10%的水平上显著提高了地区制造业行业投资水平、强化了地区投资竞争。列（2）、列（4）、列（6）的回归结果显示，产业结构趋同、要素价格扭曲和地区投资竞争3个中介变量的估计系数均在1%的水平上显著，核心解释变量 Jaccardp 的估计系数均在1%的水平显著为负，而且在加入中介变量后，核心解释变量的估计系数有不同程度的下降，表明各省份之间的重点产业政策趋同主要是通过产业结构趋同效应、要素价格扭曲效应和地区投资竞争效应等途径引致产能过剩问题，与表4－5的影响机制检验结果一致，进一步验证了实证结论的稳健性。

表4－8　　各省份之间的重点产业政策趋同引致产能过剩的影响机制

变量	产业结构趋同效应		要素价格扭曲效应		地区投资竞争效应	
	（1）	（2）	（3）	（4）	（5）	（6）
	iso	CU	factor	CU	invest	CU
Jaccardp	0.0105 *** (3.34)	－ 0.0456 *** (－5.10)	－ 0.1154 *** (－2.69)	－ 0.0449 *** (－5.03)	0.0901 * (1.66)	－ 0.0312 *** (－3.19)
iso		－ 0.0709 *** (－3.22)				
factor				0.0132 *** (8.01)		
invest						－ 0.0525 *** (－23.33)
gdpg	－ 0.5289 *** (－12.91)	0.6219 *** (5.51)	－ 8.4022 *** (－14.31)	0.7706 *** (6.89)	4.7760 *** (6.32)	0.8610 *** (6.96)
mseg	－ 0.1888 *** (－8.01)	－ 0.3185 *** (－3.75)	－ 3.9162 *** (－11.42)	－ 0.2533 *** (－2.98)	－ 0.0731 (－0.14)	－ 0.1322 (－1.40)
size	－ 0.0064 *** (－4.67)	－ 0.0798 *** (－16.82)	－ 0.0259 (－1.30)	－ 0.0790 *** (－16.63)	0.0773 ** (2.55)	－ 0.0627 *** (－11.68)
competition	－ 0.0008 (－0.97)	0.0289 *** (10.92)	－ 0.0419 *** (－3.39)	0.0295 *** (11.13)	－ 0.0283 * (－1.78)	0.0343 *** (11.80)
light_heavy	0.0086 (1.57)	－ 0.0264 * (－1.91)	－ 0.1595 ** (－2.13)	－ 0.0249 * (－1.81)	0.4442 *** (5.03)	0.0002 (0.01)

续表

变量	产业结构趋同效应		要素价格扭曲效应		地区投资竞争效应	
	（1）	（2）	（3）	（4）	（5）	（6）
	iso	CU	factor	CU	invest	CU
MI	−0.0008 （−1.57）	0.0067 *** （2.66）	0.0030 （1.53）	0.0067 *** （2.65）	−0.1457 *** （−2.89）	0.0218 *** （4.89）
_cons	1.3719 *** （131.65）	0.2420 *** （5.63）	9.4826 *** （66.95）	0.0193 （0.57）	−3.8580 *** （−19.43）	−0.0811 ** （−2.34）
年份固定效应	Yes	Yes	Yes	Yes	Yes	Yes
行业固定效应	Yes	Yes	Yes	Yes	Yes	Yes
省份固定效应	Yes	Yes	Yes	Yes	Yes	Yes
N	14890	14890	14890	14890	11154	11154
R^2	0.822	0.446	0.880	0.449	0.258	0.530

注：括号内为稳健性 t 统计值；*** 、** 和 * 分别表示在 1%、5% 和 10% 的水平上显著。

4.3.3 稳健性检验

为了验证本章基准回归结果和研究结论的稳健性和可靠性，本章进一步从以下方面进行了稳健性检验：（1）更换模型估计方法。为了排除特定计量模型估计方法的影响，考虑到产能利用率的受限数据特征，本章采用 Tobit 模型进行稳健性检验。（2）替换被解释变量。本章参考法尔等（Fare et al.，1989）、贾润崧和胡秋阳（2016）的研究，采用不纳入技术效率的产能利用率（CU2）作为被解释变量以检验实证结果的稳健性。表 4 - 9 和表 4 - 10 报告的稳健性检验结果显示，无论是更换模型估计方法，还是替换被解释变量的衡量方法，核心解释变量重点产业政策的估计系数均在 1% 水平上显著为负，系数符号和显著性均未发生实质性变化，与基准回归结果保持一致，验证了本章基准回归结果和研究结论的稳健性和可靠性。同时，中央提及且地方提及重点产业（IPcl）、各省份与中央的重点产业 Jaccard 相似系数（Jaccard）、各省份之间的重点产业 Jaccard 相似系数（Jaccardp）的估计系数也均在 1% 水平上显著为负，系数符号和显著性均未发生实质性变化，与基准回归结果保持一致，进一步验证了本章实证结果和研究结论的稳健性和可靠性。

表 4 - 9　稳健性检验结果 (一)

变量	(1)	(2)	(3)	(4)	(5)	(6)	(7)	(8)
	Tobit	Tobit	Tobit	Tobit	Tobit	Tobit	Tobit	Tobit
IPlg	-0.0184 *** (-3.04)							
IPcl		-0.0263 *** (-4.38)						
Jaccard			-0.0369 *** (-5.58)	-0.0333 *** (-5.10)				
Jaccardp					-0.0402 *** (-5.92)	-0.0314 *** (-4.70)		
gdpg							-0.0442 *** (-4.32)	-0.0544 *** (-5.22)
mseg		0.6412 *** (5.10)		0.6329 *** (5.04)		0.7499 *** (5.51)		0.6394 *** (5.09)
size		-0.3470 *** (-3.61)		-0.3482 *** (-3.63)		-0.2927 *** (-2.69)		-0.3468 *** (-3.61)
competition		-0.0865 *** (-15.59)		-0.0865 *** (-15.59)		-0.0920 *** (-15.03)		-0.0863 *** (-15.57)
		0.0305 *** (10.08)		0.0297 *** (9.88)		0.0292 *** (8.53)		0.0311 *** (10.26)

续表

变量	(1) Tobit	(2) Tobit	(3) Tobit	(4) Tobit	(5) Tobit	(6) Tobit	(7) Tobit	(8) Tobit
light_heavy		-0.0096 (-0.65)		-0.0086 (-0.58)		-0.0043 (-0.28)		-0.0276* (-1.74)
MI		0.0116* (1.65)		0.0115 (1.64)		0.0094* (1.71)		0.0116* (1.65)
_cons	0.6573*** (40.21)	0.1060*** (3.05)	0.6637*** (40.84)	0.1120*** (3.21)	0.7125*** (40.79)	0.1138*** (3.04)	0.6685*** (39.68)	0.1154*** (3.31)
年份固定效应	Yes	Yes	Yes	Yes	Yes	Yes	Yes	Yes
行业固定效应	Yes	Yes	Yes	Yes	Yes	Yes	Yes	Yes
省份固定效应	Yes	Yes	Yes	Yes	Yes	Yes	Yes	Yes
N	16080	14890	16080	14890	12550	11708	16080	14890
Pseudo R²	0.596	0.707	0.597	0.708	0.686	0.789	0.597	0.708

注：括号内为稳健性 t 统计值；*** 和 * 分别表示在 1% 和 10% 的水平上显著。

表4-10 稳健性检验结果（二）

变量	(1) CU2	(2) CU2	(3) CU2	(4) CU2	(5) CU2	(6) CU2	(7) CU2	(8) CU2
IPlg	-0.0273*** (-6.61)	-0.0379*** (-8.86)						
IPcl			-0.0311*** (-7.04)	-0.0371*** (-8.24)				
Jaccard					-0.0354*** (-7.75)	-0.0398*** (-8.58)		
Jaccardp							-0.0558*** (-8.92)	-0.0724*** (-10.97)
gdpg		0.1510* (1.70)		0.1319 (1.49)		0.2421** (2.56)		0.1457* (1.65)
mseg		-0.1066* (-1.66)		-0.1065* (-1.66)		-0.0417 (-0.60)		-0.1060* (-1.66)
size		0.0138*** (3.43)		0.0134*** (3.32)		0.0092** (2.15)		0.0138*** (3.45)
competition		0.0205*** (9.43)		0.0187*** (8.72)		0.0169*** (6.78)		0.0210*** (9.69)

续表

变量	(1)	(2)	(3)	(4)	(5)	(6)	(7)	(8)
	CU2	CU2	CU2	CU2	CU2	CU2	CU2	CU2
light_heavy		−0.0006 (−0.06)		0.0035 (0.36)		0.0021 (0.20)		−0.0233** (−2.25)
MI		0.0024*** (2.85)		0.0023*** (2.80)		0.0021*** (3.28)		0.0024*** (2.88)
_cons	0.9165*** (82.03)	0.8556*** (35.30)	0.9152*** (82.42)	0.8609*** (35.45)	0.9399*** (80.81)	0.8568*** (32.87)	0.9282*** (82.33)	0.8674*** (35.84)
年份固定效应	Yes	Yes	Yes	Yes	Yes	Yes	Yes	Yes
行业固定效应	Yes	Yes	Yes	Yes	Yes	Yes	Yes	Yes
省份固定效应	Yes	Yes	Yes	Yes	Yes	Yes	Yes	Yes
N	16080	14890	16080	14890	12550	11708	16080	14890
R^2	0.212	0.228	0.212	0.228	0.232	0.244	0.214	0.230

注：括号内为稳健性 t 统计值；***、**和*分别表示在 1%、5%和 10% 的水平上显著。

146

4.3.4 异质性分析

1. 轻工业、重工业异质性

为检验重点产业政策对轻工业和重工业产能过剩的异质性影响，本章根据国家统计局对轻工业、重工业的划分办法，将 27 个制造业行业进一步细分成轻工业和重工业两组，并进行分样本回归，回归结果如表 4-11 的列（1）和列（2）所示。轻工业和重工业的重点产业政策估计系数均在 1% 的水平上显著为负，表明重点产业政策会显著降低轻工业行业和重工业行业的产能利用率、引致产能过剩问题，而且相对轻工业而言，重工业的重点产业政策估计系数绝对值更大，这意味着重点产业政策会在更大限度上导致重工业行业出现产能过剩。这可能与重工业的行业特征有关，重工业行业一般来说投资规模大、产出水平高，对地区经济增长、财政收入和就业的带动能力强，吸引重工业投资扩张能显著提升地方政府政绩，更加符合地方政府的政治经济利益需求，因此地方政府制定和实施的重点产业政策大部分集中在重工业领域，对重工业行业形成了投资扩张的扭曲激励，从而使重点产业政策在更大限度上降低了重工业行业的产能利用率，引致了重工业行业大规模的产能过剩。

147

表 4-11 异质性检验结果（一）

变量	（1）轻工业	（2）重工业	（3）劳动密集型	（4）资本密集型	（5）低市场竞争	（6）高市场竞争
IPlg	-0.0225^{***} （-3.28）	-0.0307^{***} （-3.74）	-0.0001 （-0.01）	-0.0478^{***} （-6.07）	-0.0232^{***} （-3.08）	-0.0223^{***} （-3.29）
gdpg	0.5292^{***} （3.16）	0.7584^{***} （5.27）	0.8079^{***} （4.82）	0.5136^{***} （3.57）	0.7296^{***} （4.26）	0.5704^{***} （4.49）
mseg	-0.2673^{**} （-2.15）	-0.3535^{***} （-3.08）	-0.1568 （-1.09）	-0.4384^{***} （-4.46）	-0.1367 （-1.08）	-0.5377^{***} （-5.30）
size	-0.0600^{***} （-8.82）	-0.0923^{***} （-13.50）	-0.0710^{***} （-9.56）	-0.0815^{***} （-12.98）	-0.0928^{***} （-16.31）	0.0008 （0.10）

变量	(1)	(2)	(3)	(4)	(5)	(6)
	轻工业	重工业	劳动密集型	资本密集型	低市场竞争	高市场竞争
competition	0.0389 *** (10.75)	0.0173 *** (4.48)	0.0237 *** (5.78)	0.0388 *** (9.60)	-0.0105 ** (-2.37)	0.0823 *** (20.90)
light_heavy	0.0000 (.)	0.0000 (.)	-0.0465 *** (-3.06)	-0.0386 * (-1.92)	-0.1181 ** (-2.53)	0.0423 *** (2.71)
MI	0.0085 * (1.87)	0.0050 * (1.81)	0.0050 *** (3.02)	0.0400 *** (3.22)	0.0056 *** (3.01)	0.1111 *** (6.60)
_cons	0.1265 *** (2.90)	0.2922 *** (8.54)	0.1027 ** (2.16)	0.1350 *** (3.28)	0.2471 *** (3.95)	0.1427 *** (3.19)
年份固定效应	Yes	Yes	Yes	Yes	Yes	Yes
行业固定效应	Yes	Yes	Yes	Yes	Yes	Yes
省份固定效应	Yes	Yes	Yes	Yes	Yes	Yes
N	7630	7260	7459	7431	7408	7482
R^2	0.419	0.510	0.472	0.486	0.332	0.539

注：括号内为稳健性 t 统计值；***、** 和 * 分别表示在 1%、5% 和 10% 的水平上显著。

2. 要素密集度异质性

为考察重点产业政策对不同要素密集度行业产能过剩的异质性影响，本章首先计算制造业行业的资本密集度，然后利用资本密集度的中位数将样本分为劳动密集型行业和资本密集型行业两个子样本分别进行检验，回归结果如表 4 - 11 的列（3）和列（4）所示。重点产业政策在 1% 的水平上对资本密集型行业产能利用率有显著的负向影响，但对劳动密集型行业产能利用率的负向影响不显著，表明重点产业政策主要会显著引致资本密集型行业产能过剩。这主要是因为资本密集型行业投资规模大、产出水平高、迁移性小，对经济社会发展的推动效应更加显著，是各级地方政府招商引资的重点，地方政府更倾向于通过重点产业政策提供各种优惠扶持资本密集型行业发展，因此资本密集型行业产业结构趋同程度更高、投资竞争程度更加激烈，资本密集型行业的要素价格扭曲也相对更严重，从而相对于劳动密集型行业而言，重点产业政策会在更大限度上引致资本密集型行业产能过剩。

3. 市场竞争程度异质性

为检验重点产业政策对不同市场竞争程度的行业产能过剩的异质性影响，本章利用行业内平均企业数量的中位数将样本分为市场竞争程度较低的行业和市场竞争程度较高的行业，并进行分组回归，回归结果如表 4 - 11 的列（5）和列（6）所示。重点产业政策的估计系数均在 1% 的水平上显著为负，表明无论是市场竞争程度较低的行业还是市场竞争程度较高的行业，重点产业政策都会显著降低其产能利用率、引致产能过剩问题。通过对比进一步发现，相对市场竞争程度较高的行业而言，市场竞争程度较低行业的重点产业政策估计系数绝对值更大，表明重点产业政策在更大限度上引致了市场竞争程度较低行业的产能过剩。市场竞争程度越低，市场集中度就越高，行业的垄断程度也就越高，重点产业政策提供的各种优惠就越集中，更容易诱导企业投资和扩张，而市场竞争程度较高的行业，市场集中度较低，重点产业政策提供的各种优惠比较分散，并且由于行业内竞争比较激烈，行业内企业在利润最大化约束下的经营决策也更加科学稳健，从而重点产业政策会在更大限度上降低市场竞争程度较低行业的产能利用率、引致市场竞争程度较低行业出现产能过剩。

149

4. 企业规模异质性

为考察重点产业政策对不同企业规模行业产能过剩的异质性影响，本章利用企业平均规模中位数将样本划分为企业规模较小行业和企业规模较大行业进行分样本回归。表 4 - 12 中列（1）和列（2）的回归结果显示，重点产业政策对企业规模较小行业和企业规模较大行业的产能利用率均有显著的负向影响，而且相对企业规模较小行业而言，企业规模较大行业的重点产业政策估计系数绝对值更大，表明重点产业政策会在更大限度上引致企业规模较大行业的产能过剩。这主要是由于地方政府的规模偏好和"抓大放小"的发展策略，企业规模越大越受到地方政府的重视，因此也就成为地方政府重点产业政策的主要实施对象，从而在更大限度上诱导企业规模较大行业进行大规模的投资扩张，导致产能过剩现象。

表 4 – 12　　　　　　　　　　异质性检验结果（二）

变量	（1）企业规模较小	（2）企业规模较大	（3）2008 年以前	（4）2008 年以后
IPlg	-0.0195 *** (-2.87)	-0.0307 *** (-3.74)	-0.0143 (-1.64)	-0.0315 *** (-4.76)
gdpg	1.0513 *** (6.92)	0.4501 *** (2.90)	1.3479 *** (4.16)	0.2558 * (1.73)
mseg	-0.1242 (-0.93)	-0.4217 *** (-4.17)	-0.1398 (-1.40)	-0.0089 (-0.05)
size	-0.1043 *** (-13.73)	-0.0494 *** (-7.22)	-0.0622 *** (-8.18)	-0.0858 *** (-13.66)
competition	0.0117 *** (2.91)	0.0483 *** (12.08)	0.0416 *** (9.05)	0.0259 *** (7.95)
light_heavy	-0.0005 (-0.03)	0.0384 ** (1.99)	0.0125 (0.59)	-0.0219 (-1.37)
MI	0.0053 *** (3.23)	0.0459 ** (2.55)	0.0304 *** (4.32)	0.0054 *** (2.82)
_cons	-0.0875 * (-1.78)	0.2416 *** (5.61)	-0.0637 (-1.15)	0.1685 *** (4.15)
年份固定效应	Yes	Yes	Yes	Yes
行业固定效应	Yes	Yes	Yes	Yes
省份固定效应	Yes	Yes	Yes	Yes
N	7419	7471	4797	10093
R^2	0.455	0.491	0.477	0.469

注：括号内为稳健性 t 统计值；*** 、** 和 * 分别表示在 1%、5% 和 10% 的水平上显著。

5. 2008 年经济危机前后异质性

为考察地方政府的重点产业政策在 2008 年经济危机前后对制造业行业产能过剩的异质性影响，本章将样本划分为 2008 年以前和 2008 年以后两个子样本，进行分组回归，回归结果如表 4 – 12 的列（3）和列

（4）所示。重点产业政策对制造业行业产能过剩的影响在 2008 年前后
存在明显差异，2008 年以前的重点产业政策并没有显著引致制造业行
业产能过剩问题，而在 2008 年经济危机后，各地实施的重点产业政策
显著降低了制造业行业的产能利用率、引致和加剧了制造业行业的产能
过剩问题。这一结论与我国经济发展的实际较为一致，在 2008 年经济
危机后，为了促进经济发展，我国中央政府出台了"四万亿"投资计
划、十大产业振兴规划等一系列的经济刺激政策，各地方政府也相应制
定和实施了大量的经济刺激措施，这虽然推动了经济的恢复和发展，但
同时引发了钢铁、水泥等传统制造业和战略性新兴产业的投资热潮，最
终导致了严重的全局性产能过剩问题。

6. 生产率异质性

为检验重点产业政策对不同生产率行业产能过剩的异质性影响，本
章根据行业全要素生产率水平差异将样本划分为低生产率行业和高生产
率行业进行分样本回归。表 4 – 13 中列（1）和列（2）的回归结果显
示，重点产业政策会显著导致生产率较高的行业产能过剩，对低生产率
行业产能利用率的负向影响不显著。这可能是因为生产率较高的行业一
般具有较强的经济实力，在受到重点产业政策支持后，更倾向于进行大
规模的投资扩张，从而更会引致其出现产能过剩问题。

表 4 – 13　　　　　　　　　异质性检验结果（三）

变量	（1）	（2）	（3）	（4）
	低生产率	高生产率	东部地区	中西部地区
IPlg	− 0.0052 （− 0.83）	− 0.0479 *** （− 6.03）	− 0.0170 ** （− 2.03）	− 0.0237 *** （− 3.54）
gdpg	0.6522 *** （5.04）	0.5586 *** （3.19）	1.1484 *** （5.98）	0.6454 *** （4.33）
mseg	− 0.2562 ** （− 2.06）	− 0.2317 ** （− 2.16）	− 0.4459 *** （− 4.66）	0.0020 （0.01）
size	− 0.0347 *** （− 5.38）	− 0.0924 *** （− 14.50）	− 0.0137 （− 1.39）	− 0.0990 *** （− 17.56）

续表

变量	(1) 低生产率	(2) 高生产率	(3) 东部地区	(4) 中西部地区
competition	0.0548 *** (16.16)	0.0135 *** (3.31)	0.0587 *** (11.98)	0.0171 *** (4.85)
light_heavy	0.0544 *** (3.28)	− 0.1035 *** (− 5.25)	0.0081 (0.43)	− 0.0335 * (− 1.90)
MI	0.1577 *** (9.75)	0.0064 *** (2.95)	0.0042 * (1.92)	0.0085 * (1.93)
_cons	− 0.0165 (− 0.40)	0.1835 *** (4.11)	0.2497 *** (4.66)	− 0.1901 *** (− 4.84)
年份固定效应	Yes	Yes	Yes	Yes
行业固定效应	Yes	Yes	Yes	Yes
省份固定效应	Yes	Yes	Yes	Yes
N	7458	7432	5395	9495
R^2	0.601	0.374	0.401	0.352

注：括号内为稳健性 t 统计值；***、** 和 * 分别表示在 1%、5% 和 10% 的水平上显著。

7. 地区异质性

为检验重点产业政策对不同地区制造业行业产能过剩的异质性影响，本章根据国家统计局关于三大经济地带的划分，将样本划分为东部地区和中西部地区分别进行回归，实证结果如表 4 - 13 的列 (3) 和列 (4) 所示。东部地区的重点产业政策估计系数在 5% 的水平上显著为负，中西部地区的重点产业政策估计系数在 1% 的水平上显著为负，表明重点产业政策对东部地区和中西部地区的制造业行业产能利用率都有显著的负向影响，会引致东部地区和中西部地区的制造业行业产能过剩。同时进一步比较东部地区和中西部地区的重点产业政策估计系数大小和显著性可以发现，中西部地区的重点产业政策会在更大限度上引致制造业行业产能过剩。这主要是因为在以经济增长为核心的政治晋升锦标赛中，地方经济发展水平与地方官员政绩和晋升相挂钩，越是经济增长速度较低的地区，地方政府干预经济、促进经济增长的动机就越强烈，而通过重点产业政策促进制造业行业投资扩张就成为地方政府干预经济的主要方式，因此中西部地区的重点产业政策会在更大限度上降低制造业行业的产能利用率、引致产能过剩问题。

4.4　本章小结

本章在地方政府间竞争框架下，借助理论分析实证检验了产业政策视角下中国产能过剩的宏观形成机制。通过影响机制理论分析认为，在地方政府间的竞争模式下，为了在地区间政治经济竞争中积累优势，在中央政府出台重点产业政策后，两个属于竞争关系的地方政府会倾向于选择跟随中央重点产业政策的策略，而且地方政府间也会秉承"人无我有，人有我也有"的产业发展思路，从而使得地方与中央之间、地方之间的产业政策出现严重的趋同现象，进而造成了严重的过度投资、资源浪费、重复建设和产业结构趋同现象，而且重点产业政策的实施也导致了要素价格扭曲和投资竞争问题，从而在全国市场范围内引发了大规模的产能过剩，即重点产业政策会通过产业结构趋同效应、要素价格扭曲效应和地区投资竞争效应等机制引致产能过剩问题。在理论分析基础上，本章采用 2001~2020 年中国 30 个省份的 27 个制造业行业面板数据实证检验了重点产业政策对中国制造业行业产能过剩的影响效应及其异质性，并进行影响机制检验。研究发现：（1）地方政府的重点产业政策会显著降低制造业行业的产能利用率、引致产能过剩问题，经过一系列的稳健性检验后，研究结论依然成立；（2）各省份与中央的重点产业 Jaccard 相似系数和各省份之间的重点产业 Jaccard 相似系数测算结果显示，地方和中央之间、地方政府之间确实存在明显的产业政策趋同现象，实证检验结果表明地方和中央之间、地方政府之间的产业政策趋同显著引致了产能过剩问题；（3）基于中介效应模型的影响机制检验结果表明，地方政府制定和实施的重点产业政策主要通过产业结构趋同效应、要素价格扭曲效应和地区投资竞争效应等机制引致产能过剩问题，各省份之间的产业政策趋同也主要是通过产业结构趋同效应、要素价格扭曲效应和地区投资竞争效应等途径引致产能过剩问题，而各省份

153

与中央的重点产业政策趋同主要是通过导致产业结构趋同从而造成产能过剩；（4）异质性分析结果表明，重点产业政策会在更大限度上显著降低重工业行业、资本密集型行业、市场竞争程度较低行业、企业平均规模较大行业、高生产率行业和中西部地区制造业行业的产能利用率，从而引致产能过剩问题，同时我国为应对 2008 年经济危机所实施的大量重点产业政策也显著加剧了我国的产能过剩问题。

第5章 产业政策视角下中国产能过剩的微观形成机制

在我国经济转型时期，具有"经济人"和"政治人"双重属性的各级地方政府具有强烈的动机和强大的能力干预经济运行，以推动地方经济发展，最典型的方式就是制定和实施产业政策用于指导本地的产业发展方向、发展目标、结构调整、空间布局、优化升级等，然而政府自身的有限理性、信息不对称、能力局限性以及政治经济资源的稀缺性也决定了大量的产业政策在制定和实施过程中存在着诸多不完善的地方，一方面阻碍了市场配置资源基础性、决定性作用的发挥，另一方面也导致了大量资源配置扭曲和经济运行低效率现象（江飞涛和李晓萍，2010）。特别是为了落实产业政策、实现预期的产业发展目标，政府往往会利用所掌握的对资本、劳动、土地、能源及环境等关键要素的定价权和配置权，通过财政补贴、金融支持、税收优惠、产业基金、土地优惠、环境宽松政策等具体产业政策工具，引导地区内资源和要素配置（郭克莎，2019），这种带有选择性特征的产业政策导致我国资本、劳动、土地等要素价格被普遍低估，形成不同程度的要素价格扭曲，造成要素资源配置长期低效率，要素市场已成为中国经济改革的滞后领域和瓶颈。

生产要素是进行物质资料生产所必需的经济资源，是企业生产投入的基础，根据新古典经济理论，生产要素主要通过商品的形式进入市场流通和配置，在完全竞争市场中，要素价格由生产要素的市场供求情况决定，企业会根据要素边际产出价值等于边际成本的原则决定要素投入量，在这种情况下，要素价格可以反映生产要素的相对稀缺程度、动态变化和真实成本价值，从而引导资源合理、有效配置，实现市场供需均衡的帕累托最优。而要素价格扭曲意味着要素价格无法准确反映生产要素的相对稀缺程度，要素实际价格偏离了要素的边际产出价值，这必然会误导企业的经营决策，导致企业经营偏离完全竞争市场中的最优行为，进而对产业结构、市场供求状况产生不利影响，进而导致市场供需失衡，而产能过剩本质上是市场供求结构性失衡的具体表现，因此，产业政策所导致的要素价格扭曲对我国产能过剩的形成有重要影响。

实际上，产业政策导致的要素价格扭曲对企业形成了实质性的补贴效应和经营成本与经营风险外部化效应（林毅夫，2014），使得企业的投资和进入、退出等经营决策偏离了真实市场价格机制下的企业行为，对企业形成了过度投资、退出延滞的扭曲激励，从而导致了大规模的产能过剩（邹涛和李沙沙，2021；李沙沙和邹涛，2021）。第 4 章的理论分析和实证检验结果表明，地方政府实施的产业政策确实会显著降低要素市场的市场化程度、导致要素价格扭曲，而要素市场化程度降低、要素价格扭曲水平提高会显著降低制造业行业的产能利用率、引致产能过剩问题，并且基于中介效应模型的影响机制检验结果也表明，要素价格扭曲是产业政策引致产能过剩的作用渠道，即产业政策通过要素价格扭曲从而引致了产能过剩。综上所述，为了进一步考察产业政策对中国产能过剩的微观影响机制，本章从微观企业投资和退出的市场行为入手，理论分析并实证检验产业政策导致的要素价格扭曲对企业形成了过度投资和退出延滞的扭曲激励，会诱导企业过度投资、阻碍企业有效市场退出，从而引致和加剧了宏观层面的产能过剩。

5.1　要素价格扭曲诱导企业过度投资

党的十九大报告明确指出，"我国经济已由高速增长阶段转向高质量发展阶段"[①]，资源、环境等多重约束日渐趋紧，要素驱动、投资驱动的粗放型发展方式对经济增长的推动作用逐渐减弱，新时代背景下要实现经济持续、健康、高质量发展，亟须推动经济发展质量变革、效率

---

① 习近平. 决胜全面建成小康社会　夺取新时代中国特色社会主义伟大胜利——在中国共产党第十九次全国代表大会上的报告 [EB/OL]. 中国政府网，2017 – 10 – 27.

变革和动力变革。企业作为市场经济中最重要的微观参与主体，是经济增长的主要推动者，也是深化供给侧结构性改革的重要领域，而投资活动作为企业运营的三大活动之一，是企业价值提升的根本驱动力，企业投资效率不仅直接关系到企业的生存与发展，更会对整体经济的发展质量和效率等产生至关重要的影响。党的十九大报告还指出，要"深化投融资体制改革，发挥投资对优化供给结构的关键性作用"①。然而，由于信息不对称、决策者非理性和委托代理等问题的影响，企业在实际投资过程中往往存在投资非效率，尤其是过度投资的现象（Jensen，1986；唐雪松等，2007），引发了经济结构失衡、产品竞争力不强、高技术产业有效供给不足、资源浪费、重复建设等问题，直接导致我国长期性、全局性的产能过剩问题（冯俏彬和贾康，2014；黄健柏等，2015），严重制约经济的高质量发展。因此，探寻中国经济转型时期企业过度投资的成因，改善企业投资效率，对优化资源配置、助力转型升级、实现经济持续健康高质量发展具有重要的理论和现实意义。

企业过度投资问题一直是学术界关注的重点领域，众多学者从不同视角对企业过度投资的原因进行了大量研究，并取得了丰富的研究成果。从企业管理者的角度来看，管理者理性理论认为，现代企业制度下经营权和所有权分离会引起委托代理问题，企业管理者和所有者的利益不一致会导致企业非理性的过度投资行为（Jesen，1986；辛清泉等，2007；詹雷和王瑶瑶，2013）；管理者非理性理论则认为，企业管理者的过度自信、从众心理等自身特质和认知偏差都会导致企业过度投资（Malmendier & Tate，2005；张洪辉和王宗军，2010；许致维，2013）。从公司治理结构的角度来看，理查德森（Richardson，2006）认为，独立董事制度和机构投资者等企业治理结构能够有效抑制企业的过度投资行为；饶育蕾和汪玉英（2006）、余红海等（2010）、张会丽和陆正飞（2012）的研究发现，国有控股、控股股东、股权集中、自由现金流过多、子公司现金比例过高等问题都会导致企业过度投资；宋淑琴和姚凯丽（2014）、章琳一和张洪辉（2015）还分别研究了债务融资、市场竞争对企业过度投资的影响。除了从微观层面研究企业内部因素对过度投资的影响外，还有部分学者研究了地区、行业等宏观层面上的

157

───────────────

① 习近平. 决胜全面建成小康社会　夺取新时代中国特色社会主义伟大胜利——在中国共产党第十九次全国代表大会上的报告［EB/OL］. 中国政府网，2017 - 10 - 27.

过度投资现象。例如，林毅夫等（2007，2010）认为，我国尚处于发展中阶段，处在世界产业链的内部，企业在全社会范围内存在对发展前景良好产业的投资共识，导致某些行业出现"潮涌现象"，但企业缺乏总量投资信息使得大规模涌入导致行业过度投资；在信息不对称的情况下，企业还会受到市场中其他企业的行为影响，从而会对市场环境变化形成预期偏差，导致盲目的"跟风"行为，这种"羊群效应"会造成大量企业集中进入某些行业，导致宏观层面的过度投资（Banerjee，1992）。

此外，还有部分学者结合中国经济转型时期的特殊发展背景，研究了政府干预对企业过度投资的影响。周黎安（2004，2007）指出，在扩大财政收入的激励下，地方政府间的经济竞争出现了扭曲，地方政府往往为了追求经济总量增长，竭尽全力谋求投资的快速增长，各地方自成体系，导致过度投资。耿强等（2011）、江飞涛等（2012）、韩文龙等（2016）也认为，地方政府倾向于采取财政补贴、融资支持等非市场化手段来干预企业投资从而拉动经济增长，使企业的经营成本和经营风险外部化，误导了企业投资的收益预期和成本风险预期，是导致过度投资的根本原因。周辰珣和孙英隽（2013）采用不完全信息静态博弈模型分析了在政府主导和市场主导下的企业投资行为，研究发现，政府干预使得企业更容易产生过度投资的冲动。付才辉（2016）在新结构经济学视角下分析了政府干预企业投资的现象，认为企业作为理性的经济人，会意识到投资潮涌导致的亏损风险从而不会产生投资冲动，政府为了把握发展机遇就会采取各种措施提高投资激励、放松投资约束，这在使发展机会得到充分利用的同时，也导致了严重的过度投资。还有部分学者研究了政府干预对不同所有制企业过度投资的差异化影响。多数学者认为，政府干预会显著导致国有企业过度投资（曹春方等，2014）；也有部分学者研究发现，由于政府控制着企业发展所需的关键资源的定价权和配置权，民营企业为了获取企业发展所需的关键性资源，往往会同地方政府建立一定的政治联系，政府干预同样会诱导民营企业产生过度投资的冲动（梁莱歆和冯延超，2010；赵岩和陈金龙，2014）。

既有文献为本章研究提供了良好的理论基础和研究思路，需要指出的是，现有研究大多是在要素价格市场化、要素价格能够真实反映要素的边际产出价值和稀缺情况的潜在假定下进行的，忽略了经济转型时期要素市场化改革滞后、要素价格扭曲这一典型事实的影响，鲜有文献专门就要素价格扭曲对企业过度投资的影响问题进行系统讨论。事实上，随着市场经济体制不断发展和完善，现代企业制度逐步建立，地方政府通过行政指令直接干预企业决策的现象已经很少，并且单纯依靠政府行政指令直接干预企业过度投资不可能成为中国企业的普遍现象，也并不能导致我国长期性、全局性的产能过剩，地方政府更多的是通过扭曲要素价格信号来影响企业的投资决策。企业作为理性的微观经济主体，以追求利润最大化和成本最小化为目标，产品价格和要素价格是企业投资决策的重要参考标准，而在产品市场基本实现市场化定价的背景下，要素价格就成为决定企业利润和成本的关键性因素，企业会在给定产出水平和产品价格水平的基础上根据要素价格选择要素投入组合以实现利润最大化或成本最小化。而在要素价格扭曲的情况下，企业根据扭曲的要素价格信号做出的投资决策必然会与完全竞争市场中的最优投资决策相偏离。实际上，中国要素市场化改革滞后，要素价格长期低于市场均衡价格，扭曲的要素价格使得企业投资成本和风险降低，形成了对企业投资的补贴，从而诱导企业进行过度投资，是企业过度投资的根源（林毅夫，2014；林毅夫和苏剑，2007）。

　　基于此，本章在借鉴相关领域已有研究的基础上，将要素价格扭曲与企业过度投资纳入统一的理论框架，从理论层面分析和归纳要素价格扭曲对企业过度投资的影响效应和内在传导机制，并采用 1998～2007 年中国制造业微观企业面板数据，实证检验要素价格扭曲对企业过度投资的微观影响效应及对异质性企业过度投资的差异化影响。与既有文献相比，本章可能的贡献主要体现在以下几个方面：（1）基于中国经济转型时期要素价格扭曲和企业过度投资并存的典型特征事实，将要素价格扭曲和企业过度投资纳入统一的分析框架，通过理论分析和实证检验系统考察要素价格扭曲对企业过度投资的微观影响效应，有助于深化关于要素价格扭曲和企业过度投资之间关系的理解，为企业过度投资问题的研究提供新的视角，拓展和丰富要素价格扭曲和企业过度投资领域的相关研究；（2）已有文献大多是基于要素价格绝对扭曲数据的研究，无法反映部门之间要素成本和配置的差异情况，本章借鉴陈永伟和胡伟民（2011）的研究，采用更能体现行业间成本和配置差异的要素价格相对扭曲实证考察要素价格扭曲对企业过度投资的影响；（3）本章不仅考察了要素价格扭曲对企业过度投资的平均影响效应，还检验了要素价格扭曲对异质性特征企业过度投资的差异化影响，较为全面地论证了要素价格扭曲对企业过度投资的影响。本章的研究结论与政策建议能够为加快推进中国要素市场化改革、纠正要素价格扭曲、改善企业投资效率提供理论支持和决策参考，对深化经济体制改革、优化资源配置效率和推动经济高质量发展具有重要的理论价值和现实意义。

5.1.1 要素价格扭曲诱导企业过度投资的理论分析与研究假说

1. 理论模型

价格扭曲的低成本要素资源对企业的投资行为形成了实质性的补贴效应（林毅夫，2014），大量的隐性投资补贴会形成企业正常经营活动之外的额外投资收益，甚至会形成高额的投资补贴利润，理性的企业会在利润最大化的驱使下为了获取这种超额补贴收益而进行低效率投资，因此，要素价格扭曲使企业的投资决策偏离了真实市场价格机制下的投资行为，对企业形成了过度投资的扭曲激励（耿强等，2011；江飞涛等，2012；韩文龙等，2016）。

本章通过建立理论模型分析要素价格扭曲情况下企业过度投资的形成机制。在要素价格扭曲情况下，假设企业的投资收益由企业的销售收入和要素价格扭曲形成的补贴收入两部分构成，企业的生产经营成本由投资的固定成本和生产、销售产品的变动成本构成。在利润最大化的目标约束下，企业的投资行为可以表示为：

$$R(q) = r_p(q) + r_s(q) \tag{5-1}$$

$$C(q) = f(q) + c(q) \tag{5-2}$$

$$\pi(q) = R(q) - C(q) = r_p(q) + r_s(q) - f(q) - c(q) \tag{5-3}$$

其中，$R(q)$ 为总收入，$r_p(q)$ 为企业销售 q 数量产品时的销售收入，$r_s(q)$ 为企业投资 q 数量产能时由要素价格扭曲形成的投资补贴收入，在实际经济运行过程中，企业的产能投资规模越大，就越能获得更多的价格扭曲的低成本要素资源，从而企业实质上获得更高水平的投资补贴，因此，$r_s'(q) > 0$ 且 $r_s''(q) \geq 0$；$C(q)$ 是生产 q 数量产品时的总成本，f(q) 是企业投资 q 数量产能时所需的固定成本，c(q) 是企业生产和销售的变动成本，且 C(0) = 0，f(0) = 0。π(q) 表示企业投资的净利润。假设在要素价格扭曲情况下，企业在产能为 q_0 时实现利润最大化，则 q_0 满足以下条件：

$$\pi'(q_0) = r'_p(q_0) + r'_s(q_0) - f'(q_0) - c'(q_0) = 0，\pi''(q_0) < 0 \tag{5-4}$$

不存在要素价格扭曲时，在利润最大化的目标约束下，企业的投资决策行为可以表示为：

$$R(q) = r_p(q) \tag{5-5}$$
$$C(q) = f(q) + c(q) \tag{5-6}$$
$$\pi(q) = R(q) - C(q) = r_p(q) - f(q) - c(q) \tag{5-7}$$

在不存在要素价格扭曲情况下，企业在 q^* 时实现利润最大化，q^* 满足利润最大化条件：

$$\pi'(q^*) = r'_p(q^*) - f'(q^*) - c'(q^*) = 0，$$
$$且 \ \pi''(q^*) = r''_p(q^*) - f''(q^*) - c''(q^*) < 0 \tag{5-8}$$

假设企业边际净收益是非增的，即 $r''_p(q) - f''(q) - c''(q) \leq 0$，企业产品供给上升会导致产品价格下降，同时对要素的需求上升会导致要素价格上升，随着产品数量的提高，企业边际成本是非减的。根据以上假设，在要素价格扭曲情况下企业产能为 q_0，不存在要素价格扭曲时企业产能为 q^*，分别满足利润最大化条件式（5-4）和式（5-8），由式（5-4）可推出，$r'_p(q_0) - f'(q_0) - c'(q_0) = -r'_s(q_0) < 0(r'_s(q) > 0)$，结合式（5-8）可得，$r'_p(q_0) - f'(q_0) - c'(q_0) < r'_p(q^*) - f'(q^*) - c'(q^*)$，又因为 $r''_p(q) - f''(q) - c''(q) \leq 0$，因此，$q_0 > q^*$，即要素价格扭曲情况下企业产能投资规模明显大于不存在要素价格扭曲时的企业产能投资规模。因此，要素价格扭曲的投资补贴效应形成了对企业过度投资的扭曲激励。而且，要素价格扭曲程度越高，对企业投资的补贴效应越大，从而企业投资规模也会越大。为了验证这一论断，假设存在两种不同程度的要素价格扭曲：$r'_{s1}(q) = a$；$r'_{s2}(q) = b$，a、b 为常数，a > b，即第一种情况下的要素价格扭曲程度高于第二种情况，从而第一种情况下的投资补贴水平大于第二种情况下的投资补贴水平。假设在第一种要素价格扭曲情况下企业产能投资规模为 q_1，第二种情况下企业产能投资规模为 q_2，则两种要素价格扭曲情况下的产能投资规模分别满足以

161

下条件：

$$r_p'(q_1) + a - f'(q_1) - c'(q_1) = 0, \quad r_p'(q_2) + b - f'(q_2) - c'(q_2) = 0$$

$$(5-9)$$

两式相减可得：

$$r_p'(q_1) - f'(q_1) - c'(q_1) - [r_p'(q_2) - f'(q_2) - c'(q_2)] = b - a < 0$$

$$(5-10)$$

又因为 $r_p''(q) - f''(q) - c''(q) \leqslant 0$，因此 $q_1 > q_2$，即要素价格扭曲程度越高，企业的投资水平就越高，要素价格扭曲对企业形成了过度投资的扭曲激励。

要素价格是企业投资决策的重要参考标准，扭曲的要素价格实际上形成了对企业的补贴效应，降低了企业投资成本，扭曲了企业成本结构和供给意愿，诱导企业过度投资，甚至导致企业投资根本无利可图的项目，使得整个经济社会形成了大规模的过剩产能。

2. 影响机制分析

（1）要素价格扭曲导致我国经济发展长期依赖投资拉动。

一方面，从企业角度来说，企业自身的价值最大化目标和尚不健全的内部约束机制和企业制度，导致企业自身具有过度投资的倾向；另一方面，从政府角度来说，在政绩考核体制和财政分权体制下，地方政府的"政治人"属性也内生出"经济人"属性，使其具有干预经济发展的动机，而投资规模扩大可以提高地方经济总量、增加就业、扩大税基、彰显地方政绩，实现地方政府的多重政治经济目标，在政治经济利益的激励下，地方政府也具有明显的"投资饥渴症"，使其有较强动力干预企业扩大投资规模，这也进一步强化了企业的过度投资倾向。而要素价格扭曲则使企业和政府的投资冲动可以付诸实际，其实际上对企业形成了隐性的政策性补贴，使得企业的预算约束软化，企业内部成本和风险外部化，刺激了企业的投资扩张，满足了企业和政府的投资需求，在要素价格扭曲情况下，政府和企业往往把增加要素投入、扩张生产规模、扩大投资作为推动经济发展的首要选择（韩国高等，2011）。与此同时，要素价格扭曲也对企业形成了低端锁定效应，抑制了企业的创新活动，企业创新动力不足，自主创新能力差（张杰等，2011），长期处于世界产业链的较低位置，主要进行低端加工制造，所以在激烈的市场竞争中，为了获取更高的利润，企业不断扩张投资规模、利用规模优势赢得市场竞争成为一种策略性选择（韩文龙等，2016）。

（2）要素价格扭曲存在替代效应，促使企业过度使用资本，形成过度投资。

以资本和劳动两种基本的生产要素为例，在完全竞争市场环境下，劳动对资本的边际技术替代率等于劳动边际产出和资本边际产出的比值，也等于市场中劳动价格和资本价格的比值，此时企业处于有效率的生产和投资状态，但当要素价格偏离其均衡状态的市场价格时，就会导致劳动对资本的边际技术替代率发生变化，从而导致要素的边际产出变动，企业会根据要素的边际产出变动相应地调整要素投入。由于劳动要素的供给由劳动者自身决定，改革开放以来，地方政府对劳动要素直接干预程度相对较弱，劳动价格扭曲更多源于特殊的体制原因和行业差异。相对来说，政府对资本、土地、能源、矿产等要素的干预程度更高，一方面，我国的土地、能源、矿产等自然资源和原材料的价格低于市场化价格，无法反映自然资源的稀缺性，这导致资本品的生产成本和购买价格被负向扭曲；另一方面，我国普遍存在利率管制，资本价格长期低于市场价格，不完善的金融市场也使得市场中存在着大量道德风险和逆向选择问题，进一步降低了资本的运行成本（林毅夫和苏剑，2007）。因此，与劳动相比，资本价格扭曲程度更高（施炳展和冼国明，2012），此时劳动对资本的边际技术替代率大于完全竞争市场下的边际技术替代率，使得企业减少劳动投入、增加资本投入有利可图，这就导致与完全竞争市场相比，理性的企业会增加资本投入，过度使用资本要素，从而形成过度投资。

（3）要素价格扭曲导致企业投资成本和风险外部化，助推企业过度投资。

由于企业投资扩张符合地方的政治经济利益，企业投资不仅可以获得地方政府提供的低息贷款，还能获得廉价的土地资源和矿产资源开采权等投资配套资源，这些配套资源可以进一步使企业获取更多的银行信贷支持，地方政府还会以政府信用或财政收入作为隐性担保帮助企业融资，甚至会默许企业拖欠贷款、逃废债、获取展期贷款等行为（江飞涛和曹建海，2009）。因此，要素价格扭曲使企业可以获取大量的低成本资本要素，降低了企业自有投资资金率，企业的投资成本和风险最终转

163

嫁给国有银行和中央政府,实际上外部化由整个社会承担,同时要素价格扭曲增强了企业融资能力、放松了企业融资约束,使企业内部的财务约束机制失灵,强化了企业的投资动机和投资能力,助推企业进行过度投资。此外,价格扭曲的低价零价土地极大地降低了企业的土地投资成本,低于市场价格的水电资源、较低的环保标准降低了企业的生产经营成本,资源禀赋较高地区企业获得的矿产资源开采权还为企业投资提供了额外收益,这些都使得企业的投资成本和投资风险严重外部化,助推了企业的过度投资。

(4)要素价格扭曲具有隐性补贴收入效应,诱导企业过度投资。

企业作为理性的微观经济个体,在进行投资决策时,重点关注的是项目的投资成本、投资风险和未来收益情况。而在资本、土地、矿产等要素资源越发稀缺的情况下,要素价格的负向扭曲实质上对企业投资形成了巨大的补贴收入效应,尤其是土地等关键性要素的补贴额巨大,企业以低于市场价格甚至零价的方式获得土地,既可以获取土地转变用途的增值收益,降低土地投资成本,又可以将土地作为抵押获取银行的低息信贷资源,在项目运营过程中或结束后,还能以高于获取成本的市场价格转让土地,获得土地的转让收入,中间差价形成了对企业的巨额补贴(耿强等,2011;江飞涛等,2012)。这种巨额补贴收益完全足以弥补过度投资造成的浪费和新项目的亏损,形成超额利润,甚至超过了项目运营创造的预期收益,而且这种超额利润可以在短期内实现。因此,要素价格扭曲误导了企业投资的成本收益预期,使得企业低估了投资成本和投资风险,高估了投资收益预期,从而使得企业扩大投资有利可图,甚至导致一些原本没有投资需求的企业为了获取高额的补贴收益而扩大投资,这种看似不理性的行为实际上是企业对超额隐性补贴收益的理性反应。要素价格扭曲使得企业的投资决策不再根据市场化的要素价格信号,而是依赖扭曲的要素价格信号(韩文龙等,2016)。

(5)要素价格扭曲引发并加剧了企业的寻租行为,导致企业过度投资。

在要素价格扭曲的市场环境中,价格扭曲的要素供给具有歧视性,要素稀缺程度更高,企业间的资源竞争更加激烈,导致并加剧了企业通过向政府寻租获取资源和政策支持的现象。这主要是因为:一方面,政府控制着企业发展的关键性要素,为了获得更多的资源和政策支持,企业会通过各种方式与政府建立联系（余明桂和潘红波，2008），尤其是在政府掌握着价格扭曲的要素资源的情况下，企业为了获取这种低成本要素资源，形成成本竞争优势，往往愿意支付大量的"寻租"成本；另一方面，要素价格扭曲实质上是对企业的补贴，这种补贴收入很大程度上能够形成超额利润，诱导企业向政府寻租获取超额利润，而且要素价格扭曲程度越高，这种政策性补贴形成的超额利润越高，对企业的吸引力就越强，从而更加刺激了企业的寻租冲动。企业寻租建立的政企联系会使企业获得低成本要素资源，放松了企业的融资约束，降低了企业的投资成本和风险，强化了企业过度投资动机和能力，而且政企关联使政府和企业之间形成了利益共同体，受到地方政府政治经济利益的影响，企业在一定程度上承担了发展地方经济、扩大就业、增加税收、维护社会稳定等多元化经营目标，造成企业在经营行为方面偏离经济理性，促使企业为了实现多元化目标而进行更多的固定资产投资和多元化扩张，从而导致过度投资（Shleifer & Vishny，1994；周中胜和罗正英，2011）。此外，具有政企联系的企业的管理者会存在过度自信行为，容易对市场情况产生预期偏差，认为即使发生产能过剩也是淘汰低效率企业而不是自己，从而导致盲目的过度投资（梁莱歆和冯延超，2010）。综上，本章提出以下待验证假说：

假说 5 - 1：要素价格扭曲会对企业形成过度投资的扭曲激励，诱导企业过度投资，而且要素价格扭曲程度越高，企业的过度投资越严重。

3. 要素价格扭曲对异质性企业过度投资的影响

（1）要素价格扭曲与不同所有制企业过度投资。

在要素价格扭曲的情况下，国有企业内部成本和风险严重外部化，具有低成本投资扩张动机。然而，由于其本身就掌握着大量的低成本要素资源，导致国有企业对要素价格扭曲的敏感程度削弱。因此，要素价格扭曲对国有企业过度投资的诱导效应可能并没有想象中那么强（叶宏庆等，2015）。相对国有企业来说，银行信贷歧视使得民营企业面临着较高的外部融资约束（吴宗法和张英丽，2011），而在要素价格扭曲的情况下，民营企业能够以较低成本获取企业发展所需的要素资源，这在一定程度上放松了民营企业的融资约束，增强了民营企业的过度投资能

165

力，要素价格扭曲形成的超额补贴收益也强化了民营企业的过度投资冲动，而且民营企业缺乏政治背景，在要素资源竞争中缺乏优势，他们为了获取低成本的资源和政策支持更加倾向于通过寻租与政府建立政治联系，在政府政治经济目标的影响下，投资扩张成为民营企业的最佳选择；叶宏庆等（2015）也认为，财政补贴和较低的融资价格会更显著地推动民营企业过度投资。对于外资企业来说，其自身具有雄厚的资金实力、先进的管理经验和生产技术，企业决策制度和内部约束机制较健全，企业的投资行为更多的是从利润动机出发，从而要素价格扭曲对外资企业过度投资的诱导效应不明显。据此，本章提出以下假说：

假说 5-2：要素价格扭曲会在更大限度上诱导民营企业过度投资，其次是国有企业，对外资企业过度投资的诱导效应不显著。

（2）要素价格扭曲与不同行业企业过度投资。

从不同行业属性角度来看，由于重工业具有投资规模大、产出水平高的特征，对拉动地区经济增长、促进就业和增加财政收入的作用比轻工业更加显著，而且重工业的经济体量大、迁移性较小，吸引重工业投资和推动重工业产能扩张能显著提升地方官员政绩，更加符合地方政府的政治经济利益需求，因此，重工业企业获得了更多的低成本要素资源支持，要素价格扭曲使得重工业企业的投资成本和投资风险外部化较为严重，对重工业企业融资约束的放松作用更强，增强了重工业企业的过度投资动机和能力，重工业企业也倾向于扩大投资以获取超额补贴收益（黄健柏等，2015）。因此，相对轻工业企业来说，要素价格扭曲更容易引起重工业企业过度投资。另外，要素价格扭曲的替代效应也使得整个经济社会倾向于过度使用资本，进一步加剧了重工业的过度扩张。据此，本章提出以下假说：

假说 5-3：相对于轻工业企业，要素价格扭曲会显著诱导重工业企业过度投资。

（3）要素价格扭曲与不同规模企业过度投资。

从不同企业规模角度来看，一方面，规模越大的企业越能够受到地方政府重视，从而容易获得低成本要素资源，而且地方政府为了自身利益，会利用掌握的资源帮助大型企业上市、发行企业债券，使大型企业可以进一步掠取低成本的金融资源；另一方面，企业规模越大实力越强，在要素市场的议价能力就越强，而且其拥有的可以用于抵押从而获取银行信贷支持的资产规模较大，银行也更愿意为大型企业提供信贷支持，这些都会导致规模较大企业能够更多地获取低成本的要素，从而要素价格扭曲更大限度上导致规模较大企业的经营成本和经营风险严重外部化，对规模较大企业容易形成过度投资的扭曲激励，同时，规模较大企业拥有更加雄厚的经济实力向政府寻租从而获取低成本要素资源所形成的超额利润，而政企联系也使得规模较大企业更容易产生过度投资行为。据此，本章提出以下假说：

假说 5 - 4：相对于规模较小企业，要素价格扭曲对规模较大企业过度投资的诱导效应更强。

（4）要素价格扭曲与经济发展水平和政府干预程度差异化地区的企业过度投资。

我国自改革开放以来，以地区经济增长水平、就业等为主要指标的政治考核体制使地方政府面临着巨大的压力。另外，受财政分权体制下地方政府财政收支矛盾的影响，经济增长速度较低的地区，地方官员促进经济增长的愿望就更强烈，而扩大投资规模是最直接且见效更快的方式，这就导致地方政府有较强的动机通过扭曲要素价格从而诱导企业过度投资。因此，经济发展水平越低的地区，政府对经济的干预程度也越高，从而导致要素价格扭曲更严重，对企业过度投资的诱导效应更强。据此，本章提出以下假说：

假说 5 - 5：要素价格扭曲对企业过度投资的诱导效应会随着地区经济发展水平的提高而减弱，会随着政府干预程度的提高而增强。

5.1.2 要素价格扭曲诱导企业过度投资的研究设计

1. 数据来源及处理

本章选取 1998 ~ 2007 年中国全部国有及规模以上非国有制造业企业作为研究样本，数据来源于中国国家统计局建立的《中国工业企业数据库》。由于数据库存在指标缺失、指标异常和统计错误等问题，为提高企业信息准确性和样本可靠性，本章参考布兰特等（Brandt et al.，2012）的方法采用企业代码、企业名称等作为基准变量进行匹配，并做如下数据处理：（1）剔除工业总产值、工业增加值、固定资产净值、销售收入等关键指标缺失、为零或负值的样本；（2）剔除总资产小于流动资产、总资产小于固定资产净值等不符合基本会计准则的样本；（3）剔除从业人数少于8人的样本；（4）剔除开工时间小于1949年或大于2007年或缺失或企业年龄为负值的样本。进一步地，根据2003年开始实施的国民经济行业分类标准（GB/T 4754—2002）对四位数行业类别进行调整和统一。在此基础上，最终得到1998～2007年29个（C13～C42，C38除外）制造业行业的非平衡面板数据。此外，为消除价格因素影响，所有价值指标均采用相关价格指数折算成以1998年为基期的实际值，数据来源于历年《中国统计年鉴》。

2. 计量模型设定

根据前面理论分析，本章以企业过度投资水平作为被解释变量，以要素价格扭曲为核心解释变量，实证检验要素价格扭曲对企业过度投资的影响。同时，为了避免遗漏变量而导致估计偏误，考虑企业过度投资还会受到其他企业层面和行业层面因素的影响，本章在借鉴已有研究的基础上，加入了相应的企业特征和行业特征控制变量。另外，借鉴宋淑琴和姚凯丽（2014）的做法，加入年份虚拟变量控制宏观经济的影响，具体模型设定如下：

$$\text{Overinvest}_{it} = \theta_0 + \theta_1 \text{dist}_{it} + \delta \text{control}_{it} + \sum \text{Year} + \varepsilon_{it}$$

$$(5-11)$$

其中，Overinvest_{it}是企业i在第t年的过度投资水平；dist_{it}是企业的要素价格扭曲水平；control_{it}为其他控制变量；Year为时间虚拟变量；ε_{it}为随机误差项。考虑到企业过度投资水平的数据特征，本章采用Tobit模型进行回归，并使用聚类稳健标准误。

3. 变量说明

（1）被解释变量：企业过度投资。

本章采用理查德森（Richardson，2006）的预期投资模型对企业过度投资进行衡量。预期投资理论将企业投资分成合理的正常投资和不合理的非效率投资（过度投资或投资不足），企业的正常投资由企业成长机会、企业规模、融资约束、投资惯性、所处行业、技术进步等因素决定，据此建立企业预期投资模型估计企业的正常投资水平，并利用残差项表示实际投资水平和正常投资水平的差异，以此衡量企业的非效率投资情况。残差项为正表示企业的过度投资水平；残差项为负表示企业的投资不足水平。具体模型设定如下：

$$\mathrm{Invest}_{it} = \alpha_0 + \alpha_1 \mathrm{Growth}_{it-1} + \alpha_2 \mathrm{Lev}_{it-1} + \alpha_3 \mathrm{Age}_{it-1} + \alpha_4 \mathrm{Size}_{it-1}$$
$$+ \alpha_5 \mathrm{Invest}_{it-1} + \sum \mathrm{Industry} + \sum \mathrm{Year} + u_i + \varepsilon_{it}$$

$$(5-12)$$

其中，Invest_{it} 表示企业当年的固定资产投资水平，采用当年固定资产投资额与上一年总资产的比值衡量，企业当年固定资产投资额等于当年固定资产原价合计和上一年固定资产原价合计的差值；Growth_{it-1} 表示企业的成长水平，采用主营业务收入增长率衡量；Lev_{it-1} 表示企业的财务杠杆，用资产负债率衡量；Age_{it-1} 表示企业年龄，采用样本统计年份与企业成立年份的差值衡量；Size_{it-1} 表示企业规模，采用企业总资产的自然对数值衡量；Invest_{it-1} 表示企业上一年的投资水平，可以控制其他不可观测的影响因素；Industry 和 Year 分别表示行业虚拟变量和时间虚拟变量，用来控制行业异质性和宏观经济波动的影响；u_i 表示企业的个体异质性；ε_{it} 表示随机误差项。理查德森（Richardson，2006）的过度投资模型中还包括企业的股票投资收益率和现金持有量两个变量，但由于中国工业企业数据库中的样本企业大多为非上市公司，无法获得企业的股票投资收益率，而且由于相关统计指标的缺失，企业的现金持有量也无法准确计算，考虑数据的可得性和计算过程造成的误差影响，本章的模型中不包含股票收益率和现金持有量两个变量。通过模型估计得到残差项后，令 Overinvest 表示企业的过度投资水平，若残差项为正表示企业存在过度投资，则 Overinvest 取残差值；若残差项小于等于零表示企业不存在过度投资，则将 Overinvest 数值设为零。Overinvest 数值越大，表明企业的过度投资水平越高。

（2）核心解释变量：要素价格扭曲。

由于劳动要素供给由劳动者自身决定，地方政府对劳动要素直接干预程度相对较弱，劳动价格扭曲更多是缘于特殊的体制原因和行业差异。相对来说，要素价格的扭曲主要集中在资本、土地、矿产资源、水电价格、环境资源等方面；而土地、矿产资源、水电价格、环境资源等价格扭曲对企业过度投资的影响最终通过降低企业的资本成本的形式传导，而且受地域限制较多。考虑数据的可获得性和完整性，本章将资本要素价格扭曲作为要素价格扭曲的替代变量,实证检验要素价格扭曲对企业过度投资的影响。

既有文献大多采用生产函数法测算要素价格扭曲指数,但生产函数法只能衡量要素的绝对价格扭曲和不同要素之间的相对要素价格扭曲,无法度量要素在不同行业之间的相对价格扭曲情况,从而不能体现不同行业之间企业使用要素的相对成本差异情况,而行业间相对要素价格的变化是决定要素在行业间配置的关键。因此,为了体现不同行业之间的要素价格相对扭曲状况,本章借鉴陈永伟和胡伟民(2011)的方法,将资本要素价格相对扭曲定义为:

$$distk_j = (K_j/K)/(s_j\beta_{K_j}/\sum s_j\beta_{K_j}) \tag{5-13}$$

其中,K_j 为行业 j 的资本投入;K 为制造业的资本总量;s_j 为行业 j 在经济中的产出份额;β_{K_j} 为行业 j 资本要素的产出贡献份额。为了克服 OLS 估计时的同时性偏误和样本选择偏误,本章采用较为稳健的 C-D 生产函数,并利用 OP 法分行业估计资本要素产出弹性系数,最后结合式(5-13)计算得到资本要素价格相对扭曲。

要素价格相对扭曲表示各行业要素价格相对于整体经济平均水平的偏离程度,反映各行业要素价格扭曲的相对情况,决定要素在各行业的配置。例如,相对于整体经济而言,行业 j 的资本使用价格较高,则 $0 < distk_j < 1$,企业倾向于减少资本投入;当行业 j 的资本使用价格较低时,$distk_j > 1$,企业会增加资本投入,过度使用资本。

(3)控制变量。

本章在借鉴已有研究的基础上,控制了以下可能对企业过度投资产生影响的变量:企业规模(scale),采用企业销售收入取自然对数衡量,并以 1998 年为基期的商品零售价格指数进行平减。企业融资约束(leverage),采用企业的资产负债率度量,利用负债总额与资产总额的比值得到,资产负债率越高,表明企业对外部资金的依赖程度越高,同时,资产负债率越高,意味着企业能够用于抵押的资产减少,说明企业的融资能力降低,融资难度提升。企业盈利水平(profit),采用企业的利润率表示,利用企业的利润总额与销售收入的比值衡量。企业管理费用率(mfee),采用企业的管理费用与销售收入比值衡量,管理费用率越高表明管理性的组织费用占用了较多的利润,企业可能处于低效运转状态,会抑制过度投资,同时管理费用中包括业务招待费、差旅费等非

生产性支出，寻租的支出最可能隐藏在管理费用中（万华林和陈信元，
2010），管理费用越高在一定程度上也说明企业为获取低成本要素而向
政府寻租的支出就越高，从而政企关联越紧密，企业过度投资水平也越
高。企业市场势力（lerner），参考杨振兵（2016）的方法，采用勒纳
指数衡量，利用公式 lerner =（VAI - LC）/Y 计算得到，式中，VAI 为工
业增加值；LC 为劳动工资总额；Y 为工业总产值。市场竞争程度
（HHI），利用企业所属二位数行业的赫芬达尔指数表示，赫芬达尔指数
越高，表明市场集中度越高，从而市场竞争水平越低。

（4）主要变量描述性统计及相关性检验。

本章主要变量的描述性统计结果如表 5 - 1 所示。从表 5 - 1 可以看
出，企业过度投资水平的最大值约为 73，最小值为 0，最大值和最小值
之间的差距较明显，企业平均过度投资水平在 5.85% 左右，说明我国
企业确实存在过度投资问题，这与唐雪松等（2007）、周中胜和罗正英
（2011）、章琳一和张洪辉（2015）等的研究结论一致。

表 5 - 1　　　　　　　　　　　主要变量描述性统计

变量	样本数	均值	标准差	最大值	最小值
Overinvest	736780	0.0585	0.3312	72.6899	0.0000
distk	736780	0.8649	0.2556	3.8137	0.3802
scale	736780	10.4443	1.2205	19.0314	8.5020
leverage	736780	0.5872	0.3247	96.1122	0.0000
profit	736780	0.0333	0.1092	22.4439	- 11.0956
mfee	736780	0.0645	0.0781	16.8443	0.0000
lerner	736780	0.2006	0.2079	0.9980	- 107.8000
HHI	736780	0.2866	0.3076	3.8038	0.0302

本章主要变量的相关性检验结果如表 5 - 2 所示。企业过度投资与
各解释变量之间都具有显著相关性，尤其是核心解释变量要素价格扭曲
与企业过度投资呈显著正相关，初步验证了本章关于要素价格扭曲诱导
企业过度投资的理论分析和研究假说的正确性。从其他控制变量与企业
过度投资的相关性来看，企业规模、企业盈利水平、企业市场势力和市
场竞争程度都会对企业过度投资有显著正向影响，而融资约束和管理费

用率会对企业过度投资有明显的抑制作用。同时，各解释变量间相关系数的绝对值都较小，大多数都小于 0.1，可以初步判断各解释变量之间不存在严重的多重共线性问题，进一步地，本章还对各解释变量间的方差膨胀因子进行了计算，其数值都小于 2，表明各解释变量间不存在严重的多重共线性问题。

表 5-2 主要变量的相关性检验

变量	Overinvest	distk	scale	leverage	profit	mfee	lerner	HHI
Overinvest	1							
distk	0.005 ***	1						
scale	0.036 ***	− 0.020 ***	1					
leverage	− 0.022 ***	0.028 ***	− 0.019 ***	1				
profit	0.012 ***	− 0.032 ***	0.103 ***	− 0.234 ***	1			
mfee	− 0.020 ***	− 0.034 ***	− 0.132 ***	0.066 ***	− 0.313 ***	1		
lerner	0.012 ***	0.009 ***	0.054 ***	− 0.075 ***	0.144 ***	− 0.067 ***	1	
HHI	− 0.005 ***	0.138 ***	0.099 ***	0.019 ***	− 0.016 ***	0.048 ***	0.009 ***	1

注：*** 表示在 1% 的水平上显著。

5.1.3 要素价格扭曲诱导企业过度投资的实证结果与分析

1. 基准回归结果

要素价格扭曲对企业过度投资影响的基准回归结果如表 5-3 所示。表中列（1）只对资本要素价格扭曲与企业过度投资进行回归，并控制了年份虚拟变量，直观上反映了要素价格扭曲对企业过度投资的影响，从系数估计结果可以看出，资本要素价格扭曲的系数估计值为 0.0025，并在 1% 的水平上显著，表明要素价格扭曲会显著诱导企业过度投资，初步验证了假说 5-1；列（2）为加入各控制变量但没有控制年份虚拟变量的结果，资本要素价格扭曲的估计系数显著为正，且各控制变量的估计系数都在 1% 的水平上显著；列（3）为基准回归模型（5-11）的估计结果，在控制了年份虚拟变量和各控制变量的情况下，资本要素价

格扭曲的估计系数依然显著为正，且各控制变量的估计系数也都在 1%
的水平上显著，表明要素价格扭曲程度越高，企业过度投资水平也越
高，要素价格扭曲会对企业形成过度投资的扭曲激励，显著诱导企业进
行无效率过度投资，从而直接导致了大规模的产能过剩，使经济运行成
本增加，整体经济严重偏离了最优化目标（林毅夫和苏剑，2007），验
证了假说 5 - 1。

表 5 - 3　　　　要素价格扭曲诱导企业过度投资的实证结果

变量	（1）	（2）	（3）
distk	0.0025 *** （2.93）	0.0083 *** （9.49）	0.0061 *** （6.98）
scale		0.0163 *** （77.70）	0.0171 *** （81.84）
leverage		− 0.0153 *** （− 114.67）	− 0.0164 *** （− 122.92）
profit		0.0135 *** （5.23）	0.0151 *** （5.76）
mfee		− 0.0134 *** （− 3.95）	− 0.0260 *** （− 7.28）
lerner		0.0152 *** （7.71）	0.0165 *** （8.36）
HHI		− 0.0111 *** （− 14.04）	− 0.0154 *** （− 19.16）
_cons	− 0.0790 *** （− 56.72）	− 0.2306 *** （− 93.93）	− 0.2421 *** （− 88.72）
年份固定效应	Yes	No	Yes
N	736780	736780	736780
Pseudo R^2	0.0042	0.0123	0.0179

注：括号内为稳健性 t 统计值；*** 表示在 1% 的水平上显著。

从表 5 - 3 列（3）基准模型的各控制变量回归结果看，企业规模

（scale）对企业过度投资水平有显著的正向影响，表明企业规模越大，越容易进行过度投资。这可能是因为企业规模越大越受到地方政府的重视和支持，与政府间的关系更加密切，银行也更加倾向于为政企联系密切的大型企业提供更多的低成本金融支持，大型企业自身的过度投资动机和能力也较强，导致大型企业更容易进行过度投资。章卫东等（2014）、黄健柏等（2015）的研究均得到了一致的结论。企业融资约束（leverage）的估计系数为 - 0.0164，且在 1% 的水平上显著，表明企业的融资约束有利于抑制企业的过度投资行为，融资约束越强，企业自由现金流和投资的敏感性越低，从而越不容易产生过度投资问题（Jensen，1986；宋淑琴和姚凯丽，2014）。企业盈利水平（profit）的估计系数显著为正，表明企业盈利水平越高越容易进行过度投资。这主要是因为：一方面，在利润最大化的激励下，企业管理者会倾向于扩大投资，进行过度投资；另一方面，企业利润越高，在一定程度上表明企业自由现金流较充裕，现代企业制度下企业所有者与管理者的利益不一致会导致企业管理者倾向于利用自由现金流进行利己的过度投资。周中胜和罗正英（2011）也得到了相同的结论。企业管理费率（mfee）的估计系数在 1% 的水平上显著为负，表明企业管理费率越高越有利于抑制企业的过度投资行为，这主要是因为企业管理费用越高，在一定程度上说明企业的组织成本越高，企业可能处于低效运转状态，从而无力进行过度投资。企业市场势力（lerner）的估计系数显著为正，表明企业市场势力越强越容易过度投资。这主要是因为：一方面，企业市场势力越强，越倾向于通过扩大投资规模来占据更多的市场份额，掠夺更多的利润，从而导致过度投资；另一方面，企业市场势力越强，其盈利水平和利润越高，会吸引大量企业进入市场加剧竞争，侵蚀企业的市场份额，降低企业利润，因此具有较强市场势力的企业会通过过度投资形成过剩产能，从而对潜在进入者形成可置信的进入威胁。市场竞争程度（HHI）的估计系数显著为负，由于该变量是反向指标，数值越大表示市场集中度越高，从而市场竞争程度越低。因此，系数为负表明市场竞争加剧会导致企业过度投资，这可能是因为，在市场竞争程度较高时，企业会采取竞争性策略，进行过度投资形成先发优势和行业壁垒，以期在市场竞争中获得胜利（章琳一和张洪辉，2015）。

2. 内生性问题处理

考虑到要素价格扭曲和企业过度投资之间可能存在内生性问题,本章做了三个方面的尝试:第一,从构建的要素价格扭曲变量自身特征来看,本章考察的是行业整体层面的要素价格扭曲对该行业内企业过度投资的影响效应,这在一定程度上能够消除要素价格扭曲和企业过度投资之间可能存在的逆向因果关系所导致的内生性问题,因为行业整体层面的要素价格扭曲会对行业内所有企业的过度投资行为产生影响,但行业内单个企业行为很难影响到整个行业层面的要素价格扭曲情况,即相反的影响渠道可能并不存在,两者间的逆向因果关系可能较弱(张杰等,2011);第二,为了克服研究中可能存在逆向因果关系导致的内生性问题,本章参考张杰等(2011)、施炳展和冼国明(2012)的做法,将资本要素价格扭曲进行滞后一期、滞后两期处理,代替资本要素价格扭曲的当期变量分别进行回归,滞后项在一定程度上排除了当期因素的影响,外生于当期扰动项,能够避免变量间的反向因果关系,缓解内生性问题;第三,由于现实中很难找到合适的资本要素价格扭曲的工具变量,本章采用资本要素价格扭曲的滞后一期作为其自身的工具变量,进行工具变量 Tobit 回归。

内生性问题处理的回归结果如表 5 - 4 所示。表中前两列回归结果表明,资本要素价格扭曲的滞后一期变量和滞后两期变量对企业过度投资有显著的正向影响,各变量的估计系数符号和显著性未发生实质性改变,与基准回归结果保持一致,表明本章实证结果具有很好的稳健性。列(3)为采用资本要素价格扭曲滞后一期作为工具变量进行回归的结果,由于工具变量个数等于内生变量个数,因此,不存在过度识别问题,Wald 检验在 1% 的显著性水平上认为资本要素价格扭曲为内生变量,因此,采用工具变量估计是有必要的,模型估计结果显示在控制了内生性后,资本要素价格扭曲依然在 1% 的水平上对企业过度投资有显著的正向影响,而且模型回归结果在估计系数的显著性和方向上与基准回归结果一致,再次验证本章的研究结论具有较好的稳健性和可靠性。

表 5 - 4　　　　　　　内生性问题处理的实证结果

变量	(1) 滞后一期	(2) 滞后两期	(3) Ⅳ - Tobit
L. distk	0.0039 *** (4.47)		
L2. distk		0.0017 * (1.93)	
distk			0.0042 *** (3.38)
scale	0.0171 *** (81.73)	0.0171 *** (81.65)	0.0171 *** (68.78)
leverage	-0.0163 *** (-122.98)	-0.0163 *** (-122.76)	-0.0163 *** (-17.20)
profit	0.0149 *** (5.68)	0.0148 *** (5.60)	0.0150 *** (5.00)
mfee	-0.0265 *** (-7.39)	-0.0270 *** (-7.53)	-0.0265 *** (-6.29)
lerner	0.0166 *** (8.39)	0.0167 *** (8.45)	0.0167 *** (7.66)
HHI	-0.0152 *** (-18.92)	-0.0150 *** (-18.73)	-0.0152 *** (-15.43)
_cons	-0.2398 *** (-88.04)	-0.2377 *** (-87.05)	-0.2402 *** (-76.21)
年份固定效应	Yes	Yes	Yes
N	736780	736780	736780
Pseudo R^2	0.0179	0.0178	
Wald 检验			21.11 ***

注：括号内为稳健性 t 统计值和 z 统计值；*** 和 * 分别表示在 1% 和 10% 的水平上显著。

3. 稳健性检验

从前面的变量相关性分析和多重共线性检验结果可知，本章模型中各解释变量的方差膨胀因子（VIF）都小于 2，表明模型不存在严重的多重共线性问题，而且经过内生性处理后的回归结果也具有较好的稳健性。为了进一步验证研究结论的稳健性和可靠性，本章采取以下几种方式进行稳健性检验：

（1）采用其他衡量要素价格扭曲的指标进行重新回归。借鉴张杰等（2011）对要素市场扭曲的衡量方法，基于要素市场化进程相对滞后于产品市场化进程的客观事实，以要素市场化程度对产品市场化程度的偏离程度衡量整体的要素市场扭曲程度，即 $distort1_{it} = (product_{it} - factor_{it})/product_{it}$；同时，借鉴林伯强和杜克锐（2013）的方法，以各地要素市场化程度与最高要素市场化程度之间的相对差距测度整体要素市场扭曲，即 $distort2_{it} = [max(factor_{it}) - factor_{it}]/max(factor_{it})$，其中，$product_{it}$ 为产品市场化程度，$factor_{it}$ 为要素市场化程度，要素市场扭曲程度越高，要素价格扭曲程度就越高。（2）采用要素市场化程度（factor）作为资本要素价格扭曲的替代变量，要素市场化程度越高，要素价格扭曲程度越低。（3）利用政府对企业和市场的干预程度作为要素价格扭曲的替代变量，政府对经济的干预程度越高，在一定程度上表明市场化程度越低，从而要素价格扭曲程度越高，采用各地区地方政府对企业的干预指数（govern）衡量。上述变量所需数据来源于《中国市场化指数——各地区市场化相对进程报告》。稳健性检验的回归结果如表 5-5 所示。

表 5-5　　　　　　　　　　　稳健性检验

变量	（1）要素市场扭曲	（2）要素市场扭曲	（3）要素市场化程度	（4）政府干预指数
distort1	0.0125 *** （13.37）			
distort2		0.0065 *** （6.73）		
factor			-0.0009 *** （-9.15）	
govern				-0.0006 *** （-7.34）

续表

变量	(1)	(2)	(3)	(4)
	要素市场扭曲	要素市场扭曲	要素市场化程度	政府干预指数
scale	0.0170 *** (81.63)	0.0171 *** (81.59)	0.0170 *** (81.54)	0.0171 *** (81.65)
leverage	− 0.0165 *** (− 124.24)	− 0.0165 *** (− 123.98)	− 0.0165 *** (− 124.05)	− 0.0164 *** (− 123.37)
profit	0.0165 *** (6.27)	0.0154 *** (5.88)	0.0158 *** (6.00)	0.0150 *** (5.75)
mfee	− 0.0244 *** (− 6.86)	− 0.0270 *** (− 7.56)	− 0.0267 *** (− 7.48)	− 0.0271 *** (− 7.60)
lerner	0.0135 *** (6.81)	0.0148 *** (7.31)	0.0139 *** (6.90)	0.0144 *** (7.12)
HHI	− 0.0151 *** (− 18.78)	− 0.0151 *** (− 18.77)	− 0.0151 *** (− 18.81)	− 0.0151 *** (− 18.76)
_cons	− 0.2397 *** (− 92.42)	− 0.2376 *** (− 91.81)	− 0.2307 *** (− 88.71)	− 0.2321 *** (− 89.35)
年份固定效应	Yes	Yes	Yes	Yes
N	736774	736780	736780	736780
Pseudo R^2	0.0180	0.0179	0.0179	0.0179

注：括号内为稳健性 t 统计值； *** 表示在 1% 的水平上显著。

表 5 – 5 中列（1）和列（2）为将两种不同方法计算的要素市场扭曲作为替代变量的回归结果，结果表明，要素市场扭曲的估计系数显著为正，要素市场扭曲程度越高从而要素价格扭曲程度越高，企业越会进行过度投资；列（3）为利用要素市场化程度来作为替代变量的实证检验结果，要素市场化程度提高会显著抑制企业的过度投资行为，表明要素市场化程度越低，要素价格扭曲程度越高，企业过度投资水平就越高；列（4）为利用政府干预程度作为替代变量的回归结果，由于政府干预指数（govern）是反向指数，政府干预指数越低表明政府干预经济的程度越高。因此，估计系数显著为负表明政府干预程度越高时，要素

价格扭曲程度越严重，企业越容易进行过度投资。稳健性检验结果与研究结论没有实质性差异，因此，进一步验证本章的研究结论是稳健的。

4. 异质性分析

（1）区分企业所有制属性。

根据前面理论分析，要素价格扭曲对不同所有制企业的过度投资可能存在差异化的影响，因此，本章将样本总体按照企业所有制类型分为国有企业、民营企业和外资企业三个子样本进行分组回归，具体实证结果见表 5 - 6 前三列。列（1）和列（2）的回归结果显示，国有企业和民营企业的资本要素价格扭曲估计系数均显著为正，表明要素价格扭曲会显著诱导国有企业和民营企业过度投资，而且相对国有企业而言，民营企业的资本要素价格扭曲估计系数值更大、显著性更高，表明要素价格扭曲对民营企业过度投资的诱导效应更强。通过观察列（3）的回归结果可以发现，外资企业的资本要素价格扭曲估计系数在 1% 的水平上显著为负，表明要素价格扭曲会显著抑制外资企业的过度投资，这可能是因为在要素价格扭曲情况下，外资企业自身雄厚的资金实力所形成的资本成本竞争优势弱化在一定程度上抑制了其投资扩张的动机，而且外资企业投资决策更多的是从利润最大化角度出发，要素价格扭曲情况下过度投资的预期收益受到误导较多，市场形势变化不明朗，会约束外资企业的投资行为。据此，假说 5 - 2 得到经验证据的支持。

（2）区分企业行业属性。

为检验要素价格扭曲对不同行业企业过度投资的异质性影响，本章根据国家统计局对轻工业、重工业的划分办法，将制造业行业分成轻工业和重工业两组，行业二位数代码为 13 ~ 24、27、28、42 的是轻工业，行业二位数代码为 25、26、29 ~ 37、39 ~ 41 的是重工业，进行轻工业、重工业分组回归。表 5 - 6 中列（4）和列（5）是对不同行业属性的企业样本进行分组回归的结果，通过观察资本要素价格扭曲对轻工业企业和重工业企业过度投资的影响系数可以发现，重工业企业的资本要素价格扭曲估计系数在 1% 的水平上显著为正，而轻工业企业的资本要素价格扭曲估计系数不显著，表明要素价格扭曲会显著诱导重工业企业进行过度投资，对轻工业企业过度投资的诱导效应不显著，因此，假说 5 - 3 得到验证。

表5-6 要素价格扭曲对不同所有制、不同行业和不同规模企业过度投资的影响

变量	(1) 国有企业	(2) 民营企业	(3) 外资企业	(4) 轻工业	(5) 重工业	(6) 小型	(7) 中型	(8) 大型
distk	0.0043** (2.10)	0.0109*** (8.36)	-0.0041*** (-2.69)	0.0018 (1.48)	0.0122*** (8.28)	0.0086*** (5.56)	0.0064*** (4.28)	0.0052*** (3.57)
scale	0.0124*** (32.33)	0.0257*** (71.33)	0.0128*** (36.80)	0.0182*** (49.49)	0.0165*** (64.47)	0.0499*** (34.21)	0.0600*** (47.21)	0.0200*** (45.70)
leverage	-0.0069 (-0.89)	-0.0419*** (-24.45)	0.0037 (1.28)	-0.0122 (-1.56)	-0.0206*** (-6.41)	-0.0232*** (-12.61)	-0.0249*** (-14.81)	-0.0086 (-1.11)
profit	0.0242*** (3.55)	0.0301*** (4.77)	0.0041 (1.15)	0.0297*** (3.88)	0.0046 (1.11)	0.0023 (0.42)	0.0071* (1.74)	0.0138* (1.81)
mfee	-0.0133*** (-2.65)	0.0029 (0.41)	0.0033 (0.47)	-0.0118* (-1.72)	-0.0302*** (-6.90)	0.0176*** (3.38)	0.0157*** (2.68)	-0.0788*** (-9.72)
lerner	0.0133*** (3.45)	0.0128*** (3.73)	0.0047 (1.57)	0.0121*** (3.28)	0.0200*** (7.27)	0.0045* (1.82)	0.0088*** (2.81)	0.0255*** (6.54)
HHI	-0.0137*** (-9.62)	-0.0147*** (-11.64)	-0.0146*** (-9.76)	-0.0108*** (-5.62)	-0.0143*** (-15.95)	-0.0084*** (-5.43)	-0.0101*** (-7.28)	-0.0187*** (-15.05)
cons	-0.1857*** (-23.48)	-0.3515*** (-73.99)	-0.1571*** (-32.97)	-0.2572*** (-37.29)	-0.2368*** (-55.77)	-0.5188*** (-37.45)	-0.6503*** (-49.38)	-0.3016*** (-40.71)
年份固定效应	Yes	Yes	Yes	Yes	Yes	Yes	Yes	Yes
N	162014	410288	192712	294880	441900	186036	258177	292567
Pseudo R²	0.0209	0.0220	0.0356	0.0188	0.0184	0.0370	0.0269	0.0127

注：括号内为稳健性 t 统计值；***、** 和 * 分别表示在1%、5%和10%的水平上显著。

（3）区分企业规模属性。

为检验要素价格扭曲对不同规模企业过度投资的差异化影响，本章通过计算行业内企业平均销售额衡量行业内企业平均规模，并利用企业年均规模的三分位数将制造业企业分为大型企业、中型企业和小型企业三组，分别回归对假说进行验证，具体实证结果见表 5 - 6 列（6）~列（8）。结果显示，不同规模企业的资本要素价格扭曲估计系数均在 1%的水平上显著为正，表明要素价格扭曲会显著诱导大型、中型和小型企业过度投资。进一步地，从估计系数大小可以看出，要素价格扭曲对小型企业过度投资的诱导效应最大，其次是中型企业，最后是大型企业，与假说 5 - 4 恰好相反。这可能是因为大型企业自身规模较大、盈利能力强、盈利水平高，要素价格扭曲形成的隐性补贴收入对大型企业来说重要性和吸引力就会相对较弱，而且大型企业自身的资金实力雄厚、融资能力强，比中、小型企业在获取低成本资本要素方面拥有更多优势，面临的融资约束较小，从企业融资约束变量的估计系数也可以看出，大型企业的融资约束对企业过度投资的抑制作用不显著。因此，要素价格扭曲对大型企业过度投资的影响较弱。而规模越小的企业由于其财务制度不完善、信息公开透明度较低、发展前景不确定性较高、经营风险较大等，面临着较强的融资约束，企业融资约束对中、小型企业过度投资有显著的抑制作用。在这种情况下，要素价格扭曲带来的经营成本和经营风险的降低就更明显，这会对企业有较强的融资约束放松效应，为企业提供发展和投资扩张所需的大量低成本资本要素，中、小型企业为了提升竞争力、赚取更多利润，会抓住机遇进行投资扩张。同时，要素价格扭曲形成的超额补贴收益对规模越小的企业吸引力也越大，从而诱使中、小型企业更加愿意通过过度投资掠取更多的低成本要素资源和超额利润，甚至会通过向政府寻租的方式建立政企联系，提高企业获取低成本要素和政策支持的能力。观察回归结果也可以发现，中、小型企业的管理费用率会显著促进企业过度投资，而大型企业较完善的内部约束机制使管理费用率可以发挥正常的对企业过度投资的抑制、修正作用。因此，整体来看，要素价格扭曲对企业过度投资的诱导效应会随着企业规模的扩大而减弱。

（4）区分企业地区属性。

为检验要素价格扭曲对不同地区企业过度投资的影响差异，本章首先根据国家统计局对三大经济地带的划分，按照企业所在地区划分为东部沿海经济发达地区、中部经济欠发达地区和西部经济不发达地区，对三组样本分别进行回归；同时，借鉴张洪辉和王宗军（2010）的做法，利用《中国市场化指数——各地区市场化相对进程报告》中的地方政府干预指数，采用三分位数将样本分为政府干预程度高、中和低三个地区样本组，通过样本分组回归对假说进行验证。具体实证结果如表5-7所示，列（1）~列（3）的回归结果显示，不同经济发展水平地区企业的资本要素价格扭曲估计系数均显著为正，表明要素价格扭曲对东部、中部和西部地区企业过度投资均有显著的诱导效应，而且进一步比较边际效应大小可以发现，要素价格扭曲对企业过度投资的诱导效应会明显随着地区经济发展水平的提高而减弱，相对东部地区而言，要素价格扭曲对西部和中部地区企业过度投资的诱导效应更大。列（4）~列（6）区分政府干预程度的回归结果显示，资本要素价格扭曲估计系数随着政府干预程度的提高而变大，在政府干预程度越高的地区，要素价格扭曲程度越高，从而更大限度推动企业过度投资，在政府干预程度较低的地区，要素价格扭曲对企业过度投资正向影响程度和显著性都有所降低。因此，假说5-5得到验证。

表5-7   要素价格扭曲对不同地区企业过度投资的影响

变量	(1)	(2)	(3)	(4)	(5)	(6)
	东部地区	中部地区	西部地区	政府干预高	政府干预中	政府干预低
distk	0.0049 *** (5.18)	0.0091 *** (3.02)	0.0124 *** (4.15)	0.0126 *** (5.96)	0.0070 *** (3.37)	0.0023 * (1.73)
scale	0.0169 *** (71.95)	0.0204 *** (30.90)	0.0147 *** (23.00)	0.0152 *** (34.25)	0.0173 *** (38.01)	0.0173 *** (52.03)
leverage	-0.0157 *** (-6.74)	-0.0151 (-0.98)	-0.0221 *** (-7.41)	-0.0449 *** (-19.97)	-0.0121 *** (-67.92)	-0.0003 (-0.12)
profit	0.0083 ** (2.36)	0.0725 *** (4.16)	0.0058 (0.75)	0.0108 * (1.76)	-0.0062 (-1.11)	0.0282 *** (5.92)
mfee	-0.0248 *** (-5.92)	-0.0120 (-1.04)	-0.0284 *** (-3.29)	-0.0090 (-1.29)	-0.0061 (-0.91)	-0.0487 *** (-7.32)

变量	(1)	(2)	(3)	(4)	(5)	(6)
	东部地区	中部地区	西部地区	政府干预高	政府干预中	政府干预低
lerner	0.0168 ***	0.0101	0.0100 **	0.0115 ***	0.0115 ***	0.0186 ***
	(6.91)	(1.47)	(2.04)	(2.97)	(2.84)	(5.70)
HHI	−0.0147 ***	−0.0150 ***	−0.0193 ***	−0.0175 ***	−0.0134 ***	−0.0150 ***
	(−15.69)	(−7.03)	(−8.72)	(−11.68)	(−8.24)	(−9.98)
_cons	−0.2351 ***	−0.3134 ***	−0.1961 ***	−0.2216 ***	−0.2502 ***	−0.1926 ***
	(−67.78)	(−23.12)	(−22.74)	(−38.19)	(−45.75)	(−41.93)
年份固定效应	Yes	Yes	Yes	Yes	Yes	Yes
N	570065	101485	65230	215401	215335	306044
Pseudo R^2	0.0190	0.0144	0.0258	0.0138	0.0168	0.0270

　　注：括号内为稳健性 t 统计值；***、** 和 * 分别表示在 1%、5% 和 10% 的水平上显著。

5.2　要素价格扭曲阻碍企业有效市场退出

183

　　企业进入和退出是市场经济的正常现象和重要特征，是决定市场结构与绩效的关键性因素（Daniel，1980）。高效率企业进入、低效率企业退出，社会资源在企业间重新配置，使市场经济的"创造性毁灭"得以实现，经济效率得到有效提升，从而为经济发展提供持续动能（Brandt et al.，2012；张维迎等，2003）。然而，"创造性毁灭"机制的发挥依赖有效的市场机制，但中国目前市场经济体制尚不健全，企业进入、退出不仅面临着资产专用性、沉没成本等经济技术障碍，还面临着诸多非市场性障碍，阻碍了市场内企业高效率更替，破坏了市场的竞争选择机制和资源配置机制（周开国等，2018），导致中国经济发展面临着产能过剩、大量"僵尸企业"无法有效退出、高水平有效供给不足、经济结构亟须优化升级等问题，严重制约经济高质量发展。

　　为此，党的十九大报告提出"经济体制改革必须以完善产权制度和要素市场化配置为重点，实现产权有效激励、要素自由流动、价格反应灵活、竞争公平有序、企业优胜劣汰"①，明确将要素市场化配置作为经济体制改革的两大重点之一。中央发布的《关于构建更加完善的要素市场化配置体制机制的意见》更是把要素价格和要素配置的市场化作为实现经济高质量发展的关键举措。要素作为企业生产和经营的基础性经济资源，其价格是引导资源有效配置、决定企业经营决策的关键，要素价格由市场决定、流动自主有序、配置高效公平是有效发挥市场竞争选择机制、实现企业优胜劣汰和优化资源配置的重要前提（洪银兴，2018）。然而，值得关注的典型事实是，中国经济转型时期渐进式的经济改革存在着明显的不对称现象，即要素市场发育程度相对滞后于产品市场，产品市场发育已趋于完备，但要素市场的市场化改革进程缓慢，各级地方政府出于发展经济、促进就业和维护社会稳定等需要，普遍存在对资本、劳动、土地、能源及环境等关键要素定价权和配置权的干预和控制，导致要素价格被普遍低估，形成不同程度的要素价格扭曲，造成要素资源配置长期低效率，要素市场成为中国经济改革的滞后领域和瓶颈（周黎安，2007；张杰等，2011）。

毋庸置疑，扭曲的要素价格势必会对企业的生产经营行为产生不可忽视的影响。特别是企业退出作为市场竞争选择机制进行资源优化配置的关键环节之一，不仅直接决定着企业的经营和发展，而且对国家和地方的经济发展和社会稳定等都有着重要影响。鉴于此，要素价格扭曲会对企业市场退出产生何种影响？要素价格扭曲会阻碍企业有效市场退出吗？对这些问题的回答不仅有助于揭示要素价格扭曲和企业市场退出之间的内在联系，对于探讨中国企业市场退出问题具有重要的理论价值，而且为加快推进要素市场化改革、健全市场退出机制、实现企业优胜劣汰、提高资源配置效率提供了理论依据和经验支持，对于深化经济体制改革、推动经济高质量发展具有重要的现实意义。

企业市场退出问题一直是学术界关注的重点领域。国外早期对企业市场退出的研究主要集中于产业层面，随着微观数据可获取性的提高，学者们逐渐开始从生产率、规模、创新、所有制和国际贸易等企业内部层面深入研究微观企业市场退出的影响因素和影响效应（Hopenhayn，1992；Agarwal & Audretsch，2001；Fontana & Nesta，2009；Ferragina

---

① 习近平. 决胜全面建成小康社会 夺取新时代中国特色社会主义伟大胜利——在中国共产党第十九次全国代表大会上的报告［EB/OL］. 中国政府网，2017 – 10 – 27.

et al.，2014；Wagner，2013），还有部分学者分析了不确定性、融资约
束、集聚和制度质量等外部环境因素对企业市场退出的重要影响（Dix-
it，1989；Görg & Spaliara，2014；Ferragina & Mazzotta，2015；Baumöhl
et al.，2019）。具体到中国的情形，市场竞争加剧使大规模的企业进入
和退出成为转型时期中国制造业产业演化的显著特征（毛其淋和盛斌，
2013），这引起了学术界对企业更替问题的广泛关注。部分学者考察了
国际贸易、创新、投资等企业行为和企业市场退出的关系（于娇等，
2015；鲍宗客，2016；蒋纳和董有德，2019），更多文献结合转型时期
中国经济改革和发展的阶段性特征，重点探讨了政府补贴、行政垄断、
官员变更和政策不确定性等外部制度环境对企业市场退出的影响（许家
云和毛其淋，2016；康妮和陈林，2017；刘海洋等，2017；张慧等，
2018），还有学者研究了外资进入、反倾销、房价上涨和市场分割等外
部市场环境对企业市场退出的影响（包群等，2015；孟宁等，2020；梁
贺，2020；卞元超和白俊红，2021）。

　　既有文献为本章研究提供了很好的理论基础和研究思路，但需要指
出的是，现有关于企业市场退出的研究大都是在要素价格和配置由市场
决定以及要素价格能够真实反映要素的边际产出价值和稀缺情况的前提
和潜在假定下进行的，忽略了我国经济转型时期要素市场化改革滞后、
要素价格扭曲这一典型事实的影响，鲜有文献专门针对要素价格扭曲对
企业有效市场退出的影响问题进行系统讨论。基于此，本章从理论上梳
理和归纳要素价格扭曲对企业有效市场退出的影响，并采用 1998 ~
2007 年中国制造业微观企业面板数据，实证检验了要素价格扭曲对企
业有效市场退出的影响效应及其异质性，同时运用中介效应模型进行影
响机制检验。

　　本章可能的边际贡献主要体现在以下几个方面：（1）基于中国经
济转型时期要素价格扭曲和企业剧烈更替并存的特征事实，将要素价格
扭曲和企业市场退出纳入统一的分析框架，通过理论分析和实证检验考
察要素价格扭曲对企业有效市场退出的影响，拓展了企业市场退出问题
的研究视角，丰富了要素价格扭曲和企业市场退出领域的相关研究；
（2）本章理论分析和实证检验了要素价格扭曲影响企业有效市场退出
的内在机制，有助于深化对要素价格扭曲和企业市场退出之间关系的理
解，丰富了已有文献的研究内容，提供了新的研究发现；（3）已有文

185

献大都是基于要素价格绝对扭曲数据的研究，无法反映部门之间要素成本和配置的差异情况，本章采用更能体现行业间成本和配置差异的要素价格相对扭曲实证考察要素价格扭曲对企业有效市场退出的影响；(4) 本章不仅考察了要素价格扭曲对企业有效市场退出的平均影响效应，还系统检验了要素价格扭曲对企业有效市场退出的异质性影响，较为全面地论证了要素价格扭曲对企业有效市场退出的影响效应。

5.2.1 要素价格扭曲阻碍企业有效市场退出的理论分析与研究假说

1. 要素价格扭曲影响企业有效市场退出的理论机制

在中国经济转型时期，虽然整体市场化程度不断提高，但要素市场化改革进程滞后，普遍存在要素价格扭曲现象，要素价格无法正确反映要素的稀缺程度和真实成本价值（施炳展和冼国明，2012），导致企业市场退出行为偏离完全竞争市场中的最优行为。通过梳理相关领域文献，本章归纳出要素价格扭曲主要通过资本偏向效应、收益扭曲效应、融资约束缓解效应和寻租激励效应等途径影响企业有效市场退出。

（1）要素价格扭曲诱导企业过度使用资本、选择资本偏向型技术进步，阻碍企业有效市场退出。出于经济发展需要，我国普遍存在利率管制、信贷干预和资本项目管制，资本价格严重负向扭曲，且资本相对于劳动的价格扭曲程度更高（王宁和史晋川，2015），而要素价格扭曲会诱导企业减少劳动投入，增加相对价格较低、更加充裕的资本投入，并促使企业选择资本偏向型技术进步（余东华等，2018），形成资本对劳动的替代效应，这会提高企业资本密集度，增强企业生存能力，降低其退出市场的可能性（许家云和毛其淋，2016）。同时，企业资本密集度越高意味着其退出市场时的沉没成本越高，对地区经济发展、社会稳定等的影响也越大，因此，要素价格扭曲提高了企业市场退出的经济社会成本和退出壁垒，阻碍了企业有效市场退出。

（2）要素价格扭曲使企业能够获得扭曲收益维持生存，阻碍企业有效市场退出。一方面，地方政府为招商引资、发展经济向企业提供的低息贷款、低价或零价土地等价格扭曲的低成本要素，实质上形成了企业的扭曲收益和超额利润（江飞涛等，2012），提升了企业盈利水平，从而增强了企业生存能力、降低了市场退出概率（许家云和毛其淋，2016）；另一方面，在企业面临市场退出风险时，要素价格扭曲实际上形成了地方政府发展经济的巨额沉没成本，而且企业退出意味着地方产值下降、财政收入减少、就业率降低等，因此，为了减少沉没成本、维持经济发展和维护社会稳定，地方政府会通过财政补贴、信贷干预等方式进一步提供价格扭曲的低成本要素以维持企业生存、阻碍企业有效市场退出，从而形成大量"僵尸企业"（张栋等，2016）。

（3）要素价格扭曲能够缓解企业融资约束，阻碍企业有效市场退出。首先，要素价格扭曲带来的扭曲收益能够提高企业的盈利水平，从而增强企业内源融资能力、缓解内部融资约束，降低企业市场退出风险（逯宇铎等，2014）；其次，由于金融市场化改革滞后，银行信贷是企业主要的外源融资渠道，而地区性金融资源主要掌握在地方政府手中，同时受银行预算软约束的影响，要素价格扭曲使企业能够获得地方政府通过信贷干预、政府担保等方式提供的大量低成本金融资源（周黎安，2007），而且在企业亏损或面临破产倒闭时，为了维护地方的政治经济利益，地方政府还会干预银行使其继续提供低息贷款、默许企业拖欠贷款和逃废债等，企业投资所配套的土地、矿产等稀有资源也成为其获取信贷支持的资本，因此，要素价格扭曲缓解了企业外源融资约束，降低了企业市场退出风险，阻碍了企业有效市场退出（马光荣和李力行，2014）。

（4）要素价格扭曲激励企业通过寻租与政府建立政治关联，阻碍企业有效市场退出。在要素价格扭曲情况下，要素稀缺程度更高，资源竞争也更加激烈，企业往往愿意支付大量寻租成本与政府建立联系以获取价格扭曲的低成本要素和政策支持，要素价格扭曲形成的补贴收益和超额利润也进一步强化了企业通过寻租获取高额收益的扭曲激励，而且要素价格扭曲程度越高，企业的寻租空间越大、寻租动机越强（余明桂等，2010）。企业寻租不仅能增强盈利能力，还能形成一种担保和声誉机制，降低资金供求双方的信息不对称、消除资源获取的政策性歧视，缓解企业融资约束，从而提高企业生存能力（于蔚等，2012）。同时，通过寻租建立的政企联系使政府和企业成为利益共同体，企业在一定程度上承担了发展经济、创造就业、增加税收等多重责任，当企业陷入困境时，地方政府也会为其提供价格扭曲的低成本要素以维持生存（Faccio，2006；江飞涛等，2012），而且企业退出市场实际上面临着与所获取的低成本要素正常市场价值等额的沉没成本和相应的竞争成本，企业一旦退出市场就意味着要放弃、归还这些具有巨大市场价值的低成本要素资源，这些都形成了高昂的市场退出成本，阻碍企业有效市场退出。

基于上述理论分析，本章提出：

假说 5 - 6：要素价格扭曲阻碍了企业有效市场退出。

假说 5 - 7：要素价格扭曲通过资本偏向效应、收益扭曲效应、融资约束缓解效应和寻租激励效应等途径阻碍企业有效市场退出。

2. 要素价格扭曲对异质性企业有效市场退出的影响

（1）所有制异质性。相对于民营企业和外资企业等非国有企业，国有企业的软预算约束以及与政府天然的政治联系使其享受众多资源配置"政策偏向"，极大提高了企业生存能力，降低了市场退出风险，而且国有企业一般担负着发展经济、解决就业、改善社会福利等政策性负担，国有企业退出不当会阻碍经济发展、增加金融风险、引起社会动荡，因此，为避免市场退出导致的大量经济社会成本，国有企业在面临市场退出风险时能够优先获得价格扭曲的低成本要素以维持生存（林毅夫等，2004），同时要素价格扭曲也形成了国有企业退出时巨大的隐性沉没成本，从而阻碍国有企业有效市场退出。然而，具有硬预算约束的非国有企业自主经营、自负盈亏，经营制度更加健全，经营决策更加科学、稳健，削弱了要素价格扭曲对企业有效市场退出的影响（王明益和石丽静，2018）。据此，本章提出：

假说 5 - 8：相对于非国有企业，要素价格扭曲在更大限度上阻碍了国有企业有效市场退出。

（2）规模异质性。相对于规模较小的企业，企业规模越大越能受到地方政府重视，而且规模越大、实力越强的企业在要素市场上的议价能力也越强，从而规模较大的企业更容易获得价格扭曲的低成本要素，建立政治联系，提高盈利能力和融资能力，降低退出市场的概率。同时，由于政府"抓大放小"的发展策略，在面临市场退出风险时，规

模较大的企业退出市场对地区经济发展、财政收入、社会稳定等的负面
影响更大，地方政府会优先为其提供价格扭曲的低成本要素以维持生
存，而且企业规模越大面临的要素价格扭曲形成的市场退出成本也越
高。据此，本章提出：

假说 5 - 9：相对于规模较小的企业，要素价格扭曲在更大限度上
阻碍了规模较大的企业有效市场退出。

（3）行业异质性。相对于劳动密集型行业，资本密集型行业投资
规模大、产出水平高、迁移性较小，经济社会发展效应更加显著，是各
级地方政府招商引资的重点，地方政府更倾向于优先提供价格扭曲的低
成本要素扶持资本密集型行业中的企业发展，并与其建立政治联系，从
而提高了这类企业的生存能力，降低了其市场退出风险。在企业出现危
机时，出于经济发展和社会稳定等考虑，地方政府会优先为其提供价格
扭曲的低成本要素以维持生存，同时资本密集型企业也面临着由要素价
格扭曲形成的较高市场退出成本。据此，本章提出：

假说 5 - 10：相对于劳动密集型行业，要素价格扭曲在更大限度上
阻碍了资本密集型行业企业有效市场退出。

（4）地区异质性。受以经济增长为主要考核标准的晋升体制和地
方财政收支矛盾的影响，地方经济发展水平越低，政府通过扭曲要素价
格干预经济、促进经济增长的动机就越强（周黎安，2007），要素价格
扭曲程度也越高，从而导致要素价格扭曲越多反而增强了经济落后地区
企业的盈利能力、融资能力和生存能力。而且相比经济发达地区，经济
落后地区企业对地区经济增长、就业和税收等的影响更大，因此企业面
临市场退出风险时也更能获得价格扭曲的低成本要素以维持生存，无法
有效退出市场。此外，要素价格扭曲强化了经济落后地区的资源稀缺
性，激励企业竞相通过寻租获取生存与发展所需的经济社会资源，由此
导致的竞争成本和沉没成本也进一步阻碍了企业有效市场退出（余明桂
等，2010）。据此，本章提出：

假说 5 - 11：要素价格扭曲对企业有效市场退出的阻碍效应随着地
区经济发展水平的提高而减弱。

（5）生产率异质性。生产率是决定企业市场退出的关键因素，一
般来说，生产率越高的企业生存能力和风险抵御能力也越强，从而能够
在市场竞争中存活下来，而生产率较低的企业则更容易被市场淘汰

189

（Hopenhayn，1992），企业会根据生产率状况做出是否退出市场的决策。然而要素价格扭曲会降低市场均衡时退出企业的生产率门槛，低生产率企业能够依靠价格扭曲的低成本要素继续存活，从而更大限度上提高了低生产率企业的生存能力（王磊和朱帆，2018），而高生产率企业本身实力较强，要素价格扭曲对其生存能力的提升效应相对有限，因此高生产率企业对要素价格扭曲的依赖性和敏感性更弱。据此，本章提出：

假说5－12：相对于高生产率企业，要素价格扭曲更大限度上阻碍了低生产率企业有效市场退出。

5.2.2　要素价格扭曲阻碍企业有效市场退出的研究设计

1. 数据来源及处理

本章选取1998～2007年中国全部国有及规模以上非国有制造业企业作为研究样本，数据来源于中国国家统计局建立的中国工业企业数据库。由于数据库存在指标缺失、指标异常和统计错误等问题，为提高企业信息准确性和样本可靠性，本章参考布兰特等（Brandt et al.，2012）的方法采用企业代码、企业名称等作为基准变量进行匹配，并做如下数据处理：（1）剔除工业总产值、工业增加值、固定资产净值、销售收入等关键指标缺失、为零或为负值的样本；（2）剔除总资产小于流动资产、总资产小于固定资产净值等不符合基本会计准则的样本；（3）剔除从业人数少于8人的样本；（4）剔除开工时间小于1949年或大于2007年或缺失的样本，以及企业年龄为负值的样本。在此基础上，最终得到1998～2007年29个制造业行业（C13～C42，C38除外）的非平衡面板数据。此外，为消除价格因素影响，所有价值指标均采用相关价格指数折算成以1998年为基期的实际值，数据来源于历年《中国统计年鉴》。

2. 计量模型设定

考虑到企业市场退出是一个二元选择过程，本章借鉴马光荣和李力行（2014）、王明益和石丽静（2018）的做法，构建Probit模型实证检验要素价格扭曲对企业有效市场退出的影响，具体模型设定如下：

$$\text{Probit}(exit_{it}=1)=\Phi\{\alpha_0+\alpha_1 distort_{it}+\delta CV_{it}+\omega_t+\omega_r+\varepsilon_{it}\}$$

$$(5-14)$$

其中，i 和 t 分别表示企业和年份；$exit_{it}$ 为被解释变量企业市场退出，表示企业 i 在第 t 年是否退出市场的虚拟变量，值为 1 时表示企业退出市场，否则为 0；$distort_{it}$ 为核心解释变量要素价格扭曲，包括总要素价格扭曲（dist）、资本价格扭曲（distK）和劳动价格扭曲（distL）；CV_{it} 为一系列控制变量；ω_t、ω_r 分别为年份固定效应和企业所在省份的地区固定效应；ε_{it} 为随机误差项。

3. 变量说明

（1）被解释变量：企业市场退出。

本章借鉴毛其淋和盛斌（2013）、马光荣和李力行（2014）的方法，对企业市场退出进行如下界定：在样本期间内，如果企业 i 在第 t - 1 年存在，但在第 t 年及后续各期均不存在，则将企业 i 定义为第 t 年的退出企业，此时 $exit_{it}=1$，否则 $exit_{it}=0$。另外，需要注意的是，由于中国工业企业数据库统计的非国有企业是规模以上企业，这意味着企业在数据库中消失还存在企业规模下降到规模以下从而在某些年份退出数据库的情况，实际上该企业并没有真正退出市场，这会导致将存活企业误判为退出企业，进而高估企业退出情况。本章对企业市场退出的界定是以企业是否退出数据库来判断的，因此，仅当企业在某年退出数据库且在后续年份没有再次出现时，才将其认定为退出企业，如果在后续年份中重新出现，则不将其认定为退出企业。为避免由样本选择标准导致的误差，本章综合企业成立年份、出现在数据库中的初始年份和营业状态等信息来进一步识别企业市场退出，并剔除不满足规模以上标准即销售额小于 500 万元的样本，以防止企业因不满足统计标准退出数据库，而不是真的退出市场（这些企业很可能会由于销售额下降而退出数据库），从而产生误差。

（2）核心解释变量：要素价格扭曲。

既有文献大多采用生产函数法测算要素价格扭曲，但该方法无法度量要素在不同行业间的相对价格扭曲，从而不能体现不同行业间要素的相对成本差异情况，而行业间相对要素价格的变化是决定要素配置的关

191

键，因此，为体现不同行业间的要素价格相对扭曲状况，本章借鉴陈永伟和胡伟民（2011）的做法，将行业 j 的资本价格扭曲和劳动价格扭曲定义为：

$$distK_j = (K_j/K)/(s_j\beta_{K_j}/\sum s_j\beta_{K_j}),$$

$$distL_j = (L_j/L)/(s_j\beta_{L_j}/\sum s_j\beta_{L_j}) \tag{5-15}$$

其中，K_j、L_j 分别表示行业 j 的资本投入和劳动投入，K 和 L 分别表示制造业的资本总量和劳动总量，s_j 表示行业 j 在经济中的产出份额，β_{K_j}、β_{L_j} 分别表示行业 j 资本和劳动对产出的贡献份额。同时，参考施炳展和冼国明（2012）的方法，将行业 j 的总要素价格扭曲定义为：

$$dist_j = distK_j^{\frac{\beta_{K_j}}{\beta_{K_j}+\beta_{L_j}}} distL_j^{\frac{\beta_{L_j}}{\beta_{K_j}+\beta_{L_j}}} \tag{5-16}$$

为有效测度要素价格扭曲，克服传统 OLS 方法估计时面临的同时性偏误和样本选择偏误，本章以二位数行业为基础，采用 OP 法估计 C-D 形式生产函数，分行业测算 β_{K_j} 和 β_{L_j}。

（3）控制变量。

为了避免遗漏变量导致估计偏误，本章参考国内外相关研究，选取可能对企业市场退出产生影响的关键因素作为控制变量，具体包括：①企业全要素生产率（tfp），采用 OP 法估算得到；②企业年龄（age）及其平方项（age²），其中企业年龄以当年观测年份减去开业年份衡量；③企业规模（size）及其平方项（size²），其中企业规模采用企业销售收入取对数衡量；④企业出口密集度（export），采用企业出口交货值与销售收入的比值衡量；⑤企业创新（innovation），采用企业是否进行创新的虚拟变量衡量，企业新产品产值大于 0 时，定义企业创新为 1，否则为 0；⑥企业利润率（profit），采用企业税前利润总额与销售收入的比值取对数衡量。变量描述性统计如表 5-8 所示。

表 5-8　　　　　　　　主要变量描述性统计

变量	变量定义	观测值	均值	标准差	最小值	最大值
exit	企业市场退出	1375037	0.102	0.303	0.000	1.000
dist	总要素价格扭曲	1375037	1.131	0.303	0.140	1.955

变量	变量定义	观测值	均值	标准差	最小值	最大值
distK	资本价格扭曲	1375037	1.024	0.295	0.221	2.388
distL	劳动价格扭曲	1375037	1.241	0.438	0.088	2.249
tfp	全要素生产率	1375037	3.799	0.787	0.439	9.135
age	企业年龄	1375037	8.930	9.367	0.000	58.000
size	企业规模	1375037	10.177	1.196	8.445	19.017
export	企业出口密集度	1375037	0.185	0.377	0.000	30.711
innovation	企业创新	1375037	0.212	0.409	0.000	1.000
profit	企业利润率	1375037	−3.624	1.443	−13.147	3.111

5.2.3　要素价格扭曲阻碍企业有效市场退出的实证结果与分析

1. 基准回归结果

表 5-9 报告了模型（5-14）的基准回归结果。列（1）~列（3）的回归结果显示，在控制了其他因素对企业市场退出的影响后，总要素价格扭曲、资本价格扭曲和劳动价格扭曲的估计系数均在 1% 的水平上显著为负，即要素价格扭曲程度越高，企业退出市场的概率越低，这表明要素价格扭曲显著阻碍了企业有效市场退出，验证了假说 5-6。进一步地，从列（4）的回归结果可以发现，资本价格扭曲比劳动价格扭曲对企业有效市场退出的阻碍效应更大。这可能是因为：资本价格扭曲不仅能够降低企业资本使用成本、扩大企业利润空间，还能推动企业引进先进技术设备提高生产率，提升企业竞争能力和生存能力（余东华等，2018）；而劳动价格扭曲在降低运营成本、提高利润的同时也会导致劳动者收入减少、工作积极性下降，抑制劳动生产率提升，另外，劳动价格扭曲还会降低市场创新需求、抑制劳动者和企业的创新动力，阻碍企业创新效率和生产率的提高（张杰等，2011），不利于增强企业竞争能力和生存能力。因此，资本价格

扭曲在更大限度上降低了企业退出市场的概率，对企业有效市场退出的阻碍效应相对更大。

表 5 - 9 基准回归结果

变量	（1）	（2）	（3）	（4）
dist	-0.0785^{***} (-14.09)			
distK		-0.1170^{***} (-20.80)		-0.1106^{***} (-18.21)
distL			-0.0430^{***} (-10.14)	-0.0140^{***} (-3.07)
tfp	-0.1869^{***} (-60.76)	-0.1924^{***} (-62.16)	-0.1841^{***} (-60.13)	-0.1926^{***} (-62.22)
age	-0.0082^{***} (-17.11)	-0.0082^{***} (-17.03)	-0.0083^{***} (-17.28)	-0.0081^{***} (-16.90)
age^2	0.0001^{***} (11.45)	0.0001^{***} (11.39)	0.0001^{***} (11.55)	0.0001^{***} (11.32)
size	-1.1142^{***} (-76.35)	-1.1216^{***} (-76.90)	-1.1157^{***} (-76.42)	-1.1190^{***} (-76.63)
$size^2$	0.0480^{***} (71.05)	0.0485^{***} (71.91)	0.0480^{***} (71.03)	0.0484^{***} (71.56)
export	-0.1082^{***} (-20.45)	-0.1243^{***} (-22.74)	-0.1069^{***} (-20.15)	-0.1219^{***} (-22.05)
innovation	-0.0780^{***} (-11.52)	-0.0780^{***} (-11.51)	-0.0768^{***} (-11.34)	-0.0783^{***} (-11.57)
profit	-0.0130^{***} (-11.92)	-0.0131^{***} (-12.00)	-0.0128^{***} (-11.77)	-0.0131^{***} (-11.99)
_cons	5.9377^{***} (75.09)	5.9717^{***} (75.51)	5.9429^{***} (75.14)	5.9616^{***} (75.35)
年份固定效应	Yes	Yes	Yes	Yes

变量	（1）	（2）	（3）	（4）
省份固定效应	Yes	Yes	Yes	Yes
N	1129335	1129335	1129335	1129335
Log likelihood	− 401603. 92	− 401478. 76	− 401651. 47	− 401473. 72

注：括号内为稳健性 z 统计值；*** 表示在 1% 的水平上显著。

2. 内生性问题处理

考虑到要素价格扭曲与企业市场退出之间可能存在的内生性问题，本章做了以下有益尝试：首先，从要素价格扭曲变量自身特征来看，在一定程度上能够消除要素价格扭曲和企业市场退出之间可能存在的逆向因果关系所导致的内生性问题，因为行业层面的要素价格扭曲必然会对行业内所有企业的市场退出产生影响，但单个企业很难影响整个行业层面的要素价格扭曲情况，即双向影响渠道可能并不存在，二者间的逆向因果关系较弱（张杰等，2011）；其次，尽管本章已尽可能控制了影响企业市场退出的因素，但仍可能会遗漏重要变量从而导致内生性问题，因此，本章将总要素价格扭曲进行滞后一阶、滞后二阶处理，滞后项一定程度上排除了当期因素影响，外生于当期扰动项，能够缓解内生性问题；最后，参考施炳展和冼国明（2012）、卢贝尔（Lewbel，1997）的做法，分别采用要素价格扭曲的一阶滞后项和要素价格扭曲减去其均值后的立方项作为工具变量，采用两步法进行 Ⅳ - Probit 回归。内生性问题处理的实证结果如表 5 - 10 所示。列（1）和列（2）的回归结果显示，滞后一阶和滞后二阶的总要素价格扭曲的估计系数均显著为负，与基准回归结果一致，表明本章实证结果具有稳健性。列（3）~ 列（8）的 Ⅳ - Probit 回归结果显示：Wald 外生性检验均显著拒绝了解释变量外生的原假设，说明有必要进行工具变量回归；Anderson - Rubin 检验也显著拒绝了内生变量系数之和等于零的原假设，说明工具变量合理有效，且工具变量个数等于内生变量个数，说明不存在过度识别问题。工具变量回归结果表明，在控制内生性问题后，总要素价格扭曲、资本价格扭曲和劳动价格扭曲的估计系数均在 1% 的水平上显著为负，与基准回归结果保持一致，进一步证明本章基本结论具有较好的稳健性。

表 5 - 10　内生性问题处理的实证结果

变量	(1) 核心解释变量 滞后一阶	(2) 核心解释变量 滞后二阶	(3) IV - Probit 滞后项	(4) IV - Probit Lewbel 法	(5) IV - Probit 滞后项	(6) IV - Probit Lewbel 法	(7) IV - Probit 滞后项	(8) IV - Probit Lewbel 法
L. dist	-0.0710 *** (-10.02)							
L2. dist		-0.0701 *** (-8.06)						
dist			-0.0764 *** (-10.17)	-0.1299 *** (-10.19)				
distK					-0.1049 *** (-14.04)	-0.1724 *** (-20.37)		
distL							-0.0467 *** (-8.28)	-0.0970 *** (-11.12)
tfp	-0.1614 *** (-39.86)	-0.1442 *** (-28.55)	-0.1613 *** (-41.49)	-0.1907 *** (-61.83)	-0.1663 *** (-42.40)	-0.1980 *** (-64.79)	-0.1584 *** (-41.01)	-0.1874 *** (-62.71)
age	-0.0082 *** (-12.87)	-0.0053 *** (-6.47)	-0.0082 *** (-12.96)	-0.0080 *** (-16.70)	-0.0082 *** (-12.93)	-0.0080 *** (-16.75)	-0.0083 *** (-13.06)	-0.0080 *** (-16.73)

续表

变量	(1) 核心解释变量滞后一阶	(2) 核心解释变量滞后二阶	(3) IV – Probit 滞后项	(4) IV – Probit Lewbel 法	(5) IV – Probit 滞后项	(6) IV – Probit Lewbel 法	(7) IV – Probit 滞后项	(8) IV – Probit Lewbel 法
age^2	0.0001 *** (9.28)	0.0001 *** (4.43)	0.0001 *** (9.28)	0.0001 *** (11.21)	0.0001 *** (9.26)	0.0001 *** (11.22)	0.0001 *** (9.34)	0.0001 *** (11.22)
size	-1.0737 *** (-58.46)	-0.9254 *** (-41.49)	-1.0731 *** (-54.31)	-1.1067 *** (-70.26)	-1.0811 *** (-54.79)	-1.1188 *** (-71.49)	-1.0737 *** (-54.31)	-1.1038 *** (-70.02)
$size^2$	0.0452 *** (54.11)	0.0386 *** (38.39)	0.0452 *** (49.51)	0.0476 *** (64.64)	0.0457 *** (50.19)	0.0485 *** (66.26)	0.0451 *** (49.42)	0.0474 *** (64.13)
export	-0.1118 *** (-18.19)	-0.1012 *** (-13.52)	-0.1105 *** (-18.62)	-0.1058 *** (-22.65)	-0.1261 *** (-21.06)	-0.1297 *** (-27.46)	-0.1087 *** (-18.24)	-0.1008 *** (-21.27)
innovation	-0.0836 *** (-10.35)	-0.0846 *** (-8.66)	-0.0840 *** (-10.42)	-0.0800 *** (-11.86)	-0.0838 *** (-10.39)	-0.0794 *** (-11.79)	-0.0830 *** (-10.29)	-0.0790 *** (-11.72)
profit	-0.0188 *** (-13.34)	-0.0192 *** (-10.96)	-0.0188 *** (-13.39)	-0.0132 *** (-12.17)	-0.0188 *** (-13.41)	-0.0133 *** (-12.26)	-0.0187 *** (-13.29)	-0.0129 *** (-11.97)
_cons	5.5612 *** (54.84)	4.8542 *** (38.99)	5.5596 *** (51.67)	5.9091 *** (70.27)	5.5950 *** (52.03)	5.9636 *** (71.15)	5.5607 *** (51.66)	5.8970 *** (70.09)

198

续表

变量	(1) 核心解释变量滞后一阶	(2) 核心解释变量滞后二阶	(3) IV – Probit 滞后项	(4) IV – Probit Lewbel 法	(5) IV – Probit 滞后项	(6) IV – Probit Lewbel 法	(7) IV – Probit 滞后项	(8) IV – Probit Lewbel 法
年份固定效应	Yes	Yes	Yes	Yes	Yes	Yes	Yes	Yes
省份固定效应	Yes	Yes	Yes	Yes	Yes	Yes	Yes	Yes
N	738151	509201	738151	1129335	738151	1129335	738151	1129335
Log likelihood	-238122.50	-152578.63						
Wald test			16.87 [0.00]	19.77 [0.00]	2.97 [0.08]	72.39 [0.00]	30.59 [0.00]	48.60 [0.00]
Anderson – Rubin test			103.5 [0.00]	103.9 [0.00]	197.24 [0.00]	414.94 [0.00]	68.59 [0.00]	123.67 [0.00]

注：小括号内为稳健性 z 统计值；中括号内为 p 值；*** 表示在 1% 的水平上显著。

3. 稳健性检验

为了验证本章基准回归结果和研究结论的稳健性和可靠性，本章进一步从以下方面进行稳健性检验：（1）更换模型估计方法。首先，为了排除特定计量模型估计方法的影响，本章采用 Logit 模型进行稳健性检验；其次，企业市场退出还可以视为企业生存问题，为此本章借鉴许家云和毛其淋（2016）的研究，鉴于离散时间生存模型能够有效解决大样本数据的结点问题、合理控制不可观测的异质性和不需要满足比例风险假定，进一步采用离散时间 Cloglog 生存分析模型进行回归。（2）替换核心解释变量。首先，本章借鉴张杰等（2011）的方法，构造地区层面要素市场扭曲指标作为要素价格扭曲的替代变量进行稳健性检验，即要素市场扭曲（FMD1）=（整体市场化指数 – 要素市场化指数）/整体市场化指数；其次，为有效反映要素市场扭曲的地区差异和时间趋势，本章借鉴林伯强和杜克锐（2013）的方法，以各地区要素市场化程度与样本中最高要素市场化程度的相对差距衡量要素市场扭曲，即要素市场扭曲（FMD2）=［max（要素市场化指数）– 要素市场化指数］/max（要素市场化指数）。数据来源于樊纲等（2011）的《中国市场化指数——各地区市场化相对进程 2011 年报告》。表 5 – 11 报告的稳健性检验结果显示，无论是更换模型估计方法，还是替换核心解释变量的衡量方法，核心解释变量的估计系数均在 1% 的水平上显著为负，系数符号和显著性均未发生实质性变化，与基准回归结果保持一致，验证了本章基准回归结果和研究结论的稳健性和可靠性。

4. 异质性检验

（1）所有制异质性。

为检验要素价格扭曲对不同所有制企业有效市场退出的异质性影响，本章利用登记注册类型和实收资本等指标综合判断企业所有制类型，将总体样本分为国有企业和非国有企业两个子样本，并进行分样本回归。表 5 – 12 的回归结果显示：国有企业和非国有企业的要素价格扭曲的估计系数均显著为负，表明要素价格扭曲普遍显著阻碍了国有企业和非国有企业有效市场退出；要素价格扭曲对企业有效市场退出的阻碍效应存在明显的所有制异质性，相对于非国有企业而言，国有企业的总要素价格扭曲、资本价格扭曲和劳动价格扭曲的估计系数绝对值都更大，因此要素价格扭曲在更大限度上阻碍了国有企业有效市场退出，验证了假说 5 – 8。

表5-11 稳健性检验结果

变量	(1) Logit	(2) Logit	(3) Logit	(4) Cloglog	(5) Cloglog	(6) Cloglog	(7) FMD1	(8) FMD2
dist	-0.1521*** (-14.53)			-0.1421*** (-14.78)				
distK		-0.2247*** (-21.09)			-0.2078*** (-21.14)			
distL			-0.0851*** (-10.65)			-0.0808*** (-10.98)		
FMD1							-0.0321*** (-9.62)	
FMD2								-0.0634*** (-6.09)
tfp	-0.3545*** (-61.08)	-0.3644*** (-62.44)	-0.3492*** (-60.44)	-0.3260*** (-61.28)	-0.3347*** (-62.64)	-0.3211*** (-60.64)	-0.1807*** (-58.44)	-0.1815*** (-59.49)
age	-0.0149*** (-16.57)	-0.0148*** (-16.51)	-0.0150*** (-16.73)	-0.0134*** (-16.29)	-0.0134*** (-16.25)	-0.0136*** (-16.45)	-0.0086*** (-17.82)	-0.0087*** (-18.05)
age²	0.0002*** (11.00)	0.0002*** (10.95)	0.0002*** (11.10)	0.0002*** (10.81)	0.0002*** (10.77)	0.0002*** (10.90)	0.0001*** (11.80)	0.0001*** (12.03)

续表

变量	(1)	(2)	(3)	(4)	(5)	(6)	(7)	(8)
	Logit	Logit	Logit	Cloglog	Cloglog	Cloglog	FMD1	FMD2
size	-2.0387 ***	-2.0524 ***	-2.0412 ***	-1.8474 ***	-1.8591 ***	-1.8496 ***	-1.1175 ***	-1.1232 ***
	(-76.70)	(-77.25)	(-76.78)	(-78.32)	(-78.91)	(-78.40)	(-75.35)	(-76.95)
size^2	0.0875 ***	0.0885 ***	0.0875 ***	0.0790 ***	0.0799 ***	0.0791 ***	0.0482 ***	0.0484 ***
	(71.22)	(72.07)	(71.19)	(72.76)	(73.68)	(72.74)	(70.14)	(71.66)
export	-0.2147 ***	-0.2463 ***	-0.2120 ***	-0.2023 ***	-0.2316 ***	-0.1996 ***	-0.1108 ***	-0.1118 ***
	(-21.91)	(-24.82)	(-21.57)	(-22.15)	(-25.06)	(-21.80)	(-20.65)	(-21.01)
innovation	-0.1583 ***	-0.1584 ***	-0.1559 ***	-0.1510 ***	-0.1512 ***	-0.1487 ***	-0.0744 ***	-0.0748 ***
	(-11.94)	(-11.95)	(-11.76)	(-12.18)	(-12.19)	(-12.00)	(-10.84)	(-11.05)
profit	-0.0236 ***	-0.0238 ***	-0.0233 ***	-0.0211 ***	-0.0213 ***	-0.0209 ***	-0.0125 ***	-0.0128 ***
	(-11.63)	(-11.70)	(-11.48)	(-11.37)	(-11.44)	(-11.24)	(-11.32)	(-11.73)
_cons	11.0892 ***	11.1511 ***	11.0972 ***	9.8381 ***	9.8897 ***	9.8456 ***	5.8427 ***	5.9248 ***
	(76.90)	(77.31)	(76.95)	(76.69)	(77.13)	(76.75)	(70.79)	(74.50)
年份固定效应	Yes	Yes	Yes	Yes	Yes	Yes	Yes	Yes
省份固定效应	Yes	Yes	Yes	Yes	Yes	Yes	Yes	Yes
N	1129335	1129335	1129335	1129335	1129335	1129335	1100379	1129299
Log likelihood	-401558.59	-401433.04	-401606.73	-401584.15	-401460.90	-401632.12	-392086.30	-401666.22

注：括号内为稳健性 z 统计值；*** 表示在 1% 的水平上显著。

201

表 5 - 12　　　　　　　　　所有制异质性检验结果

变量	(1)	(2)	(3)	(4)	(5)	(6)
	国有企业	非国有企业	国有企业	非国有企业	国有企业	非国有企业
dist	-0.1314*** (-7.93)	-0.0675*** (-11.46)				
distK			-0.1391*** (-6.96)	-0.1163*** (-19.84)		
distL					-0.0990*** (-7.78)	-0.0321*** (-7.15)
tfp	-0.1224*** (-11.09)	-0.1981*** (-61.26)	-0.1189*** (-10.79)	-0.2046*** (-62.86)	-0.1206*** (-10.99)	-0.1954*** (-60.74)
age	-0.0088*** (-6.08)	-0.0086*** (-16.37)	-0.0090*** (-6.29)	-0.0085*** (-16.16)	-0.0087*** (-6.06)	-0.0087*** (-16.56)
age^2	0.0001*** (3.42)	0.0001*** (9.70)	0.0001*** (3.56)	0.0001*** (9.50)	0.0001*** (3.40)	0.0001*** (9.81)
size	-0.9357*** (-23.03)	-1.1432*** (-71.08)	-0.9533*** (-23.49)	-1.1490*** (-71.48)	-0.9316*** (-22.90)	-1.1456*** (-71.23)
$size^2$	0.0387*** (21.82)	0.0494*** (65.91)	0.0396*** (22.32)	0.0499*** (66.60)	0.0384*** (21.62)	0.0495*** (66.00)
export	0.0465 (1.54)	-0.1056*** (-19.76)	0.0322 (1.05)	-0.1210*** (-21.94)	0.0483 (1.60)	-0.1051*** (-19.57)
innovation	-0.1081*** (-6.46)	-0.0808*** (-10.84)	-0.1109*** (-6.62)	-0.0810*** (-10.87)	-0.1058*** (-6.33)	-0.0794*** (-10.67)
profit	-0.0241*** (-7.78)	-0.0098*** (-8.36)	-0.0239*** (-7.72)	-0.0099*** (-8.39)	-0.0239*** (-7.73)	-0.0097*** (-8.25)
_cons	4.7613*** (20.87)	6.1375*** (70.93)	4.8334*** (21.19)	6.1663*** (71.25)	4.7462*** (20.79)	6.1465*** (71.04)
年份固定效应	Yes	Yes	Yes	Yes	Yes	Yes
省份固定效应	Yes	Yes	Yes	Yes	Yes	Yes
N	82849	1046486	82849	1046486	82849	1046486
Log likelihood	-30463.72	-370752.23	-30470.81	-370613.27	-30464.94	-370791.88

注：括号内为稳健性 z 统计值；*** 表示在 1% 的水平上显著。

（2）规模异质性。

为考察要素价格扭曲对不同规模企业有效市场退出的异质性影响，本章根据国家统计局 2003 年发布的《统计上大中小型企业划分办法（暂行）》中的标准，将样本划分为大型企业和中小型企业进行分样本回归。表 5 - 13 中的回归结果显示，要素价格扭曲的估计系数均显著为负，这表明要素价格扭曲对大型企业和中小型企业有效市场退出均有显著的阻碍效应。进一步地，列（1）和列（2）的回归结果显示，相对于中小型企业而言，大型企业总要素价格扭曲的估计系数绝对值更大，整体来说，要素价格扭曲更大限度上阻碍了规模较大的企业有效市场退出，验证了假说 5 - 9。列（5）和列（6）的结果表明劳动价格扭曲对大型企业有效市场退出的阻碍效应也更大。而列（3）和列（4）的结果则显示，资本价格扭曲对中小型企业有效市场退出的阻碍效应更大，这可能是因为大型企业本身具有更多的技术和资源等优势，企业组织机构健全、运行制度完善、生存能力和风险承受能力更强，面临的融资约束远小于中小型企业，因此削弱了资本价格扭曲对大型企业有效市场退出的影响，而规模相对较小的中小型企业大多实力较弱、发展不确定性高、经营制度不完善、经营风险大，且面临着较强的融资约束（逯宇铎等，2014），资本价格扭曲能够为企业发展提供急需的大量低成本资本要素，对中小型企业生存能力的提升效应更大，从而使资本价格扭曲在更大限度上阻碍了中小型企业有效市场退出。

表 5 - 13　　　　　　　　　规模异质性检验结果

变量	（1）大型企业	（2）中小型企业	（3）大型企业	（4）中小型企业	（5）大型企业	（6）中小型企业
dist	-0.1101*** (-3.48)	-0.0803*** (-14.19)				
distK			-0.1067*** (-3.19)	-0.1192*** (-20.87)		
distL					-0.0824*** (-3.40)	-0.0437*** (-10.15)
tfp	-0.0221 (-1.18)	-0.1924*** (-61.57)	-0.0204 (-1.09)	-0.1980*** (-62.96)	-0.0200 (-1.07)	-0.1895*** (-60.94)

续表

变量	(1)	(2)	(3)	(4)	(5)	(6)
	大型企业	中小型企业	大型企业	中小型企业	大型企业	中小型企业
age	−0.0030 (−0.95)	−0.0087 *** (−17.89)	−0.0037 (−1.17)	−0.0087 *** (−17.78)	−0.0030 (−0.96)	−0.0088 *** (−18.06)
age^2	0.0000 (0.18)	0.0001 *** (11.95)	0.0000 (0.38)	0.0001 *** (11.87)	0.0000 (0.18)	0.0001 *** (12.05)
size	1.8668 *** (6.17)	−2.0797 *** (−71.75)	1.8440 *** (6.11)	−2.0884 *** (−72.06)	1.8740 *** (6.18)	−2.0805 *** (−71.77)
$size^2$	−0.0626 *** (−5.79)	0.0963 *** (68.13)	−0.0615 *** (−5.71)	0.0970 *** (68.58)	−0.0629 *** (−5.81)	0.0963 *** (68.11)
export	−0.2475 *** (−6.59)	−0.1031 *** (−19.40)	−0.2637 *** (−6.92)	−0.1194 *** (−21.76)	−0.2388 *** (−6.37)	−0.1019 *** (−19.12)
innovation	−0.0030 (−0.11)	−0.0836 *** (−11.90)	−0.0052 (−0.20)	−0.0833 *** (−11.85)	−0.0011 (−0.04)	−0.0823 *** (−11.71)
profit	−0.0519 *** (−7.13)	−0.0127 *** (−11.48)	−0.0535 *** (−7.35)	−0.0127 *** (−11.53)	−0.0511 *** (−7.01)	−0.0125 *** (−11.33)
_cons	−15.3771 *** (−7.35)	10.7444 *** (72.52)	−15.2590 *** (−7.31)	10.7858 *** (72.80)	−15.4166 *** (−7.36)	10.7458 *** (72.53)
年份固定效应	Yes	Yes	Yes	Yes	Yes	Yes
省份固定效应	Yes	Yes	Yes	Yes	Yes	Yes
N	45709	1083626	45709	1083626	45709	1083626
Log likelihood	−8300.81	−391917.31	−8302.07	−391792.63	−8301.11	−391965.74

注：括号内为稳健性 z 统计值；*** 表示在 1% 的水平上显著。

（3）行业异质性。

为考察要素价格扭曲对不同行业企业有效市场退出的异质性影响，本章根据企业资本密集度将样本分为劳动密集型行业和资本密集型行业两个子样本分别进行检验，表 5 - 14 报告了相应的回归结果。结果显示，要素价格扭曲的估计系数均显著为负，表明要素价格扭曲显著阻碍了劳动密集型行业和资本密集型行业的企业有效市场退出；要素价格扭曲对不同行业企业有效市场退出的阻碍效应存在明显的异质性，资本密集型行业的总要素价格扭曲、资本价格扭曲和劳动价格扭曲的估计系数绝对值均高于劳动密集型行业，表明要素价格扭曲对资本密集型行业企业有效市场退出的阻碍效应显著大于劳动密集型行业，为假说 5 - 10 提供了经验证据支持。

表 5 - 14　　　　　　　　　行业异质性检验结果

变量	(1) 劳动密集型	(2) 资本密集型	(3) 劳动密集型	(4) 资本密集型	(5) 劳动密集型	(6) 资本密集型
dist	-0.0407 *** (-5.29)	-0.1081 *** (-13.29)				
distK			-0.0808 *** (-10.52)	-0.1146 *** (-13.48)		
distL					-0.0176 *** (-3.00)	-0.0743 *** (-12.03)
tfp	-0.1954 *** (-47.96)	-0.1457 *** (-29.93)	-0.2022 *** (-48.85)	-0.1462 *** (-30.02)	-0.1937 *** (-47.80)	-0.1427 *** (-29.51)
age	-0.0104 *** (-16.06)	-0.0066 *** (-9.21)	-0.0102 *** (-15.75)	-0.0068 *** (-9.47)	-0.0105 *** (-16.19)	-0.0066 *** (-9.21)
age^2	0.0002 *** (10.08)	0.0001 *** (6.44)	0.0002 *** (9.89)	0.0001 *** (6.59)	0.0002 *** (10.16)	0.0001 *** (6.44)
size	-1.5961 *** (-47.15)	-1.0009 *** (-52.79)	-1.5991 *** (-47.27)	-1.0106 *** (-53.34)	-1.5983 *** (-47.22)	-1.0002 *** (-52.74)
$size^2$	0.0730 *** (44.27)	0.0420 *** (48.93)	0.0733 *** (44.46)	0.0426 *** (49.62)	0.0731 *** (44.32)	0.0419 *** (48.77)
export	-0.1210 *** (-17.65)	-0.1458 *** (-14.88)	-0.1302 *** (-18.72)	-0.1561 *** (-15.72)	-0.1215 *** (-17.59)	-0.1425 *** (-14.58)
innovation	-0.0640 *** (-6.40)	-0.0833 *** (-9.01)	-0.0639 *** (-6.40)	-0.0837 *** (-9.06)	-0.0631 *** (-6.31)	-0.0819 *** (-8.87)
profit	0.0005 (0.33)	-0.0232 *** (-14.56)	0.0004 (0.24)	-0.0236 *** (-14.83)	0.0006 (0.39)	-0.0228 *** (-14.35)

变量	(1)	(2)	(3)	(4)	(5)	(6)
	劳动密集型	资本密集型	劳动密集型	资本密集型	劳动密集型	资本密集型
_cons	8.4001 *** (48.39)	5.1363 *** (48.61)	8.4208 *** (48.52)	5.1744 *** (48.96)	8.4090 *** (48.44)	5.1324 *** (48.57)
年份固定效应	Yes	Yes	Yes	Yes	Yes	Yes
省份固定效应	Yes	Yes	Yes	Yes	Yes	Yes
N	576635	552700	576635	552700	576635	552700
Log likelihood	−224319.11	−176381.37	−224275.75	−176376.29	−224328.57	−176396.53

注：括号内为稳健性 z 统计值； *** 表示在 1% 的水平上显著。

（4）地区异质性。

为检验要素价格扭曲对不同地区企业有效市场退出的异质性影响，本章根据经济发展水平，将样本划分为东部、中部和西部地区分别进行回归，实证结果如表 5−15 所示。结果显示，不同地区分样本回归的要素价格扭曲的估计系数均显著为负，这表明要素价格扭曲对东部、中部和西部地区的企业有效市场退出都具有显著的阻碍效应。列（1）~列（3）的回归结果表明，整体来看，要素价格扭曲对企业有效市场退出的阻碍效应会随着地区经济发展水平的提高而减弱，要素价格扭曲对不同地区企业有效市场退出的阻碍效应从高到低分别为西部、中部和东部地区，假说 5−11 得到验证。同时，列（7）~列（9）的回归结果显示，劳动价格扭曲对企业有效市场退出的阻碍效应也会随着经济发展水平的提高而减弱。而对比列（4）~列（6）的回归结果则发现，资本价格扭曲对东部地区企业有效市场退出的阻碍效应最大，其次是西部地区和中部地区，这可能是因为东部地区经济发展水平和市场化程度相对较高，企业数量众多、市场竞争更激烈、资本成本相对较高，因此资本价格扭曲对东部地区企业的成本节约效应更显著，而且东部地区企业大多具有较高的生产经营效率和资源利用效率，能够将资本价格扭曲带来的成本优势高效转化为企业竞争力，提高企业生存能力，从而使资本价格扭曲在更大限度上降低了东部地区企业市场退出的概率，阻碍其有效市场退出。

表 5 - 15　地区异质性检验结果

变量	(1) 东部地区	(2) 中部地区	(3) 西部地区	(4) 东部地区	(5) 中部地区	(6) 西部地区	(7) 东部地区	(8) 中部地区	(9) 西部地区
dist	-0.0572*** (-8.68)	-0.1123*** (-8.75)	-0.1807*** (-10.19)						
distK				-0.1289*** (-19.86)	-0.0798*** (-5.77)	-0.1114*** (-5.56)			
distL							-0.0152*** (-2.98)	-0.0882*** (-9.29)	-0.1455*** (-11.12)
tfp	-0.1976*** (-54.54)	-0.1567*** (-22.10)	-0.1513*** (-14.36)	-0.2068*** (-56.66)	-0.1543*** (-21.72)	-0.1470*** (-13.92)	-0.1944*** (-54.00)	-0.1559*** (-22.05)	-0.1491*** (-14.19)
age	-0.0079*** (-13.83)	-0.0087*** (-8.18)	-0.0126*** (-7.98)	-0.0077*** (-13.43)	-0.0091*** (-8.59)	-0.0135*** (-8.54)	-0.0081*** (-14.04)	-0.0086*** (-8.06)	-0.0123*** (-7.79)
age^2	0.0001*** (9.74)	0.0001*** (5.48)	0.0002*** (4.70)	0.0001*** (9.53)	0.0001*** (5.77)	0.0002*** (5.07)	0.0001*** (9.85)	0.0001*** (5.41)	0.0002*** (4.56)
size	-1.1881*** (-70.69)	-0.7513*** (-19.96)	-1.2344*** (-25.06)	-1.1926*** (-71.01)	-0.7627*** (-20.25)	-1.2517*** (-25.39)	-1.1927*** (-70.93)	-0.7473*** (-19.84)	-1.2310*** (-25.00)
$size^2$	0.0513*** (66.13)	0.0319*** (17.98)	0.0532*** (23.43)	0.0517*** (66.79)	0.0325*** (18.33)	0.0542*** (23.87)	0.0515*** (66.31)	0.0316*** (17.82)	0.0529*** (23.30)

续表

变量		(1) 东部地区	(2) 中部地区	(3) 西部地区	(4) 东部地区	(5) 中部地区	(6) 西部地区	(7) 东部地区	(8) 中部地区	(9) 西部地区
export		-0.1070***	-0.0833***	-0.0624**	-0.1232***	-0.0987***	-0.0839***	-0.1078***	-0.0792***	-0.0538*
		(-18.97)	(-4.60)	(-2.01)	(-21.11)	(-5.39)	(-2.68)	(-18.97)	(-4.39)	(-1.74)
innovation		-0.0882***	-0.0412***	-0.1280***	-0.0888***	-0.0394***	-0.1254***	-0.0868***	-0.0405***	-0.1252***
		(-10.25)	(-3.09)	(-6.17)	(-10.31)	(-2.96)	(-6.05)	(-10.09)	(-3.03)	(-6.03)
profit		-0.0159***	-0.0002	-0.0120***	-0.0161***	-0.0003	-0.0121***	-0.0157***	-0.0001	-0.0119***
		(-12.17)	(-0.07)	(-3.52)	(-12.31)	(-0.12)	(-3.54)	(-12.04)	(-0.03)	(-3.47)
_cons		6.3332***	4.2176***	6.9502***	6.3597***	4.2628***	7.0044***	6.3509***	4.1949***	6.9385***
		(69.53)	(21.05)	(25.98)	(69.81)	(21.25)	(26.16)	(69.71)	(20.93)	(25.94)
年份固定效应		Yes	Yes	Yes	Yes	Yes	Yes	Yes	Yes	Yes
省份固定效应		Yes	Yes	Yes	Yes	Yes	Yes	Yes	Yes	Yes
N		865104	172005	92226	865104	172005	92226	865104	172005	92226
Log likelihood		-296398.45	-71975.37	-32258.96	-296230.19	-71996.62	-32295.90	-296432.11	-71969.81	-32247.40

注：括号内为稳健性 z 统计值；***、** 和 * 分别表示在 1%、5% 和 10% 的水平上显著。

（5）生产率异质性。

为检验要素价格扭曲对不同生产率企业有效市场退出的异质性影响，本章根据企业生产率水平不同进行分样本回归。表 5 - 16 中的回归结果显示，要素价格扭曲的估计系数均显著为负，这表明无论是高生产率企业还是低生产率企业，要素价格扭曲都显著阻碍了其有效市场退出。通过对比进一步发现，相对于高生产率企业而言，低生产率企业的总要素价格扭曲、资本价格扭曲和劳动价格扭曲的估计系数绝对值均更大，这表明要素价格扭曲更大限度上阻碍了低生产率企业有效市场退出，意味着要素价格扭曲显著制约了对低生产率企业的"清理效应"，导致市场优胜劣汰的"创造性毁灭"竞争选择机制失灵，降低了退出企业的生产率门槛，使大量低生产率企业能够依靠价格扭曲的低成本要素继续存活，对市场资源配置效率产生了负面影响，验证了假说 5 - 12。

表 5 - 16　　　　　　　　　　生产率异质性检验结果

变量	(1) 低生产率	(2) 高生产率	(3) 低生产率	(4) 高生产率	(5) 低生产率	(6) 高生产率
dist	- 0.1001 *** (- 12.66)	- 0.0517 *** (- 6.53)				
distK			- 0.1442 *** (- 18.87)	- 0.0825 *** (- 9.84)		
distL					- 0.0502 *** (- 8.28)	- 0.0319 *** (- 5.36)
tfp	- 0.2716 *** (- 50.57)	- 0.0759 *** (- 11.68)	- 0.2776 *** (- 51.52)	- 0.0803 *** (- 12.36)	- 0.2691 *** (- 50.17)	- 0.0736 *** (- 11.38)
age	- 0.0089 *** (- 13.22)	- 0.0073 *** (- 10.20)	- 0.0087 *** (- 13.02)	- 0.0072 *** (- 10.18)	- 0.0090 *** (- 13.39)	- 0.0073 *** (- 10.25)
age^2	0.0001 *** (8.31)	0.0001 *** (6.04)	0.0001 *** (8.09)	0.0001 *** (6.04)	0.0002 *** (8.43)	0.0001 *** (6.07)
size	- 2.4070 *** (- 47.40)	- 0.8017 *** (- 37.51)	- 2.4122 *** (- 47.53)	- 0.8041 *** (- 37.63)	- 2.4098 *** (- 47.48)	- 0.8026 *** (- 37.55)

变量	(1)	(2)	(3)	(4)	(5)	(6)
	低生产率	高生产率	低生产率	高生产率	低生产率	高生产率
$size^2$	0.1135 *** (44.33)	0.0325 *** (33.70)	0.1139 *** (44.53)	0.0328 *** (34.00)	0.1136 *** (44.39)	0.0325 *** (33.68)
export	−0.0620 *** (−9.13)	−0.1485 *** (−16.58)	−0.0803 *** (−11.66)	−0.1606 *** (−17.19)	−0.0621 *** (−9.10)	−0.1468 *** (−16.37)
innovation	−0.0830 *** (−7.63)	−0.0937 *** (−10.78)	−0.0833 *** (−7.66)	−0.0938 *** (−10.79)	−0.0816 *** (−7.51)	−0.0930 *** (−10.71)
profit	−0.0081 *** (−5.41)	−0.0154 *** (−9.53)	−0.0081 *** (−5.43)	−0.0155 *** (−9.62)	−0.0080 *** (−5.37)	−0.0152 *** (−9.43)
_cons	12.6081 *** (50.42)	3.7890 *** (30.33)	12.6292 *** (50.53)	3.7995 *** (30.41)	12.6194 *** (50.49)	3.7914 *** (30.35)
年份固定效应	Yes	Yes	Yes	Yes	Yes	Yes
省份固定效应	Yes	Yes	Yes	Yes	Yes	Yes
N	576507	552828	576507	552828	576507	552828
Log likelihood	−237095.92	−163291.45	−236995.64	−163261.14	−237141.81	−163298.25

注：括号内为稳健性 z 统计值；*** 表示在 1% 的水平上显著。

5.2.4 要素价格扭曲阻碍企业有效市场退出的影响机制检验

基于前文理论分析，要素价格扭曲主要通过资本偏向效应、收益扭曲效应、融资约束缓解效应和寻租激励效应等途径阻碍企业有效市场退出，为了验证这一影响机制，本章借鉴温忠麟等（2004）的做法，在模型（5－14）的基础上，构建中介效应模型进行机制检验，具体模型设定如下：

$$M_{it} = \theta_0 + \theta_1 distort_{it} + \delta CV_{it} + \omega_t + \omega_r + \varepsilon_{it} \qquad (5-17)$$

$$Probit(exit_{it} = 1) = \Phi\{\varphi_0 + \varphi_1 distort_{it} + \varphi_2 M_{it} + \delta CV_{it} + \omega_t + \omega_r + \varepsilon_{it}\}$$

$$(5-18)$$

其中，M_{it} 为中介变量，包括企业资本密集度、企业扭曲收益、企业融

资约束和企业寻租。具体地，企业资本密集度（kl）采用企业固定资产
与从业人数的比值取对数衡量（毛其淋和盛斌，2013）；企业扭曲收益
（subsidy）采用企业是否存在补贴收入的虚拟变量衡量（刘海洋等，
2017）；企业融资约束（finance）采用企业利息支出与销售收入的比值
取对数衡量，值越大表明企业面临的融资约束越小（包群等，2015）；
企业寻租（rents）采用企业管理费用与销售收入的比值取对数衡量
（许家云和毛其淋，2016）。$distort_{it}$ 为核心解释变量总要素价格扭曲
（dist），其他变量含义与前文一致。

　　表 5－17 报告了基于中介效应模型的影响机制检验结果。根据中介
效应的检验方法，首先，估计基准回归模型（5－14），根据表 5－9 列
（1）的基准回归结果可知，要素价格扭曲的估计系数在 1% 的水平上
显著为负，说明要素价格扭曲显著阻碍了企业有效市场退出，按中介
效应立论。其次，估计模型（5－17），考察要素价格扭曲与各中介变
量的关系，列（1）、列（3）、列（5）、列（7）分别为要素价格扭曲
对企业资本密集度、企业扭曲收益、企业融资约束和企业寻租四个中
介变量的回归结果，结果表明，要素价格扭曲在 1% 的水平上对各中
介变量有显著的正向影响，即要素价格扭曲显著提高了企业资本密集
度、增加了企业扭曲收益、缓解了企业融资约束、激励了企业寻租。
最后，估计模型（5－18），回归结果如列（2）、列（4）、列（6）、
列（8）所示，结果显示，在基准回归模型（5－14）的基础上分别
加入中介变量后，要素价格扭曲的估计系数仍然显著为负，各中介变
量的估计系数也在 1% 的水平上显著为负，表明企业资本密集度提高、
企业扭曲收益增加、企业融资约束缓解以及企业寻租增加显著降低了
企业退出市场的概率，而且 $\theta_1\varphi_2$ 和 φ_1 的符号相同，核心解释变量要
素价格扭曲的估计系数绝对值与表 5－9 列（1）相比均有不同程度的
下降，这说明存在显著的中介效应。此外，Sobel 检验结果显示，各
中介变量的中介效应均在 1% 的水平上显著，进一步验证了中介效应
的显著性。综上所述，基于中介效应模型的影响机制检验结果表明，
要素价格扭曲通过提高企业资本密集度、增加企业扭曲收益、缓解企
业融资约束和激励企业寻租等途径阻碍企业有效市场退出，由此验证
了假说 5－7。

表5-17　影响机制检验结果

变量	资本偏向效应		收益扭曲效应		融资约束缓解效应		寻租激励效应	
	(1)	(2)	(3)	(4)	(5)	(6)	(7)	(8)
	kl	exit	subsidy	exit	finance	exit	rents	exit
dist	0.0393*** (6.13)	-0.0767*** (-13.76)	0.0239*** (8.78)	-0.0764*** (-13.70)	0.2775*** (23.41)	-0.0648*** (-9.29)	0.1691*** (28.64)	-0.0782*** (-13.93)
kl		-0.0226*** (-16.56)						
subsidy				-0.1289*** (-24.13)				
finance						-0.0174*** (-11.57)		
rents								-0.0895*** (-57.30)
tfp	0.8097*** (280.33)	-0.1731*** (-54.23)	0.0419*** (34.19)	-0.1832*** (-59.45)	0.6776*** (122.41)	-0.1482*** (-35.86)	0.4057*** (152.17)	-0.1372*** (-42.59)
age	-0.0161*** (-37.39)	-0.0085*** (-17.74)	0.0008*** (4.56)	-0.0078*** (-16.32)	0.0186*** (25.54)	-0.0074*** (-12.62)	0.0083*** (20.99)	-0.0069*** (-14.24)
age²	0.0003*** (31.07)	0.0001*** (11.69)	-0.0000*** (-6.29)	0.0001*** (11.04)	-0.0004*** (-25.74)	0.0001*** (8.16)	-0.0002*** (-18.62)	0.0001*** (12.03)
size	0.0813*** (7.07)	-1.1146*** (-76.41)	-0.1121*** (-22.95)	-1.1196*** (-76.63)	-0.7715*** (-38.13)	-1.0152*** (-57.23)	-0.4574*** (-43.14)	-1.1590*** (-78.97)

续表

变量	资本偏向效应		收益扭曲效应		融资约束缓解效应		寻租激励效应	
	(1)	(2)	(3)	(4)	(5)	(6)	(7)	(8)
	kl	exit	subsidy	exit	finance	exit	rents	exit
$size^2$	-0.0084*** (-15.35)	0.0481*** (71.22)	0.0061*** (26.39)	0.0484*** (71.56)	0.0098*** (10.24)	0.0433*** (53.03)	-0.0026*** (-5.08)	0.0483*** (71.21)
export	-0.0437*** (-13.15)	-0.1239*** (-22.28)	0.0178*** (12.60)	-0.1062*** (-20.12)	0.0297*** (4.25)	-0.1012*** (-15.56)	0.0443*** (14.45)	-0.1024*** (-19.41)
innovation	-0.0262*** (-8.59)	-0.0783*** (-11.55)	0.0243*** (18.81)	-0.0711*** (-10.48)	0.0582*** (11.28)	-0.0892*** (-11.33)	0.0528*** (18.86)	-0.0374*** (-5.48)
profit	0.0133*** (20.14)	-0.0113*** (-10.29)	0.0072*** (25.60)	-0.0116*** (-10.56)	-0.0125*** (-10.25)	-0.0091*** (-6.61)	0.0153*** (25.16)	-0.0106*** (-9.62)
_cons	0.2136 (0.86)	5.9658*** (75.47)	0.2056* (1.95)	5.9479*** (75.14)	0.4623 (0.53)	5.1797*** (53.20)	0.1739 (0.76)	5.8991*** (74.23)
年份固定效应	Yes	Yes	Yes	Yes	Yes	Yes	Yes	Yes
省份固定效应	Yes	Yes	Yes	Yes	Yes	Yes	Yes	Yes
N	1375037	1129335	1375037	1129335	887011	740819	1367272	1122517
Log likelihood		-401456.70		-401305.44		-256042.92		-396352.28
Sobel 检验		-5.75*** [0.000154]		-8.26*** [0.000373]		-10.38*** [0.000465]		-25.61*** [0.000591]

注：圆括号内为稳健性 z 统计值，方括号内为中介变量估计系数乘积项标准差；*** 和 * 分别表示在 1% 和 10% 的水平上显著。

213

5.3 本章小结

投资作为推动经济增长的重要动力源泉，投资效率既关系到企业的生存与发展，更会对经济发展质量与效率产生不容忽视的重要影响，而过度投资作为我国企业投资非效率的主要表现形式，直接导致了经济结构失衡、产能过剩、竞争力不足等经济问题，严重影响投资对优化供给结构关键作用的有效发挥，制约着我国经济的转型升级和高质量发展。因此，本章基于中国经济转型时期要素价格扭曲的典型事实，通过构建理论模型将要素价格扭曲与企业过度投资纳入统一的分析框架，系统探讨了要素价格扭曲对企业过度投资的影响，并利用 1998～2007 年中国制造业微观企业面板数据进行了实证检验。研究发现：（1）要素价格扭曲会显著诱导企业进行过度投资，要素价格扭曲程度越高，企业过度投资问题越严重。要素价格扭曲导致资本形成了对其他要素的挤出效应，诱导企业过度使用资本要素，形成了投资拉动经济增长的路径依赖，同时，要素价格扭曲导致企业投资成本和风险外部化，并给企业带来了超额隐性补贴收入，提高了企业的过度投资能力和收益预期，强化了其过度投资动机，要素价格扭曲还会引发企业间寻租竞争，进一步加剧了企业过度投资行为。本章内生性检验和稳健性检验的实证结果也进一步验证了结论的稳健性和可靠性。（2）异质性分析表明，要素价格扭曲对民营企业过度投资的诱导效应最大，其次是国有企业，对外资企业过度投资反而有显著的抑制作用；要素价格扭曲会显著诱导重工业企业进行过度投资，对轻工业企业过度投资的诱导效应不显著；要素价格扭曲对企业过度投资的诱导效应会随着企业规模的扩大而减弱；要素价格扭曲对企业过度投资的诱导效应也会随着地区经济发展水平的提高而减弱，随着政府干预程度的提高而增强。

要素价格市场化是有效发挥市场竞争选择机制、实现企业优胜劣汰和优化资源配置的重要前提。为此，本章基于中国经济转型时期要素价格扭曲和企业剧烈更替并存的典型特征事实，利用 1998～2007 年中国制造业微观企业面板数据，实证研究了要素价格扭曲对企业有效市场退出的影响效应及其异质性，并进行影响机制检验。研究发现，要素价格扭曲显著阻碍了企业有效市场退出，经过一系列内生性检验和稳健性检验后，研究结论依然成立。异质性检验结果表明，要素价格扭曲对企业有效市场退出的阻碍效应在所有制、规模、行业、地区和生产率等方面存在显著的异质性。整体而言，要素价格扭曲对国有企业、大型企业、资本密集型行业企业、西部和中部地区企业以及低生产率企业有效市场退出的阻碍效应相对更大；劳动价格扭曲也存在相同的异质性影响；而资本价格扭曲则对国有企业、中小型企业、资本密集型行业企业、东部和西部地区企业以及低生产率企业有效市场退出的阻碍效应更大，且资本价格扭曲对企业有效市场退出的阻碍效应总体上大于劳动价格扭曲。基于中介效应模型的影响机制检验结果表明，要素价格扭曲主要通过资本偏向效应、收益扭曲效应、融资约束缓解效应和寻租激励效应等途径阻碍企业有效市场退出。

第6章 中国治理产能过剩的产业政策效果评价

党的十九大报告明确提出"深化供给侧结构性改革，坚持去产能、去库存、去杠杆、降成本、补短板，优化存量资源配置，扩大优质增量供给，实现供需动态平衡"①，为积极有效化解产能过剩，中央经济工作会议在 2015～2017 年连续三年都将"去产能"作为供给侧结构性改革的首要任务。纵观我国改革开放至今的经济发展历程，产能过剩问题由来已久，一直困扰着我国经济的健康、可持续发展，尤其是 2008 年经济危机以来，我国的产能过剩问题已经成为长期性、全局性的产能过剩，越来越成为经济运行中突出矛盾和诸多问题的根源，化解产能过剩矛盾成为当前和今后一个时期内经济转型升级和优化现代产业体系的重要任务。"十三五"规划中提出"综合运用市场机制、经济手段、法治办法和必要行政手段，加大政策引导力度，实施精准产业政策，积极稳妥化解产能过剩"②。在此背景下，我国密集出台了一系列治理产能过剩、引导产业健康发展的产业政策，这些产业政策大多属于典型的带有限制性特征的抑制型产业政策，又可以分为短期政策和长期政策，短期政策包括市场准入、投资规制、淘汰落后产能和兼并重组等，长期政策包括环境、安全、质量等社会性规制政策、推动对外投资、深化产业创新、调整产业结构和促进产业转型升级等。那么，这些抑制型产业政策治理产能过剩的效果如何？作用机制是什么？基于此，考虑到 2008 年经济危机后我国的产能过剩问题日益严峻，为了考察我国治理产能过剩

① 习近平. 决胜全面建成小康社会　夺取新时代中国特色社会主义伟大胜利——在中国共产党第十九次全国代表大会上的报告 ［EB/OL］. 中国政府网, 2017 - 10 - 27.
② 中华人民共和国国民经济和社会发展第十三个五年规划纲要 ［EB/OL］. 中国政府网, 2016 - 03 - 17.

的产业政策效果，本章将国务院于 2009 年批转发展改革委等部门的《关于抑制部分行业产能过剩和重复建设引导产业健康发展的若干意见》作为一项准自然实验，在理论分析基础上，采用 2001～2020 年中国 30 个省份 27 个制造业行业的面板数据，利用双重差分方法，系统研究抑制型产业政策的产能过剩治理效应和作用机制。

6.1　政策背景与理论分析

6.1.1　政策背景

生产能力大于市场需求即一定程度的产能过剩是市场经济运行过程中的正常现象，是经济波动中市场供求关系的特殊表现，合理区间范围内的产能过剩甚至有利于促进市场竞争、提高技术和管理水平、推动企业创新、增进消费者福利，但是当产能过剩超过一定程度时，便会引发市场恶性竞争、产品价格下降、企业亏损倒闭、失业增加、金融风险加大等经济社会问题，导致资源浪费，降低资源配置效率，阻碍经济发展方式转变和产业结构优化升级，增加经济运行成本，抑制经济运行效率提升，严重影响国民经济的高效、持续、健康和协调发展。纵观我国改革开放至今的经济发展历程，产能过剩问题由来已久，一直困扰着我国经济的健康、快速、可持续发展。尤其是受 2008 年国际金融危机的影响，我国经济发展受到严重冲击，从 2003～2007 年的年均增长 11% 下降到 2008 年的 9%，2008 年第四季度经济增长率仅为 6.8%[①]，国际市场需求萎缩、国内市场供需失衡、不确定性增加，同时受我国粗放型经济发展方式的影响，我国产能过剩问题日趋严峻。而且为应对国际经济危机对我国经济产生的负面影响，促进经济平稳较快发展，2008 年 6 月开始中国政府实行了包括"四万亿投资计划"、"十万亿贷款"、"十大产业振兴计划"、发展战略性新兴产业和宽松的财政货币政策等一揽子经济刺激计划，在推动经济恢复发展动力的同时，也进一步加剧了产能过剩矛盾（邹涛，2020）。

---

① 2008 年国民经济总体保持平稳较快发展 [EB/OL]. 国家统计局网站，2009 - 01 - 22.

此次大规模产能过剩不同于以往，不仅钢铁、水泥等传统行业产能过剩程度不断加深，而且光伏、风电等新兴产业也出现重复建设、产能过剩问题，部分轻工业行业存在结构性产能过剩，我国产能过剩表现出周期性产能过剩和结构性、体制性等非周期性产能过剩相互交织的特点，逐渐由阶段性产能过剩转变为长期性产能过剩，由低端局部性产能过剩转变为长期性、全局性产能过剩（李晓华，2013），产能过剩问题越来越成为经济运行中突出矛盾和诸多问题的根源，化解产能过剩矛盾成为当前和今后一个时期经济转型升级和调整优化产业结构的重要任务。在此背景下，国务院于 2009 年批转发展改革委等部门的《关于抑制部分行业产能过剩和重复建设引导产业健康发展的若干意见》明确指出，要控制增量、优化存量、分类指导、有保有压、发展新动能、提升旧动能、市场引导、宏观调控，抑制重复建设和盲目投资、推动产业结构调整、促进产业转型升级，治理、化解产能过剩矛盾。

6.1.2 理论分析与研究假说

我国的产业政策具有典型的选择性特征（江飞涛和李晓萍，2010），选择性产业政策又可以进一步细分为鼓励型产业政策和抑制型产业政策（寇宗来等，2017；王桂军，2019；李振洋和白雪洁，2020），《关于抑制部分行业产能过剩和重复建设引导产业健康发展的若干意见》就属于典型的带有限制性特征的、治理产能过剩的抑制型产业政策。基于前文关于政策背景的分析，本章认为抑制型产业政策会通过显著抑制过度投资从而提高产能利用率、治理产能过剩。

重复建设、过度投资是导致产能过剩的原因中最直接的因素，过度投资导致产能过剩已得到了学术界的一致认可（韩国高等，2011；黄健柏等，2015）。而过度投资导致的产能过剩在我国有着深刻的体制背景。与此同时，我国对长期以来投资拉动型的经济增长模式形成了路径依赖，地方政府将投资扩张作为推动经济发展的首要选择（韩国高等，2011），地方政府通过产业政策给企业提供的各种优惠实质上形成了补贴收入效应，并使得企业的投资成本和投资风险外部化，从而导致投资扩张也成为企业的最优理性选择（张前程和杨光，2015），而且这种政策性补贴导致企业缺乏技术创新动力，阻碍产业结构升级，从而导致产品结构与市场需求结构不匹配，低端产品供给过剩，高端产品供给不足，形成了结构性产能过剩，提高了产能过剩化解难度（张杰等，2011；白让让，2016）。

因此，抑制型产业政策首先可以通过严格市场准入和项目审批、规范土地金融环境政策等方式，降低地方政府对部分行业的产业政策优惠力度，甚至取消相应的政策性优惠，充分发挥市场机制配置资源的基础性和决定性作用，将外部化的投资成本和投资风险重新内部化，健全企业投融资约束机制，减少企业过度投资的扭曲激励，引导企业科学、合理投资（李沙沙和邹涛，2021），从而抑制过度投资，缓解产能过剩；其次，抑制型产业政策有利于有效发挥市场优胜劣汰的竞争机制，倒逼、引导企业优化要素投入结构，增加研发投入、提高技术创新水平和全要素生产率，从而提高企业要素利用率和要素配置效率，进而促进产能利用率改善（杨振兵和张诚，2015；王永进等，2017；毛其淋和杨琦，2021；杨振兵等，2021）；最后，抑制型产业政策严格限制产能过剩行业的投资扩张，鼓励发展技术含量高、发展前景好、带动作用强的高技术产业，有利于优化投资结构，推动产业结构升级，摆脱投资拉动型经济增长路径依赖，促进产能过剩的治理。

基于上述分析，本章提出：

假说6-1：抑制型产业政策有利于治理产能过剩。

假说6-2：抑制型产业政策主要通过抑制过度投资从而治理产能过剩。

6.2 研究设计

6.2.1 样本选择与数据来源

考虑到数据的完整性、准确性和可得性，本章选取2001～2020年30个省份的27个规模以上制造业行业（剔除西藏）作为研究样本。由于工业行业统计口径调整的原因，部分行业统计数据无法良好衔接，因此根据最新的国民经济行业分类标准（GB/T 4754—2017），本章对工业行业统计数据进行了重新整理，剔除"开采专业及辅助性活动""其他采矿业""木材及竹材采运业""其他制造业""废弃资源综合利用业"和"金属制品、机械和设备修理业"六个数据连贯性较差的行业，剔除海南的文教、工美、体育和娱乐用品制造业，贵州的化学纤维制造业，青海的烟草制品业、化学纤维制造业和文教、工美、体育和娱乐用品制造业，宁夏的文教、工美、体育和娱乐用品制造业等数据严重缺失的行业。同时，为了统一样本期间部分行业的数据统计标准，本章将2012年之前的橡胶制品业和塑料制品业合并为橡胶和塑料制品业，将2012年之后的汽车制造业和铁路、船舶、航空航天和其他运输设备制造业合并为交通运输设备制造业。本章所需的制造业行业数据主要来源于《中国工业统计年鉴》《中国统计年鉴》《中国经济普查年鉴》《中国价格统计年鉴》和国泰安 CSMAR 数据库、中国国家统计局网站、各省份的统计年鉴等。

6.2.2　识别策略与实证模型设定

本章将国务院于 2009 年批转发展改革委等部门的《关于抑制部分行业产能过剩和重复建设引导产业健康发展的若干意见》作为一项抑制型产业政策的准自然实验，采用双重差分方法考察抑制型产业政策治理产能过剩的政策效果。

在《关于抑制部分行业产能过剩和重复建设引导产业健康发展的若干意见》中明确提及了需要抑制产能过剩和重复建设的行业，包括钢铁、水泥、平板玻璃、煤化工、多晶硅和风电设备，同时还提到了电解铝和船舶行业，而煤化工、多晶硅和风电设备行业的产能过剩与钢铁、水泥等传统行业的产能过剩存在一定差异，主要是阶段性的、结构性的产能过剩，不属于全局性产能过剩，突出表现为产业链低端产品市场供给过剩和高端产品市场供给不足并存。为有效化解产能严重过剩矛盾，国务院于 2013 年进一步发布了《关于化解产能严重过剩矛盾的指导意见》，并将钢铁、水泥、电解铝、平板玻璃和船舶界定为产能严重过剩行业。因此，本章综合国务院先后于 2009 年和 2013 年发布的这两份治理产能过剩的抑制型产业政策文件，将实验组确定为钢铁、水泥、电解铝、平板玻璃和船舶行业，并将其与国民经济行业分类标准（GB/T 4754—2017）中所属的二位码制造业行业进行匹配，最终确定将 30 个省份的非金属矿物制品业、黑色金属冶炼和压延加工业、有色金属冶炼和压延加工、交通运输设备制造业 4 个制造业行业作为实验组，其他制造业行业为控制组，即每年度共 120 个制造业行业作为实验组。关于政策冲击时间的选择上，《关于抑制部分行业产能过剩和重复建设引导产业健康发展的若干意见》于 2009 年 9 月 29 日发布，考虑到产业政策效果的滞后性，本章将 2010 年作为政策冲击时间。

根据前文的理论分析和研究假说，本章参考王桂军（2019）、王贤彬和陈春秀（2020）、卢盛峰等（2021）的研究，构建如下双重差分模型：

$$CU_{ijt} = \alpha + \beta_1 DID_{ijt} + \beta_2 treat_{ijt} + \beta_3 time_{ijt} + \delta CV_{ijt} + \omega_t + \omega_p + \omega_r + \varepsilon_{ijt}$$

$$(6-1)$$

其中，i 表示省份，j 表示行业，t 表示年份；CU_{ijt} 为被解释变量产能利用率，衡量产能过剩情况；DID_{ijt} 为核心解释变量，用于估计抑制型产业政策的产能过剩治理效果；$treat_{ijt}$ 为实验组虚拟变量；$time_{ijt}$ 为政策时间虚拟变量；CV_{ijt} 为一系列控制变量；ω_t、ω_p 和 ω_r 为虚拟变量，分别控制了年份固定效应、行业固定效应和省份固定效应；ε_{ijt} 为随机误差项。

6.2.3　变量说明

1. 被解释变量：产能利用率

参考法尔等（Fare et al.，1989）、董敏杰等（2015）、贾润崧和胡秋阳（2016）、张少华和蒋伟杰（2017）的研究，本章采用第 3 章介绍的非径向产出导向 SBM 模型测算各省份制造业分行业的无偏产能利用率，同时采用考虑技术效率的有偏产能利用率进行稳健性检验（Coelli et al.，2002；董敏杰等，2015）。此外，由于工业行业间存在明显的生产技术和生产设备差异，本章细分制造业二位数行业测算产能利用率。

产能利用率测算过程中需要的产出和投入数据包括：（1）工业总产值。由于《中国工业统计年鉴》和多数省份 2008 年后不再统计分行业工业增加值数据，相对而言分行业工业总产值数据的统计较为完整，因此考虑到数据的可得性和完整性，本章采用工业总产值作为制造业行业的实际产出指标，并以 2001 年为基期的分地区工业生产者出厂价格指数进行平减。对于部分地区的缺失数据，本章参考王兵等（2013）、杨振兵和张诚（2015）、陈汝影和余东华（2019）等现有研究的做法，主要采用销售产值和产销率数据、国家统计局公布的历年工业分大类行业增加值增长率计算得到。（2）资本投入。本章采用固定资本存量来衡量资本投入。固定资本存量大多采用永续盘存法计算得到（张军等，2004；单豪杰，2008；陈诗一，2011），但是由于该方法的计算结果很大程度上受到对基期资本存量、投资额和折旧率等因素的假设和处理方法的影响，不同估算方法得到的结果存在较大差异，再加上我国转型时期非市场化因素可能导致投资和折旧出现非常规波动，也考虑到我国统计数据信息不完善等的影响，永续盘存法在实际应用过程中存在各种困难（程俊杰，2015）。为了减少数据估计环节带来的偏差，限于数据可得性和完整性，本章借鉴庞瑞芝和李鹏（2011）、吴延兵和米增渝（2011）和韩国高等（2011）研究的做法，采用各地区规模以上制造业行业固定资产净值作为固定资本存量的替代指标，部分年份缺失的固定资产净值数据通过固定资产原价与当年累计折旧相减得到。固定资本存量采用各地区的固定资产投资价格指数折算成 2001 年不变价，其中2020 年国家统计局取消《固定资产投资价格统计报表制度》，不再编制相应价格指数，2020 年各地区固定资产投资价格指数采用平均值方法补齐。（3）劳动投入。由于我国存在大量非正式职工的就业现象，从业人员数可以较好地反映一段时期内工业行业全部劳动力资源的利用情况（韩国高等，2011），因此本章采用各省份制造业行业全部从业人员平均人数衡量劳动投入情况。

2. 核心解释变量：DID

本章的核心解释变量为抑制型产业政策虚拟变量 DID_{ijt}，是实验组虚拟变量 $treat_{ijt}$ 和政策时间虚拟变量 $time_{ijt}$ 的交互项。具体地，如果行业属于实验组，则 $treat_{ijt}$ 赋值为 1；如果行业属于控制组，则 $treat_{ijt}$ 赋值为 0。本章将 2010 年作为政策开始产生影响的年份，因此将 2010 年及以后年份赋值为 1，2010 年以前年份赋值为 0。

3. 控制变量

为了避免遗漏变量导致估计偏误，保证实证结果的稳健性，本章参考董敏杰等（2015）、韩国高和张倩（2019）、王桂军（2019）、王贤彬和陈春秀（2020）、杨振兵等（2021）、李启佳等（2021）国内外相关研究，选取可能对产能过剩产生影响的关键因素作为控制变量，具体包括：（1）行业内企业平均规模（size），采用行业内企业平均工业总产值的对数衡量。（2）行业竞争程度（competition），采用行业内企业数量取对数衡量。（3）轻重工业（light_heavy），采用虚拟变量衡量，本章根据国家统计局对轻重工业的划分办法，将 27 个制造业行业进一步细分成轻工业和重工业两组，令轻工业为 0，重工业为 1。（4）资本密集度（kl），采用行业固定资产净值与从业人数的比值取对数衡量。本章主要变量的描述性统计结果如表 6 - 1 所示。

表 6 - 1　　　　　　　　　　　主要变量描述性统计

变量	样本量	平均值	标准差	最小值	最大值
CU	16080	0.864	0.193	0.008	1.000
DID	16080	0.082	0.275	0.000	1.000
treat	16080	0.149	0.356	0.000	1.000
time	16080	0.550	0.498	0.000	1.000
size	15692	0.079	1.282	- 8.247	6.891
competition	15692	4.692	1.834	0.000	9.129
light_heavy	16080	0.485	0.500	0.000	1.000
kl	16080	2.501	0.900	- 3.363	7.208

6.3　实证结果与分析

6.3.1　基准回归结果

表 6 - 2 报告了模型（6 - 1）的基准回归结果。列（1）未加入年份、行业及省份固定效应和控制变量，列（2）加入了年份、行业及省份固定效应但未加入控制变量，列（3）加入了控制变量但未加入年份、行业及省份固定效应，列（4）为同时加入控制变量和年份、行业及省份固定效应的基准回归结果。列（1）~ 列（4）的回归结果显示，不管是否加入控制变量或年份、行业及省份固定效应，抑制型产业政策

都对制造业行业产能利用率有显著的正向影响，具有显著的产能过剩治理效应。列（4）的基准回归结果显示，抑制型产业政策的估计系数为0.0584，在1%的水平上显著为正，控制变量的估计系数也均在1%的水平上显著，表明在控制了其他因素对产能利用率的影响后，我国实施的抑制型产业政策显著提升了制造业行业的产能利用率，对制造业行业的产能过剩具有显著的治理效应，验证了假说6-1。具体来说，抑制型产业政策出台后，实验组的产能利用率平均提升了5.84个百分点。

表6-2　　　　　　　　　　　　　　基准回归结果

变量	(1)	(2)	(3)	(4)
DID	0.0165 ** (2.15)	0.0165 ** (2.46)	0.0416 *** (6.23)	0.0584 *** (11.38)
treat	0.0208 *** (3.81)	0.0599 *** (7.79)	0.0144 *** (2.78)	0.1514 *** (19.65)
time	-0.0486 *** (-14.85)	-0.0441 *** (-4.93)	-0.0573 *** (-17.03)	0.0966 *** (10.96)
size			0.0638 *** (32.97)	0.0357 *** (10.73)
competition			0.0159 *** (17.82)	0.0138 *** (8.28)
light_heavy			0.0113 *** (3.80)	-0.1026 *** (-12.68)
kl			-0.1143 *** (-42.60)	-0.2245 *** (-46.99)
_cons	0.8861 *** (402.71)	0.9024 *** (81.85)	1.0910 *** (152.35)	1.3327 *** (77.93)
年份固定效应	No	Yes	No	Yes
行业固定效应	No	Yes	No	Yes
省份固定效应	No	Yes	No	Yes
N	16080	16080	15692	15692
R^2	0.017	0.210	0.215	0.534

注：括号内为稳健性 t 统计值；*** 和 ** 分别表示在1%和5%的水平上显著。

6.3.2　稳健性检验

1. 平行趋势检验

实验组和控制组在政策实施之前不会随时间发生系统性差异，即实验组和控制组满足共同趋势假定是采用双重差分方法的重要前提。在基准回归中，本章检验了抑制型产业政策对产能过剩的因果效应，为了进一步验证实证结论的有效性，本章参考贝克等（Beck et al., 2010）的研究，采用事件研究方法进行平行趋势检验。表 6-3 为双重差分模型的平行趋势检验回归结果，图 6-1 为双重差分模型在 95% 置信区间的平行趋势图。平行趋势检验结果表明，在抑制型产业政策出台之前，绝大多数年份的核心解释变量估计系数不显著异于 0，也就是说，实验组和控制组的产能利用率不存在显著的实质性差异，在抑制型产业政策实施之前的变化趋势基本保持一致，因此本章的实证结果满足平行趋势假定，验证了本章核心结论的稳健性和可靠性。进一步观察抑制型产业政策实施之后的估计系数结果可以发现，抑制型产业政策实施当期的核心解释变量估计系数不显著，而在 2011~2017 年核心解释变量的估计系数均显著为正，从 2018 年开始抑制型产业政策的产能过剩治理效应开始消失，这表明抑制型产业政策治理产能过剩的政策效果具有一定的滞后性和时效性。综上所述，我国实施的抑制型产业政策显著提升了制造业行业的产能利用率，对制造业行业产能过剩具有显著的治理效应。

225

表 6-3　　　　　　　　　　　平行趋势检验

变量	系数	变量	系数
treat	0. 1728 *** (12. 19)	post_2	0. 0295 * (1. 80)
time	0. 1041 *** (11. 23)	post_3	0. 0563 *** (3. 75)

变量	系数	变量	系数
pre_9	−0.0068 (−0.40)	post_4	0.0414 ** (2.40)
pre_8	−0.0089 (−0.54)	post_5	0.0453 *** (2.80)
pre_7	−0.0206 (−1.24)	post_6	0.0430 *** (2.62)
pre_6	−0.0389 ** (−2.35)	post_7	0.0611 *** (3.60)
pre_5	−0.0504 *** (−2.74)	post_8	0.0179 (1.06)
pre_4	−0.0136 (−0.84)	post_9	0.0198 (1.19)
pre_3	−0.0205 (−1.27)	size	0.0358 *** (10.76)
pre_2	−0.0134 (−0.82)	competition	0.0138 *** (8.28)
pre_1	−0.0209 (−1.28)	light_heavy	−0.1025 *** (−12.66)
current	0.0223 (1.38)	kl	−0.2244 *** (−46.92)
post_1	0.0663 *** (4.33)	_cons	1.3305 *** (76.96)
年份固定效应	Yes		
行业固定效应	Yes		
省份固定效应	Yes		
N	15692		
R^2	0.535		

注：括号内为稳健性 t 统计值；*** 、** 和 * 分别表示在 1% 、5% 和 10% 的水平上显著。

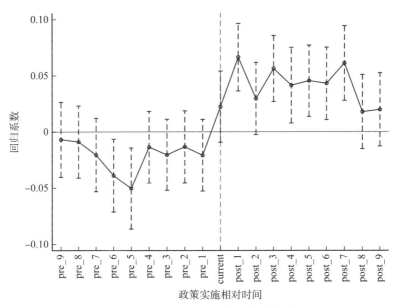

图 6 - 1　实验组与控制组的平行趋势检验

2. 安慰剂检验

考虑到实证结果可能受到抑制型产业政策以外的其他政策或随机因素影响，为了进一步排除可能存在的遗漏变量对实证结果有效性的影响，本章借鉴费拉拉等（Ferrara et al.，2012）的研究，通过在样本中随机抽取制造业行业作为实验组进行安慰剂检验。在样本中随机抽取120 个制造业行业作为伪实验组构造随机实验，对虚拟的实验组按照表6 - 2 的列（4）进行回归，根据虚拟实验得到的核心解释变量估计系数的概率检验核心结论的稳健性和可靠性。为了确保安慰剂检验的有效性，将上述过程重复 500 次，从而得到虚拟实验的核心解释变量估计系数的核密度分布图，以此检验中国制造业行业产能利用率是否会受到除抑制型产业政策以外的其他因素的显著影响。随机试验的安慰剂检验结果如图 6 - 2 所示，通过观察可以发现，随机实验的核心解释变量估计系数集中分布在 0 附近，绝大多数 p 值大于 0.1，表明本章实证模型不存在严重的遗漏变量问题，抑制型产业政策对随机抽取的虚拟实验组产能利用率并不存在显著的提升效应，而且表 6 - 2 列（4）的核心解释变量抑制型产业政策的真实估计系数在随机试验中是明显的异常值。安慰剂检验结果表明，抑制型产业政策对制造业行业产能利用率的提升效应、对制造业行业产能过剩的治理效应不太可能是由其他外生遗漏因素引起的，只在极小概率下是随机结果，验证了本章核心结论的稳健性和可靠性。

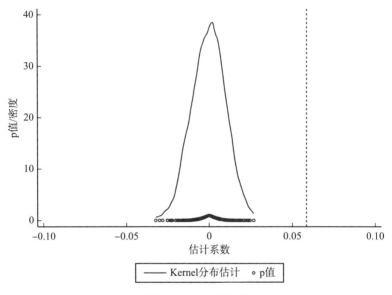

图 6 - 2   安慰剂检验

本章还参考范子英和田彬彬（2013）、石大千等（2018）、汪克亮等（2021）、斯丽娟和曹昊煜（2022）的研究，采用反事实方法进行安慰剂检验，通过人为设定政策实施时间，考察抑制型产业政策对产能利用率的影响。如果核心解释变量估计系数显著，则意味着制造业行业产能利用率的提升是由抑制型产业政策以外的其他外生遗漏因素引起的；如果核心解释变量系数不显著，则意味着制造业行业产能利用率的提升是由抑制型产业政策引起的，证明本章的核心结论是稳健的。具体地，本章将抑制型产业政策实施时间分别提前 2 年、3 年、4 年和 5 年，并只保留抑制型产业政策实施之前的样本，重新对基准模型（6 - 1）进行回归，回归结果如表 6 - 4 所示。回归结果显示，将抑制型产业政策实施时间提前 2 年、3 年、4 年和 5 年，核心解释变量抑制型产业政策的估计系数均不显著，进一步验证了本章核心结论的稳健性和可靠性。

表 6 - 4　　　　　　　　　　　反事实检验

变量	(1) 2008 年	(2) 2007 年	(3) 2006 年	(4) 2005 年
DID_2008	0.0037 (0.41)			
DID_2007		0.0029 (0.37)		
DID_2006			0.0058 (0.76)	
DID_2005				-0.0071 (-0.93)
treat	0.1322 *** (13.24)	0.1321 *** (13.06)	0.1305 *** (12.67)	0.1368 *** (12.89)
t_2008	0.0404 *** (5.56)			
t_2007		0.0405 *** (5.61)		
t_2006			0.0401 *** (5.56)	
t_2005				0.0419 *** (5.82)
size	0.0289 *** (5.80)	0.0289 *** (5.79)	0.0289 *** (5.80)	0.0289 *** (5.79)
competition	0.0139 *** (5.67)	0.0139 *** (5.67)	0.0139 *** (5.66)	0.0139 *** (5.70)
light_heavy	-0.0157 (-1.41)	-0.0157 (-1.41)	-0.0158 (-1.41)	-0.0155 (-1.39)
kl	-0.2082 *** (-24.78)	-0.2082 *** (-24.76)	-0.2083 *** (-24.74)	-0.2080 *** (-24.73)

续表

变量	(1)	(2)	(3)	(4)
	2008 年	2007 年	2006 年	2005 年
_cons	1. 2298 *** (41. 24)	1. 2298 *** (41. 18)	1. 2304 *** (41. 11)	1. 2282 *** (41. 06)
年份固定效应	Yes	Yes	Yes	Yes
行业固定效应	Yes	Yes	Yes	Yes
省份固定效应	Yes	Yes	Yes	Yes
N	7195	7195	7195	7195
R^2	0. 527	0. 527	0. 527	0. 527

注：括号内为稳健性 t 统计值；*** 表示在 1% 的水平上显著。

3. 基于 PSM – DID 方法的检验

为尽量克服实验组和控制组的系统性差异，缓解样本选择偏误和内生性问题，本章进一步采用 PSM – DID 方法进行稳健性检验。具体地，本章采用基准模型中的控制变量作为协变量，通过是否实施抑制型产业政策的虚拟变量对协变量进行 Logit 回归计算倾向匹配得分，进而利用倾向匹配得分值对实验组和控制组进行 1∶1 卡尺最近邻匹配，尽可能降低实验组和控制组在抑制型产业政策实施前的差异，从而降低双重差分估计偏误。为了检验匹配效果，保证 PSM 结果的可靠性，本章对匹配用协变量进行了共同支撑假设检验，如图 6 – 3 所示，各协变量的平衡性检验结果表明，匹配后实验组和控制组之间的偏差显著缩小，匹配变量的标准偏差绝对值均在 10% 以内，匹配后各协变量不存在显著性差异，匹配效果良好，验证了 PSM 的可靠性和有效性。同时，本章进一步通过对比匹配前后的倾向匹配得分值核密度函数图来检验匹配效果，如图 6 – 4 所示，在倾向得分匹配前，控制组和实验组的倾向得分值核密度偏度和峰度偏差较大，在倾向得分匹配后，控制组和实验组的倾向得分值核密度分布比较接近，进一步表明本章的匹配效果较好，验证了 PSM – DID 方法的有效性和可行性。

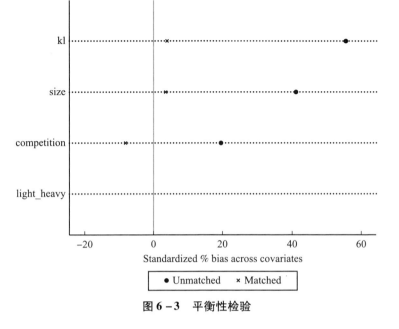

图 6 - 3　平衡性检验

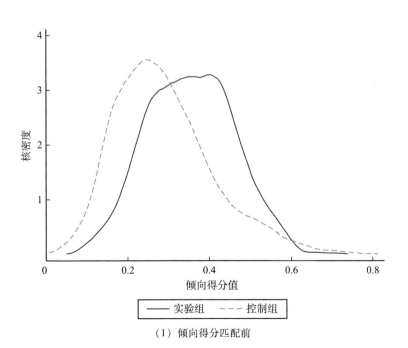

（1）倾向得分匹配前

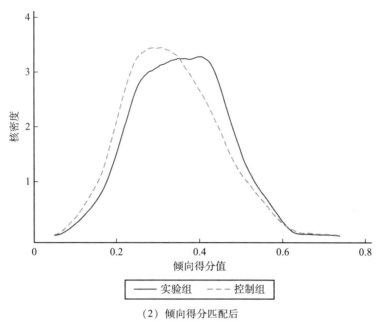

（2）倾向得分匹配后

图 6 – 4　倾向得分匹配前后核密度函数

232

　　基于匹配后的新样本，本章重新对基准模型（6 – 1）进行回归。表 6 – 5 列（1）为 PSM – DID 方法的回归结果，核心解释变量抑制型产业政策的估计系数在 1% 的水平上显著为正，表明抑制型产业政策显著提升了制造业行业的产能利用率，对制造业行业产能过剩具有显著的治理效应，PSM – DID 的回归结果与基准回归结果保持一致，证明本章核心结论具有较好的稳健性。

表 6 – 5　　　　　　　　　　　　**PSM – DID 和稳健性检验**

变量	（1） PSM – DID	（2） 替换被解释 变量	（3） 前后三年 样本	（4） 前后五年 样本	（5） 被解释变量 滞后一期
DID	0. 0572 *** （6. 75）	0. 0701 *** （8. 60）	0. 0625 *** （7. 89）	0. 0678 *** （10. 18）	0. 0422 *** （7. 33）
treat	− 0. 2981 *** （− 18. 81）	0. 1131 *** （8. 08）	0. 1215 *** （9. 82）	0. 1371 *** （13. 65）	0. 1406 *** （16. 55）

续表

变量	（1） PSM – DID	（2） 替换被解释 变量	（3） 前后三年 样本	（4） 前后五年 样本	（5） 被解释变量 滞后一期
time	0.0921 *** （5.07）	− 0.0947 *** （− 7.43）	0.0064 （0.87）	0.0415 *** （4.78）	0.0679 *** （7.33）
size	0.0380 *** （7.34）	0.0971 *** （19.01）	0.0445 *** （7.77）	0.0391 *** （7.93）	0.0209 *** （6.22）
competition	0.0078 ** （2.20）	0.0158 *** （6.70）	0.0175 *** （6.14）	0.0148 *** （6.48）	0.0135 *** （7.15）
light_heavy	0.0000 （.）	− 0.1502 *** （− 12.60）	− 0.0994 *** （− 8.29）	− 0.0891 *** （− 8.62）	− 0.0714 *** （− 8.05）
kl	− 0.2531 *** （− 35.10）	− 0.2177 *** （− 44.78）	− 0.2257 *** （− 32.88）	− 0.2260 *** （− 36.63）	− 0.1699 *** （− 37.34）
_cons	1.7927 *** （65.28）	1.1055 *** （50.45）	1.3487 *** （50.92）	1.3309 *** （58.11）	1.2018 *** （67.90）
年份固定效应	Yes	Yes	Yes	Yes	Yes
行业固定效应	Yes	Yes	Yes	Yes	Yes
省份固定效应	Yes	Yes	Yes	Yes	Yes
N	3234	15692	5561	8728	14890
R^2	0.614	0.550	0.547	0.542	0.409

注：括号内为稳健性 t 统计值；*** 和 ** 分别表示在 1% 和 5% 的水平上显著。

4. 替换被解释变量

考虑到中国制造业行业技术效率差异现象和落后产能问题普遍存在（Coelli et al.，2002；董敏杰等，2015），本章采用考虑技术效率的有偏产能利用率进行稳健性检验，实证结果如表 6 – 5 列（2）所示。稳健性检验结果表明，在替换被解释变量后，核心解释变量抑制型产业政策的估计系数依然在 1% 的水平上显著为正，系数符号和显著性均未发生实质性变化，与基准回归结果保持一致，验证了本章基准回归结果和研究结论的稳健性和可靠性。

5. 调整样本范围

为了检验抑制型产业政策的产能过剩治理效应是否会随样本时间范围的变化而变化，本章参考石大千等（2018）的研究，通过调整样本时间范围以识别抑制型产业政策对时间变化的敏感程度。具体地，本章以抑制型产业政策实施时间 2010 年为基准，前后分别保留 3 年和 5 年的子样本进行分样本回归。表 6 - 5 列（3）和列（4）的回归结果显示，调整样本时间范围后，核心解释变量抑制型产业政策的估计系数依然在 1% 的水平上显著为正，系数符号和显著性均未发生实质性变化，与基准回归结果保持一致，验证了本章基准回归结果和研究结论的稳健性和可靠性。

6. 被解释变量滞后一期

根据前文平行趋势检验结果，抑制型产业政策实施当期的核心解释变量估计系数不显著，表明抑制型产业政策在实施当年对产能过剩的治理效应并不明显，抑制型产业政策治理产能过剩的政策效果具有一定的滞后性，因此，为了进一步考察抑制型产业政策治理产能过剩政策效果的滞后性，本章将被解释变量滞后一期重新进行回归。表 6 - 5 列（5）的回归结果显示，核心解释变量抑制型产业政策对滞后一期的产能利用率在 1% 的水平上有显著为正的影响，系数符号和显著性均未发生实质性变化，表明考虑了产业政策效果的滞后性之后不会改变本章的核心结论，进一步验证了本章核心结论的稳健性和可靠性。

6.3.3 异质性检验

1. 地区异质性

为检验抑制型产业政策对不同地区制造业行业产能过剩的异质性治理效应，本章根据国家统计局关于三大经济地带的划分，将样本划分为东部地区、中部地区和西部地区分别进行回归，实证结果如表 6 - 6 列（1）~列（3）所示。结果显示，不同地区分样本回归的核心解释变量抑制型产业政策估计系数均在 1% 的水平上显著为正，表明抑制型产业政策对东部、中部和西部地区的制造业行业产能过剩均具有显著的治理效应，会显著提升制造业行业产能利用率。通过对比三个地区的核心解释变量估计系数值大小可以发现，抑制型产业政策的产能过剩治理效应会随着地区经济发展水平的提高而减弱，抑制型产业政策对不同地区制造业行业的产能过剩治理效应从高到低分别为西部地区、中部地区和东部地区。这可能是因为，在以经济增长为考核标准的政治晋升锦标赛中，地方经济发展水平与地方官员政绩和晋升相挂钩，越是经济增长速度较低的地区，地方政府越倾向于通过持续的投资扩张带动经济增长、谋求中央政府的财政补贴和各种优惠政策，因此抑制型产业政策对投资扩张的抑制作用会随着经济发展水平的降低而提升，在更大限度上抑制经济发展水平较低地区的投资扩张行为，从而表现出抑制型产业政策的产能过剩治理效应会随着地区经济发展水平的提高而减弱。

表 6－6　　　　　　　　　　　异质性检验（一）

变量	（1）东部地区	（2）中部地区	（3）西部地区	（4）企业规模较小	（5）企业规模较大
DID	0.0557 *** (6.87)	0.0584 *** (6.78)	0.0642 *** (7.27)	0.0197 ** (2.34)	0.0797 *** (13.43)
treat	0.1337 *** (11.88)	0.1369 *** (10.18)	0.1503 *** (10.27)	0.1784 *** (11.37)	0.1301 *** (12.06)
time	0.0851 *** (6.46)	0.0979 *** (6.72)	0.0880 *** (5.36)	0.1623 *** (11.99)	0.0382 *** (3.60)
size	0.0399 *** (7.42)	0.0421 *** (8.54)	0.0342 *** (6.12)	0.0100 * (1.77)	0.0607 *** (18.59)
competition	0.0162 *** (5.62)	0.0177 *** (5.58)	0.0204 *** (5.82)	0.0239 *** (8.73)	0.0092 *** (4.56)
light_heavy	−0.0831 *** (−8.03)	−0.0688 *** (−4.83)	−0.1136 *** (−6.56)	−0.1002 *** (−7.67)	−0.0961 *** (−8.71)
kl	−0.2208 *** (−27.73)	−0.2288 *** (−36.87)	−0.2258 *** (−26.97)	−0.2290 *** (−31.76)	−0.2372 *** (−59.60)
_cons	1.3037 *** (50.37)	1.3236 *** (52.33)	1.3020 *** (38.07)	1.2817 *** (43.78)	1.3867 *** (84.96)

变量	(1) 东部地区	(2) 中部地区	(3) 西部地区	(4) 企业规模较小	(5) 企业规模较大
年份固定效应	Yes	Yes	Yes	Yes	Yes
行业固定效应	Yes	Yes	Yes	Yes	Yes
省份固定效应	Yes	Yes	Yes	Yes	Yes
N	5691	4320	5681	7820	7872
R^2	0.518	0.609	0.541	0.541	0.580

注：括号内为稳健性 t 统计值；***、** 和 * 分别表示在 1%、5% 和 10% 的水平上显著。

2. 企业规模异质性

为考察抑制型产业政策对不同企业规模行业产能过剩的异质性影响，本章利用企业平均规模中位数将样本划分为企业规模较小行业和企业规模较大行业进行分样本回归。表 6-6 列（4）和列（5）的回归结果显示，抑制型产业政策对企业规模较小行业和企业规模较大行业的产能利用率均有显著的正向影响，而且相对企业规模较小行业而言，企业规模较大行业的抑制型产业政策估计系数绝对值更大、显著性水平更高，表明抑制型产业政策对企业规模较大行业的产能过剩治理效应更强。这可能是源于地方政府的规模偏好和"抓大放小"的发展策略，企业规模越大越受到地方政府的重视，往往与地方政府之间有较强的政治联系，因此也就成为地方政府实施产业政策的主要抓手，而且规模较大的企业相对规模较小的企业来说有更强的资金实力和投资扩张倾向，规模较大的企业产能过剩的程度也要超过规模较小的企业，从而抑制型产业政策会对企业规模较大行业的产能过剩有更强的治理效应。

3. 市场化程度异质性

考虑到抑制型产业政策的产能过剩治理效应可能会在市场化程度不同的地区间存在差异，本章采用王小鲁等（2021）的《中国分省份市场化指数报告（2021）》中的市场化指数数据，利用市场化指数的中位数将样本分为高市场化程度和低市场化程度两个子样本分别进行回归。表 6-7 中列（1）和列（2）的回归结果显示，在低市场化程度地区和高市场化程度地区，核心解释变量抑制型产业政策的估计系数都在1%的水平上显著为正，表明抑制型产业政策对低市场化程度地区和高市场化程度地区的制造业行业产能过剩均具有显著的治理效应。进一步通过对比不同市场化程度地区的核心解释变量估计系数值大小可以发现，抑制型产业政策对高市场化程度地区的制造业行业产能过剩的治理效应更强。这可能是因为，高市场化程度地区本身的市场化程度较高，市场在资源配置中更能发挥基础性和决定性作用，市场通过价格机制、供求机制和竞争机制能够有效引导企业进行合理配置要素资源、优化要素投入结构，市场机制能够有效引导高市场化程度地区的制造业行业提高产能利用率、治理产能过剩，再加上政府抑制型产业政策的指导作用，能够对市场机制形成有效补充，从而使得抑制型产业政策对高市场化程度地区的制造业行业产能过剩表现出更强的治理效应。

表6-7　　　　　　　　　　　异质性检验（二）

变量	(1) 低市场化程度	(2) 高市场化程度	(3) 低市场竞争	(4) 高市场竞争
DID	0.0550 *** (7.26)	0.0638 *** (9.66)	0.0814 *** (7.94)	0.0436 *** (8.48)
treat	0.1651 *** (13.38)	0.1268 *** (14.61)	0.1606 *** (13.33)	0.1664 *** (18.20)
time	0.0971 *** (7.55)	0.0825 *** (7.90)	0.0828 *** (6.16)	0.1315 *** (13.18)
size	0.0327 *** (7.59)	0.0500 *** (14.12)	0.0322 *** (7.75)	0.0425 *** (11.79)
competition	0.0170 *** (6.45)	0.0134 *** (6.50)	0.0186 *** (6.47)	0.0040 * (1.92)
light_heavy	− 0.0968 *** (− 6.91)	− 0.0984 *** (− 12.59)	− 0.1146 *** (− 3.80)	− 0.1150 *** (− 13.54)
kl	− 0.2198 *** (− 35.10)	− 0.2393 *** (− 52.52)	− 0.2205 *** (− 35.61)	− 0.2493 *** (− 55.41)
_cons	1.3095 *** (50.49)	1.3714 *** (80.99)	1.3334 *** (34.98)	1.4272 *** (81.47)

变量	（1）	（2）	（3）	（4）
	低市场化程度	高市场化程度	低市场竞争	高市场竞争
年份固定效应	Yes	Yes	Yes	Yes
行业固定效应	Yes	Yes	Yes	Yes
省份固定效应	Yes	Yes	Yes	Yes
N	8321	7371	7808	7884
R^2	0.532	0.546	0.531	0.550

注：括号内为稳健性 t 统计值；*** 和 * 分别表示在 1% 和 10% 的水平上显著。

4. 市场竞争程度异质性

为检验抑制型产业政策对不同市场竞争程度的行业产能过剩的异质性影响，本章利用行业内平均企业数量的中位数将样本分为市场竞争程度较低的行业和市场竞争程度较高的行业，并进行分组回归，回归结果如表 6-7 的列（3）和列（4）所示。无论是低市场竞争程度行业还是高市场竞争程度行业，核心解释变量抑制型产业政策的估计系数都在 1% 的水平上显著为正，表明抑制型产业政策对低市场竞争程度行业和高市场竞争程度行业的产能过剩均具有显著的治理效应，有利于显著促进其产能利用率提升。通过进一步对比可以发现，相对高市场竞争程度行业而言，低市场竞争程度行业的抑制型产业政策估计系数值更大，表明抑制型产业政策对低市场竞争程度行业的产能过剩有更强的治理效应。这可能是因为相对高市场竞争程度行业来说，低市场竞争程度行业的垄断程度较高，企业规模较大、资金实力较强，具有更强的投资扩张动机和能力，而高市场竞争程度行业竞争比较激烈，行业内企业在利润最大化约束下的经营决策也更加科学稳健、受产业政策影响相对较弱，因此低市场竞争程度行业的产能过剩程度可能相比高市场竞争程度行业要更严重，属于抑制型产业政策重点治理的对象，从而抑制型产业政策对低市场竞争程度行业的产能过剩有更强的治理效应。

6.3.4 影响机制检验

基于前文理论分析，抑制型产业政策主要通过抑制过度投资从而治理产能过剩，为了验证这一影响机制，本章借鉴温忠麟等（2004）的做法，在基准模型（6-1）的基础上，构建中介效应模型进行机制检验，具体模型设定如下：

$$Overinvest_{ijt} = \theta_0 + \theta_1 DID_{ijt} + \theta_2 treat_{ijt} + \theta_3 time_{ijt} + \delta CV_{ijt}$$
$$+ \omega_t + \omega_p + \omega_r + \varepsilon_{ijt} \qquad (6-2)$$
$$CU_{ijt} = \varphi_0 + \varphi_1 DID_{ijt} + \varphi_2 treat_{ijt} + \varphi_3 time_{ijt} + \varphi_4 Overinvest_{ijt}$$
$$+ \delta CV_{ijt} + \omega_t + \omega_p + \omega_r + \varepsilon_{ijt} \qquad (6-3)$$

其中，$Overinvest_{ijt}$为中介变量过度投资，参考杨振兵（2016）、王贤彬和陈春秀（2020）的研究，采用各省份制造业行业固定资产投资额占工业总产值的比重表示，值越大表示过度投资程度越高，制造业行业的固定资产投资额由当年固定资产原价减去上年固定资产原价计算得到。其他变量含义与前文一致。表6-8汇报了基于中介效应模型的影响机制检验结果。

表 6-8　　　　　　　　　　影响机制检验

变量	(1)	(2)	(3)
	CU	Overinvest	CU
DID	0.0584 *** (11.38)	-0.2286 *** (-4.75)	0.0560 *** (9.98)
Overinvest			-0.0078 *** (-5.48)
treat	0.1514 *** (19.65)	-0.0578 (-0.70)	0.1520 *** (18.20)
time	0.0966 *** (10.96)	-1.1927 *** (-13.47)	0.0894 *** (8.65)
size	0.0357 *** (10.73)	-0.4589 *** (-17.99)	0.0389 *** (11.06)
competition	0.0138 *** (8.28)	0.0436 *** (2.99)	0.0119 *** (6.21)
light_heavy	-0.1026 *** (-12.68)	0.8610 *** (10.83)	-0.0981 *** (-11.33)

变量	(1)	(2)	(3)
	CU	Overinvest	CU
kl	−0. 2245 *** (−46. 99)	0. 8361 *** (26. 87)	−0. 2386 *** (−53. 74)
_cons	1. 3327 *** (77. 93)	−6. 3466 *** (−44. 38)	1. 3379 *** (68. 68)
年份固定效应	Yes	Yes	Yes
行业固定效应	Yes	Yes	Yes
省份固定效应	Yes	Yes	Yes
N	15692	11707	11707
R^2	0. 534	0. 331	0. 580

注：括号内为稳健性 t 统计值；*** 表示在 1% 的水平上显著。

表 6 - 8 中列（1）~列（3）分别为基准模型（6 - 1）、模型（6 - 2）和模型（6 - 3）的回归结果。列（2）抑制型产业政策对过度投资的回归结果显示，核心解释变量抑制型产业政策的估计系数在 1% 的水平上显著为负，表明抑制型产业政策会显著抑制制造业行业过度投资。列（3）是在基准模型基础上加入中介变量进行回归的结果，结果显示，过度投资的估计系数在 1% 的水平上显著为负，表明制造业行业过度投资会显著降低产能利用率、导致产能过剩，同时核心解释变量抑制型产业政策的估计系数依然在 1% 水平上显著为正，表明在控制了中介变量的影响后，抑制型产业政策依然具有显著的产能过剩治理效应，而且核心解释变量抑制型产业政策的估计系数绝对值与表中列（1）基准模型回归结果相比有所下降。综上所述，基于中介效应模型的影响机制检验结果表明，抑制型产业政策会通过抑制制造业行业过度投资从而提升产能利用率、治理产能过剩，假说 6 - 2 得到验证。

6.4 本 章 小 结

2008 年经济危机以来，我国的产能过剩问题已经成为长期性、全局性的产能过剩，越来越成为经济运行中突出矛盾和诸多问题的根源。为有效化解产能过剩矛盾，我国出台了一系列治理产能过剩、引导产业健康发展的产业政策，这些产业政策大多属于典型的带有限制性特征的抑制型产业政策，那么，这些抑制型产业政策治理产能过剩的效果如何？作用机制是什么？基于此，本章将国务院于 2009 年批转发展改革委等部门的《关于抑制部分行业产能过剩和重复建设引导产业健康发展的若干意见》作为一项准自然实验，在理论分析基础上，采用 2001 ~ 2020 年中国 30 个省份 27 个制造业行业面板数据，利用双重差分方法，系统研究抑制型产业政策的产能过剩治理效应和作用机制。研究发现：（1）我国实施的抑制型产业政策具有显著的产能过剩治理效应，显著提升了制造业行业的产能利用率，在经过平行趋势检验、安慰剂检验、反事实检验、PSM – DID 检验及其他稳健性检验后，研究结论依然成立。（2）异质性检验结果表明，抑制型产业政策的产能过剩治理效应会随着地区经济发展水平的提高而减弱，抑制型产业政策对不同地区制造业行业的产能过剩治理效应从高到低分别为西部地区、中部地区和东部地区；抑制型产业政策对企业规模较大行业、高市场化程度地区的制造业行业以及低市场竞争程度行业的产能过剩有更强的治理效应。（3）基于中介效应模型的影响机制检验结果表明，抑制型产业政策会通过抑制制造业行业过度投资从而提升产能利用率、治理产能过剩。

第7章　产业政策视角下中国产能过剩治理路径优化

在经济转型时期，普遍而又广泛地实行产业政策成为各级地方政府推动经济发展、提升产业竞争力、进行经济管理和经济调控的重要抓手。然而，一个不可忽视的典型事实是，地方政府在利用产业政策推动经济发展的过程中，往往倾向于使用政府补贴、信贷支持、税收优惠等鼓励型、选择性产业政策，随着改革开放的深入和经济的快速发展，这种以选择性政策为主体的产业政策体系的政策效果越来越有限，而且这种带有选择性特征的产业政策在促进经济快速发展的同时，也带来了诸多的不良效应，最典型的就是导致了地区间的产业结构趋同和投资竞争，同时使得要素价格严重扭曲，价格机制无法有效发挥引导资源有效配置的作用，反而对企业形成了实质性的补贴效应，理性的企业会在利润最大化的驱使下为了获取超额补贴收益而进行低效率投资，而且要素价格扭曲还阻碍了企业有效市场退出。即产业政策引致的要素价格扭曲使企业的经营决策偏离了真实市场价格机制下的经营行为，对企业形成了过度投资的扭曲激励、阻碍企业有效市场退出，从而导致了大规模的产能过剩。

从根本上来说，治理产能过剩必须继续深化经济体制改革，打破阻碍市场调节机制有效运转的制度性约束，完善市场经济制度，提高市场化水平，纠正不合理政治经济制度和政府干预对市场主体行为的扭曲，处理好政府和市场的关系问题，使市场发挥配置资源的决定性作用，更好地发挥政府"看得见手"的作用，政府应"有所为，有所不为"，优化产业政策体系，维护市场公平、公正的竞争秩序和市场"优胜劣汰"机制有效运行。

7.1　深化市场化改革，处理 好政府和市场的关系

第一，坚持新发展理念，加快推进健全、完善的市场法律体系的建立，营造良好的法治环境和社会生态环境，从法律上赋予市场主体公平竞争的权利、规范市场主体的市场行为、规范政府行为，杜绝政府不正当干预企业经营、地方保护、市场分割、所有制歧视、企业寻租和不正当竞争等扰乱正常市场秩序的行为，通过法律途径建立适度的监督和惩罚机制，保证各种所有制经济主体在市场中依法参与要素和产品的公平竞争。

第二，建立和完善统一开放、竞争有序的全国性要素和产品市场及统一的市场规则，打破地方保护、行政壁垒和垄断，重点推进要素市场的市场化改革，完善市场化的要素价格形成机制，减少政府对要素价格和配置的干预，通过完善法律法规体系和加大执法力度和惩罚力度来监督和制约政府的不正当干预行为，确保市场配置资源的决定性作用有效发挥，促进要素资源自由流动，保障市场主体在统一的规则体系下公平竞争，保证市场优胜劣汰机制的有效运转。

第三，加快推进政府职能由经济建设型政府向公共服务型政府转变，减少政府对经济运行的干预，从微观经济领域退出，严格依法执政，将政府工作重点由代替市场机制管理微观主体经济活动、调节和发展经济转移到引导市场机制有效运行和维护市场公平、公正的竞争秩序上来，政府应更多地提供政策、体制、规则等无形的公共产品和服务，健全市场规则、维护市场秩序、促进公平竞争、清除市场障碍，将经济决策权交还给市场主体，充分发挥企业的市场主体作用，推动企业在利润最大化的理性目标约束下自主决策、自担风险、自负盈亏，逐步减少和取消行政审批制度，向以服务为导向的过程监管转变。

第四，深化国有企业改革，逐步清除国有企业享受的政策性优惠和补贴，消除政策执行的所有制歧视，推进国有垄断行业改革，鼓励多种所有制进入，确保各种所有制主体公平竞争，同时加快推进国有企业的政企分开、政资分开，减少地方政府与国有企业的联系，弱化地方政府

的干预动机，建立现代化企业制度，硬化国有企业预算约束，实现国有企业自主决策、自负盈亏。

7.2 完善财税体制和政绩考核体制，促进协调可持续发展

1. 改革和完善财税体制

在财政分权体制下，中央政府和地方政府的财权进行了划分，但对各级政府事权的划分仍然停留在原则性层面，随着中央政府将地方政府财权不断上收，将事权和责任不断下放，地方政府财权和事权不匹配、财政入不敷出的矛盾日益突出，央地共享税比例的增加和地方税的名存实亡进一步激化了这一矛盾，在此情况下，地方政府只能依赖通过大量实施产业政策吸引投资以扩大财政收入来源，从而导致地区间产业结构趋同、投资竞争，同时使得要素价格严重扭曲，价格机制无法有效发挥引导资源有效配置的作用，反而对企业形成过度投资的扭曲激励、阻碍企业有效市场退出，最终导致和加剧了产能过剩。因此，治理产能过剩必须深化财税体制改革，完善财政税收制度，调整和优化中央和地方的利益格局，建立新型央地关系。

第一，制定和完善相关的法律法规，明确中央政府和地方政府的事权和责任划分，中央政府事权重点在于收入再分配、经济稳定、国防、外交等宏观领域，地方政府的事权侧重于直接面向民众的社会管理、公共服务和基础设施建设等领域，而医疗卫生、教育、社会保障、粮食安全和环境保护等涉及全体国民的事务应该由中央和地方共同承担，适度加强中央事权和责任。

第二，在法律层面明晰中央和地方事权，以事权定财权，确保各级政府的财权和事权相匹配，现阶段应该继续推进财税体制改革，重新构建和完善中央税和地方税体系，提高地方政府的财税分配比例和央地共享税分成比例，保障地方政府拥有与事权相匹配的财政收入，从而弱化地方政府通过产业政策干预经济发展以增加财政收入的动机。

第三，深化税收体系改革，弱化地方政府财政收入和经济增长的关

联程度，推进生产型增值税向消费型增值税转变，从而推动地方政府的职能转变为提高居民收入水平和消费水平、提供良好公共管理和服务，将地方政府收入转向为居民提供公共管理和服务获取主要收益。

第四，适当下放税政管理权，继续健全和完善地方税体系，增加地方政府税收，对于一般地方税的征收和管理，在中央统一税政和统一立法的前提下，赋予省级政府适当的税政管理权和税收减免权，允许省级政府根据实际情况调整税目税率，自行制定具体的实施细则和实施办法。

第五，建立科学合理的、公平透明的转移支付制度，有效发挥转移支付调节地方政府财权事权失衡的纠偏作用，切实保障地方财政有效提供公共产品和服务，尽快建立完善的省级以下转移支付制度。同时根据本书的研究结论，在经济发展水平较差地区地方政府干预经济动机更强，从而使得重点产业政策会在更大限度上显著导致经济发展水平较低地区的制造业行业产能过剩；要素价格扭曲对企业过度投资的诱导效应会随着地区经济发展水平的提高而减弱，随着政府干预程度的提高而增强；要素价格扭曲对西部和中部地区企业有效市场退出的阻碍效应相对更大；抑制型产业政策的产能过剩治理效应也会随着地区经济发展水平的提高而减弱，对西部地区制造业行业的产能过剩治理效应更强。因此，应积极推动转移支付制度以努力实现公共产品和公共服务均等化为目标，促进区域间协调、平衡发展。

第六，建立公开透明的规范化、民主化的地方财政预算制度，继续完善财政预算的相关法律法规体系，保证预算制定有法可依，建立有效的财政预算执行的监督、惩罚机制，确保财政预算的有效、合理执行，同时也应该促进地方财政支出的信息公开、透明化、民主化建设，尤其涉及对企业的政府补贴、税收优惠、贷款优惠等政策性补贴和优惠措施的施行应该及时公开公示，确保公平、公正的市场竞争环境。

2. 优化重构地方政府政绩考核体制

目前，我国实行的以 GDP 增长为主的单一政绩考核指标体系催生了诸多的地方政府短视行为，在这种单纯以经济增长速度和以 GDP 论英雄的官员晋升考核体系下，地方的投资规模、企业数量、引进外资数量等与经济增长直接关联的数量指标成为政府关注的重点，却忽视了发展过程中深层次的经济结构矛盾，地方政府出于强烈的政治晋升动机会通过各种产业政策干预市场对资源的配置，从而导致地区间产业结构趋同、投资竞争，使得要素价格严重扭曲，对企业形成过度投资的扭曲激励、阻碍企业有效市场退出，最终导致了大规模的产能过剩，因此，有效治理产能过剩必须改革以 GDP 增长为导向的政绩考核体制。

首先，在推进政府职能由经济建设型政府向公共服务型政府转变的基础上，重构地方政府的激励约束机制，建立多元化的以公共服务为主、经济建设为辅的政绩考核体系，降低经济增长和与粗放型发展模式相关的产值指标在政绩考核中的比重，促进政绩考核更多反映地方政府的社会管理和公共服务职责，强化对地方的经济发展质量、就业、民生改善、维护社会稳定、社会福利、社会保障、生态环境保护、资源消耗、地区创新能力等方面的考核，促进地方政府和官员的政治经济利益与地方的长期、持续、健康发展挂钩，减少地方政府的短期行为，促进产业政策体系优化。

其次，根据多元化的政绩考核指标体系，建立实际可行的政绩评价体系，可以通过构建多元化的、多层次的评价得分体系，对每个评价指标赋予一个科学、合理的权重，最终通过对评价指标进行加权平均得到地方政府的政绩考核结果。

最后，推进政绩考核的民主化进程，摒弃官员考核和晋升仅由上级官员决定的传统政绩考核办法，从政府内部自我考核转变为内、外综合考核，加入官员所在地区民众的意见，并提高民众意见所占权重，确保民众在政绩考核中的参与权，推动地方政府官员政绩考核信息公开，保障政绩考核公平、公正、透明。

7.3 加快推进要素市场化改革，构建全国统一大市场

随着市场经济体制不断完善，我国的要素市场化程度有所提高，要素市场扭曲状况有所改善，但要素市场化进程仍然缓慢，要素价格长期低于市场化的均衡价格，无法反映要素资源的稀缺性，要素价格扭曲对企业的市场决策造成了扭曲激励，从而诱导企业过度投资、阻碍企业有

效市场退出,导致和加剧了产能过剩,因此,应加快推进要素市场化改革,提高要素市场化程度,打破要素价格扭曲的体制性障碍,建立和完善反映市场供求情况和要素稀缺性的市场化价格形成机制,发挥市场配置要素资源的决定性作用,从而促使要素价格对企业决策的信号指导作用有效运行。

1. 深化金融市场化改革,消除资本要素价格扭曲

第一,加快推进利率市场化,在目前贷款利率已经放开的基础上,循序渐进地放开存款利率,将利率决策权下放到各金融机构,形成以基准利率为基础的、自由浮动、由市场供求决定的资本价格形成机制,促使利率反映资本要素的稀缺程度,有效发挥利率的信号引导作用。第二,继续推进国有银行市场化改革,理顺政府和银行之间的关系,引导政府从银行等金融领域的经营活动中退出,剥离国有商业银行的政策性负担,将政策性业务转移到政策性银行,建立完善的现代企业制度,引导商业银行进行自主决策的商业化经营,完善信贷评估机制,加强信贷风险管理,建立不良资产的惩罚监督机制,硬化银行预算约束,提高金融资源配置效率。第三,适当降低金融领域准入标准,破除国有垄断,改变国有银行主导的金融发展模式,引导多种所有制经济进入金融市场,降低银行业的市场集中度,增强金融市场竞争,鼓励建立和发展地区性中小银行等金融机构,更好地支持中小企业的发展,解决中小企业和民营企业融资难问题。第四,加强信贷监管,完善信贷政策执行和监督体制,杜绝银行信贷的所有制歧视、规模歧视和行业歧视等现象,保障各种经济主体公平使用资本要素的权利。第五,深化投融资体制改革,减少和约束政府的投融资干预,打破地方保护主义和市场分割的体制性约束,由市场决定资本资源的配置,促进资本要素在区域间、部门间的自由流动,建立和完善统一的多层次的资本市场体系,鼓励创新金融产品和服务,拓宽股票市场、证券市场、基金市场等直接融资渠道,提高资本配置效率。

2. 完善劳动力市场建设,消除劳动要素价格扭曲

第一,加快推进户籍制度改革,打破城乡二元户籍管理结构,消除劳动力市场城乡壁垒,建立统一的户籍管理制度,剥离社会福利、社会保障、就业待遇等户籍附加条件，完善户籍制度对人口的社会管理职能；第二，推动户口迁移政策改革，加快城镇化建设，根据城市规模、城市发展规划、综合承受能力、经济和社会发展需要，有层次地逐步放开户口迁移限制，合理、有序地引导劳动力要素自由流动；第三，深化改革档案制度，促进高层次人才自由流动，以市场化手段配置高层次人力资源；第四，完善劳动力市场法律法规体系，建立和健全执法监督机制，从根本上保障劳动就业机会和社会福利、社会保障的均等化，尤其要取消农村剩余劳动力进城就业的行政限制和歧视性政策，建立统一的劳动用工原则，实现同工同酬；第五，进一步打破劳动力市场的所有制壁垒、行业壁垒和垄断壁垒，发挥市场配置劳动力资源的决定性作用，由市场供求决定劳动力价格，完善劳动力价格的市场化形成机制，矫正劳动价格扭曲；第六，继续健全和完善养老、医疗、失业和最低工资等社会保障制度，保证国民收入分配和再分配的公平、公正，减少和消除由社会保障差异导致的劳动力流动成本和交易成本，促进劳动力自由流动，提高劳动力配置效率；第七，完善工会制度建设，加强工会力量，工会应切实代表劳动者利益、反映劳动者诉求，提高劳动者在劳动市场中的地位，提升劳动者的工资谈判能力。

3. 推进土地市场的市场化改革，矫正土地要素价格扭曲

第一，明晰农村土地产权，规范农村土地流转和征收制度，农村集体土地的处置由村民集体投票决定，村民个体土地的使用权处置由村民个人决定，从制度上杜绝地方政府运用行政手段强制流转和不合理低价征收农地的行为，应在农民自愿的基础上进行流转和征用，并对流转和征用的土地进行科学、合理的价值评估，对失地农民进行及时足额补偿，保障农民在土地流转和征用中的合法权益；第二，建立统一的城乡建设用地交易市场，完善二级土地市场，打破政府对土地一级市场的垄断，从法律上明确政府在土地一级市场的权力和职责，在建立和健全相关法律和市场化运行机制的基础上，强化政府对土地的公共管理职能，包括保护土地产权、土地利用监管、征收土地税等；第三，加强对政府土地管理行为的监督，提高对政府不合理土地管理行为的惩罚力度，建立有效的土地管理信息公开机制，确保土地管理公开、透明；第四，加快完善土地出让管理制度，形成市场化的土地价格形成机制，由市场供求决定土地价格，推动工业用地逐渐实现采取市场化的招标、拍卖、挂牌等方式确定土地交易价格，同时建立土地交易市场公开制度，保障土地交易价格形成过程透明化、土地价格公开化；第五，建立科学、合理的土地价格评估制度，全面考察土地的肥沃程度、区位和土地用途等土地性质，以及土地的市场供求情况、经济发展水平等因素，确定科学的基准地价，以基准地价监督和判断政府有无扭曲土地价格行为，并对相应的价格扭曲行为及时更正，如补交土地出让金等；第六，建立和完善土地银行、土地保险公司、土地评估事务所等多种形式的土地交易中介服务机构，为土地交易主体提供系统的土地交易市场信息、土地交易事项咨询、土地价格评估、预测等服务，解决土地交易市场信息不对称、土地交易主体知识水平约束等困境。

4. 深化资源型要素市场化改革，矫正资源要素价格扭曲

第一，在资源型要素市场中引入市场竞争机制，打破资源型要素市场的垄断格局，保障公平竞争的市场环境，发挥市场配置资源的作用；第二，理顺资源型要素价格形成机制，逐步放开政府对资源型要素的价格管制，建立和健全反映市场供求和稀缺程度的资源型要素价格形成机制，纠正价格扭曲；第三，推动资源型要素的价、税、财联动改革，对资源型要素征收从价税，适当提高税负水平，同时积极发挥财税制度的引导作用，如加大对节能节水产品和企业的扶持力度，增加高能耗产品和企业的税收成本等；第四，完善资源型要素价格构成，确保价格全面反映资源型要素的开发成本、税收成本、产权成本、安全投入成本、资源消耗成本和环境补偿成本等，强化企业运营的成本约束；第五，建立和健全反应灵敏、分类调控的差别化定价机制，如继续推行水、电的阶梯定价机制改革，促进水价、电价的合理化。

5. 加大环境保护力度，促使企业外部性成本内部化

第一，建立和健全系统、完善的环境保护法律法规体系，制定贯穿企业生产经营全过程的环境保护制度，明确环境污染行为的法律责任，建立相应的环境保护执法监督机制，加大违法违规行为的惩罚力度，保障环境保护法律法规的有效执行；第二，将环境治理、绿色 GDP、节能减排等环境指标纳入地方政府的政绩考核体系，提高地方政府扭曲环境

要素价格的成本，激励地方政府加大环境治理和环境保护力度；第三，提高环境监察部门的独立性，由中央政府相关职能部门垂直管理地方环保部门的财权、事权和人事权，杜绝地方政府干扰环保执法的行为，保障环保执法的客观性、公正性，保证环保执法有效运行；第四，加快推进环境保护税立法，对企业征收环境保护税，提高环保标准，加大环境污染处罚力度，反映环境要素的稀缺程度，减少和避免企业环境保护的逆向选择行为，促使企业生产的外部性成本内部化，规范企业投资行为。

7.4 优化、完善产业政策体系，更好发挥政府作用

斯蒂格利茨等（Stiglitz et al.，2013）、阿吉翁等（Aghion et al.，2015）、吴敬琏（2017）指出，关于产业政策的争论焦点应该从"是否需要实施产业政策"转向"如何设计、管理以及以最优方式实施产业政策"，以达到提高经济发展效率和增进社会福利的目标。当前，百年变局与世纪疫情交织，新一轮科技革命和产业变革深入发展，地缘政治冲突持续发酵，逆全球化浪潮引致全球不确定性不稳定性凸显，全球产业链加速重构，我国经济高质量发展迫切需要构建、完善新型中国式产业政策体系，加快推进现代化产业体系建设，构筑国家竞争新优势。

1. 执行主体革新，积极发挥"有为政府"作用

为进一步提升产业政策的整体效能，中央政府应当在充分尊重市场规律的基础上，结合国家实际发展阶段，在供给侧结构性改革的引领下，制定具有前瞻性、指导性，旨在促进中国经济向创新驱动的高质量发展模式转变的产业政策。地方政府作为连接中央政府与企业间的纽带和桥梁，产业政策效果在一定程度上取决于地方政府对于产业政策的合理设计与有效落实。为此，首先，在运用产业政策发展经济、治理产能过剩的过程中，作为执行主体的地方政府应合理准确地把握政府与市场的边界和均衡问题，避免政府过度干预取代市场机制的情形，地方政府应动态地根据市场化水平的高低选择恰当的政府干预程度，在制定产业

政策时提高对企业家"信息优势"的重视程度，阻遏过多产业政策干预导致的"误判"问题产生。在市场化程度与竞争水平较高的领域或产业中，应减少产业政策的干预，甚至引导产业政策逐步退出，更多地依靠市场机制实现优胜劣汰和资源配置优化，此时过多的产业政策干预往往会因"误判"而起到负面作用；而在市场机制不健全、运行不畅且无序的市场竞争有可能引发全局性问题时，政府应及时地通过适度实施产业政策介入，维护公平公正的竞争环境，对市场机制形成有效的协同互补。其次，基于中国的大国属性和地区发展不均衡的实际，地方政府间应努力打破各自为政的状况，协同促进区域之间的"互惠式发展"，努力构造统一协调的全国大市场格局，充分发挥省际产业结构协同优化升级对于促进当地区域经济快速发展以及带动周边区域协调发展的重要推动力。最后，加快推进地方政府激励模式更新与升级，破解现阶段对于"唯GDP"评价体系的高度依赖性以及地区间激烈的产业政策竞争引致的负向激励，调整优化易导致激励扭曲的官员考核评价体系，提升产业政策效能。

2. 执行手段转型，推动产业政策向普惠性、功能性转变

在中国经济快速发展的初期，为快速建立国家工业体系，中央及地方政府曾出台过很多倾斜式扶持策略。但随着经济发展以及国家创新驱动发展战略提出，这种以选择性产业政策为主导的倾斜式扶持策略已与现阶段的中国经济发展不相匹配，导致了许多扭曲现象的出现。根据本书的研究结论，地方政府为了拉动经济发展而普遍青睐于鼓励性、选择性的重点产业政策，但这些产业政策在实施过程中往往扭曲了正常的市场价格和配置信号，导致了地区间的产业结构趋同和投资竞争，同时使得要素价格严重扭曲，价格机制无法有效发挥引导资源有效配置的作用，对企业形成过度投资的扭曲激励、阻碍企业有效市场退出，从而导致企业经营行为偏离了其最优状态，引致了大规模的产能过剩问题。因此，作为后发经济体的中国，目前正处在由快速追赶阶段前期向后期迈进的关键时期，产业政策属性和产业政策体系急需进行调整与优化（杨阔和郭克莎，2020；任继球，2022）。

首先，加快推动产业政策转型，政府应从干预与替代市场的思路抽离出来，改变政府人为选择"赢家"的以选择性产业政策为主体的产

业政策体系格局，加快构建由市场决定资源配置、重视市场竞争机制对生产要素和社会资源配置发挥基础性和决定性作用的新型产业政策体系，政府产业政策主要发挥增强市场机能、扩展市场范围、维护市场机制、激励有效竞争的作用，对市场竞争机制形成有效协同互补，实现市场竞争优胜劣汰机制与产业政策筛选机制的充分结合。

其次，构建能够与市场机制、竞争政策互补协同的功能性、服务性产业政策体系，优化产业政策工具，更多实行竞争性的、适中的、动态型的、普惠型的产业政策，合理考虑企业间的异质性，实行差异化产业政策，矫正财政补贴、税收优惠、信贷支持等鼓励性、选择性重点产业政策对企业过度投资、退出延滞等的扭曲激励，从而减少投资冲动、积极引导企业有效退出，助力产能过剩有效治理。

最后，着手促进现有产业政策聚焦瘦身，将竞争性原则融合到产业政策中，实现竞争政策和产业政策的协同互补，将原本单一的鼓励型产业政策逐步转变为能够提升经济基础状况、增强各产业创新能力的竞争性产业政策，加强产业政策的灵活性和普适性，为战略性新兴产业、高技术产业的创新发展营造良好的市场环境，在不扭曲市场主体行为的前提下为产业发展提供必要的公共服务和制度基础，切实推动经济由高速增长向高质量发展的方向转变。

3. 执行客体适配，促进产业政策因地制宜、因企制宜

由于中国普遍存在着地区间经济社会发展不平衡、不充分的情况，在制定和实施产业政策时，应本着"顶层设计"的原则出发，在充分考虑地区间异质性的前提下，根据各地资源禀赋条件和信息优势实行差异化的产业政策，确保执行客体与产业政策高水平适配。首先，地方政府应当在遵循市场规律和政府适度干预的前提下，根据各地区实际情况进一步细化产业政策，减少、杜绝"一刀切"式的产业政策制定和实施方式，从而通过产业政策的因势利导作用实现"制造强国"目标。其次，政府应重视产业政策对不同所有制企业的异质性影响效应，在制定产业政策时，根据企业性质差异制定和实施与之相匹配的差异化产业政策。特别是现阶段，民营企业作为中国国民经济发展中的一股重要力量，要坚定不移地鼓励支持引导民营经济健康发展，构建、优化有利于促进民营经济发展的营商环境，营造良好的市场法治环境和社会生态环

境，逐渐减少并取缔民营企业在信贷、税收、市场准入等方面的产业政策歧视，保障各种经济主体依法参与市场公平竞争，充分发挥产业政策的积极引导作用。最后，减少国有企业的产业政策干预，深化国有企业改革，完善现代企业制度，加快推进政企分离、政资分离，减少地方政府与国有企业的联系，弱化地方政府干预动机，剥离国有企业政策性负担，逐步取消国有企业的产业政策优惠和补贴，硬化国有企业预算约束，从而抑制国有企业过度投资、退出延滞等非理性经营行为，同时应逐渐增加功能性产业政策，引导国有企业提升技术创新水平、经营效率和企业竞争力。

4. 执行监管强化，健全产业政策执行监督机制

中国产业政策今后的改革方向是将以选择性为主体的产业政策体系逐步转变为竞争友好型、市场服务型的产业政策体系。因此，应注重完善竞争政策体系，强化产业政策制定与执行的公平竞争审查制度，实现竞争政策与产业政策互补协同。一方面，保障公平竞争的市场环境，有效发挥市场机制配置资源的基础性、决定性作用以及产业政策弥补市场失灵、指导产业科学和合理发展、推动产业优化升级的积极作用；另一方面，有效发挥竞争政策对产业政策限制、损害竞争的约束机制，促使产业政策的制定和实施更加符合公平竞争原则，有助于降低产业政策对竞争的负面效应，推动产业政策优化转型。同时，若要使产业政策的积极效应达到最优水平，还要在努力提升政府自身政策制定和执行能力、强化内部监督的基础上，大力提高对于产业技术的审查能力及监管效率，将质量效益作为产业政策效果的评判目标。此外，还应积极引入学者、企业、媒体、行业协会和社会公众等参与到产业政策的制定和实施过程中，构建产业政策的多元主体制定和监督机制，在产业政策实施过程中和实施后，通过委托第三方机构的形式对产业政策实施过程、实施效果进行有效评估，及时发现、修正、整改产业政策自身和实施过程中存在的问题，促进产业政策体系不断优化。

5. 执行工具优化，促进产业政策工具创新

第一，财政补贴政策作为中国产业政策工具中最常用和较有代表性的工具之一，其政策意图旨在通过政府的利益分配，激励、引导特定产

业的创新与发展，然而诸多研究发现我国政府实施的财政补贴对企业产生了过度投资的扭曲激励，在很大程度上导致和加剧了产能过剩，因此，为使政策意图与实际效果在更大限度上实现匹配，应加快完善财政补贴政策，创新补贴方式，对不同创新活动实施差异化补贴政策，广泛采用旨在激励市场竞争从而促进创新的竞争型的功能性补贴政策，同时要保证竞争性补贴政策的适中性与动态性，根据产业发展阶段和竞争强度的变化，动态调整修正补贴政策，进而提高补贴效率，避免和纠正资源错配的现象，将质量效益作为产业政策效果的评判标准，有效发挥创新补贴产业政策对企业的创新引导作用，激励企业提高创新效率和创新质量，从本质上促进企业"提质增效"，推动企业转型升级、破解产能过剩问题。第二，应在充分发挥市场配置资源基础性和决定性作用的前提下，广泛采用人才培养与引进、技术支持、金融信贷支持、税收优惠、政府采购等多元化功能性产业政策引导要素资源合理流动、优化要素配置效率，促进企业创新，推动产业转型优化升级，同时积极通过基础设施建设、公共服务平台建设、知识技术专利产权保护、市场准入、退出机制等功能性产业政策工具为产业和企业发展创造良好的发展环境和制度保障。第三，优化对外开放政策体系，从需求侧入手，鼓励、引导企业"走出去"，积极开拓国际市场，通过对外投资、国际产能合作等方式有序化解产能过剩，并建立健全产能预警机制，防止企业盲目产能扩张。第四，加快推动绿色信贷、绿色保险等绿色金融产业政策工具的创新和效率提升，构建市场化导向的技术创新支持和激励体系，促进企业提高技术创新能力和水平，助力产能过剩治理，同时可以通过设立并购基金、企业退出基金等引导落后产能、过剩产能有序退出市场。第五，应加快健全和完善人才、资金、技术等有助于推动企业数字化转型的相关产业政策，完善数字经济基础设施建设、优化数字经济发展制度体系、提高数据要素供给质量，通过促进企业数字化转型推动新旧动能转换、产业优化升级，从而淘汰落后产能、提升产能利用率。

6. 加快推动产业政策向产业链政策转变，构建现代化产业链体系

产业链是以国家或地区为主体在生产或服务阶段分割的基础上发展形成的一种特殊分工网络，其强调产业内或产业间的互动联系。当前，全球产业竞争已经进入"链时代"，中国为快速实现迈向高质量发展阶

段的转变，必须加快推动产业政策向产业链政策转变，尽快制定更具系统性和更具针对性的产业链政策方案，切实做到"强基、韧链、优企、提效"，统筹推进产业基础高级化、产业链安全稳定、竞争力提升和现代化升级。中国经济要实现高质量发展的目标，要充分利用"有为政府"优势，加快实现"有效市场"和"有为政府"的有机结合，在高水平开放中不断推进产业链现代化，从过去利用低成本优势参与全球产业链分工、提升产业竞争力的方式向参与和引领全球创新链的方式转变，通过产业链与创新链的双螺旋式推进全面构建现代化产业链体系（张其仔和许明，2022；盛朝迅，2022；张杰，2023）。

7.5　健全市场投资约束、企业退出和信息公开机制

通过深化经济体制改革，健全市场经济法律法规体系，提高市场化水平，转变政府职能，规范政府和市场主体行为，减少政府通过产业政策对经济运行的干预，消除寻租激励，优化公平竞争的市场化、法治化营商环境，激发企业活力，硬化企业的经营成本、融资约束和预算约束，矫正产业政策对企业投资、退出等经营决策的误导，引导企业从自身入手努力提升生存能力、强化风险防范意识，从而保障市场竞争选择机制有效发挥，实现企业优胜劣汰。

第一，建立和完善公平、公正的市场竞争环境，逐步放松和打破行业垄断，取消对非公有制经济的制度性歧视和不合理的市场准入限制，尤其要消除对民营企业和中小企业的市场准入限制，遵循市场原则引导多种所有制经济主体自由进入市场。

第二，深化银行业市场化改革，建立健全现代企业制度，硬化银行预算约束，完善商业银行等金融机构的信贷制度，加强信贷监管，强化政策执行监督，完善信贷评估和不良资产监督处置机制，消除所有制、规模、行业等方面的信贷融资歧视，保障市场主体公平使用资本要素的权利，严格考核市场供需情况、产能利用情况、行业发展前景、行业盈利状况等，更加注重投资效率的提升，从资金源头上激励和引导企业合理投资和进入市场，优化投资结构，控制企业盲目投资、重复建设的行

为，促进各种经济主体全面协调健康发展。

第三，研究结论显示，产业政策导致的要素价格扭曲对民营企业过度投资的诱导效应最大，会显著阻碍非国有企业有效市场退出，表明目前仍然存在严重的非公有制经济融资难问题，应加快推进金融市场化改革，推动多种所有制经济主体进入金融市场，完善多层次、多元化的直接和间接融资体系，促进民营企业和中小企业的健康发展，保障民营企业和中小企业公平竞争的权利。

第四，规范和完善市场退出机制，依靠市场力量积极引导企业通过规范的兼并、重组、破产等方式合理、有序地退出市场，尤其应该科学考核企业经营盈利情况，积极引导经营不佳、长期亏损、落后产能的低效率企业通过破产、兼并、重组等市场化方式有序退出市场，严格禁止政府和银行通过产业政策变相提供价格扭曲的要素维持企业生存的行为，加大政府对企业的税收优惠、财政补贴、政府信用担保等产业政策的信息公开和监督力度，加强银行的信贷监管，禁止银行新增授信维持"僵尸企业"生存的行为，实现市场清理效应。

第五，加强企业市场退出相关法律法规建设，切实保障退出企业权益，建立完善的企业退出服务和社会保障体系，加大财政投入，拓展社会保障基金筹集方式和筹集面，扩大社会保险覆盖面，同时鼓励中央、地方和企业共同出资建立"企业退出专项资金"，建设完善的退出补偿机制，妥善安置企业职工，为失业人员提供职业介绍、再就业指导、职业培训、创业培训等服务，解决企业市场退出的后顾之忧。

第六，健全资本市场退出机制，完善企业退出的金融支持体系，畅通企业市场退出渠道，降低企业市场退出成本和风险，并积极引导国有企业从产能过剩领域退出，向具有战略意义的行业集中，同时鼓励非公有制经济主体对国有企业进行兼并重组。

第七，由政府主导建立健全的行业生产、技术、产能利用率、行业运营指标、发展前景和产业政策等相关信息统计监测和发布制度，鼓励建立专业化的产业发展和产业信息统计和服务机构，建设完善的市场信息共享平台，促进信息共享和流通，降低信息成本，帮助企业及时了解行业发展动向和市场供需情况，促使企业做出科学、合理的市场决策，引导行业健康、协调、有序发展。

参考文献

［1］安同良，周绍东，皮建才．R&D 补贴对中国企业自主创新的激励效应［J］.经济研究，2009，44（10）：87-98，120.

［2］巴曙松.当前产能是否真地过剩［J］.中国投资，2006（7）：16-17.

［3］白恩来，赵玉林.产业政策的宏观有效性与微观异质性实证分析［J］.科研管理，2018，39（9）：11-19.

［4］白俊红，李婧.政府 R&D 资助与企业技术创新——基于效率视角的实证分析［J］.金融研究，2011（6）：181-193.

［5］白让让.供给侧结构性改革下国有中小企业退出与"去产能"问题研究［J］.经济学动态，2016（7）：65-74.

［6］白雪洁，孟辉.新兴产业、政策支持与激励约束缺失——以新能源汽车产业为例［J］.经济学家，2018（1）：50-60.

［7］白玉，黄宗昊.产业政策研究的现状与展望——新分析框架的提出［J］.经济社会体制比较，2019（6）：82-91.

［8］包群，唐诗，刘碧.地方竞争、主导产业雷同与国内产能过剩［J］.世界经济，2017（10）：144-169.

［9］包群，叶宁华，王艳灵.外资竞争、产业关联与中国本土企业的市场存活［J］.经济研究，2015（7）：102-115.

［10］鲍宗客.创新行为与中国企业生存风险：一个经验研究［J］.财贸经济，2016（2）：85-99，113.

［11］卞元超，白俊红.市场分割与中国企业的生存困境［J］.财贸经济，2021（1）：120-135.

［12］步丹璐，屠长文，罗宏.产业政策能否缓解市场分割？——基于企业异地股权投资视角的实证研究［J］.产业经济研究，2017（6）：75-88.

[13] 步晓宁，赵丽华，刘磊．产业政策与企业资产金融化 [J]．财经研究，2020，46（11）：78 – 92．

[14] 蔡庆丰，田霖．产业政策与企业跨行业并购：市场导向还是政策套利 [J]．中国工业经济，2019（1）：81 – 99．

[15] 曹春方，马连福，沈小秀．财政压力、晋升压力、官员任期与地方国企过度投资 [J]．经济学（季刊），2014，13（4）：1415 – 1436．

[16] 曹建海，江飞涛．中国工业投资中的重复建设与产能过剩问题研究 [M]．北京：经济管理出版社，2010．

[17] 曹建海．对我国工业中过度竞争的实证分析 [J]．改革，1999（4）：5 – 14．

[18] 曹建海．论我国土地管理制度与重复建设之关联 [J]．中国土地，2004（11）：11 – 14．

[19] 曹建海．我国重复建设的形成机理与政策措施 [J]．中国工业经济，2002（4）：26 – 33．

[20] 曹建海．中国产业过度竞争的制度分析 [J]．上海社会科学院学术季刊，2001（1）：58 – 66．

[21] 曹亚军，毛其淋．政府补贴如何影响了中国企业产能利用率？[J]．产业经济研究，2020（2）：58 – 72．

[22] 昌忠泽．进入壁垒、退出壁垒和国有企业产业分布的调整 [J]．天津社会科学，1997（3）：8 – 13．

[23] 车嘉丽，薛瑞．产业政策激励影响了企业融资约束吗？[J]．南方经济，2017（6）：92 – 114．

[24] 陈冬华，姚振晔，新夫．中国产业政策与微观企业行为研究：框架、综述与展望 [J]．会计与经济研究，2018，32（1）：51 – 71．

[25] 陈瑾玫．中国产业政策效应研究 [M]．北京：北京师范大学出版社，2011．

[26] 陈娟，林龙，叶阿忠．基于分位数回归的中国居民消费研究 [J]．数量经济技术经济研究，2008，26（2）：16 – 27．

[27] 陈明森．产能过剩与地方政府进入冲动 [J]．天津社会科学，2006（5）：84 – 88．

[28] 陈强远，林思彤，张醒．中国技术创新激励政策：激励了数

量还是质量？［J］.中国工业经济，2020（4）：79 – 96.

［29］陈汝影，余东华.资本深化、技术进步偏向与中国制造业产能利用率［J］.经济评论，2019（3）：3 – 17.

［30］陈胜勇，孙仕祺.产能过剩的中国特色、形成机制与治理对策——以1996年以来的钢铁业为例［J］.南京社会科学，2013（5）：7 – 14.

［31］陈诗一.中国工业分行业统计数据估算：1980—2008［J］.经济学（季刊），2011，10（3）：735 – 776.

［32］陈文俊，彭有为，胡心怡.战略性新兴产业政策是否提升了创新绩效［J］.科研管理，2020，41（1）：22 – 34.

［33］陈彦斌，马啸，刘哲希.要素价格扭曲、企业投资与产出水平［J］.世界经济，2015（9）：29 – 55.

［34］陈烨，张欣，寇恩惠，刘明.增值税转型对就业负面影响的CGE模拟分析［J］.经济研究，2010（9）：29 – 42.

［35］陈永伟，胡伟民.价格扭曲、要素错配和效率损失：理论和应用［J］.经济学（季刊），2011，10（4）：1401 – 1422.

［36］陈云贤.中国特色社会主义市场经济：有为政府＋有效市场［J］.经济研究，2019（1）：4 – 19.

［37］陈钊，熊瑞祥.比较优势与产业政策效果——来自出口加工区准实验的证据［J］.管理世界，2015（8）：67 – 80.

［38］陈钊.大国治理中的产业政策［J］.学术月刊，2022，54（1）：46 – 57，82.

［39］陈振明，和经纬.政府工具研究的新进展［J］.东南学术，2006（6）：22 – 29.

［40］程俊杰.基于产业政策视角的中国产能过剩发生机制研究——来自制造业的经验证据［J］.财经科学，2016（5）：52 – 62.

［41］程俊杰.中国转型时期产业政策与产能过剩——基于制造业面板数据的实证研究［J］.财经研究，2015，41（8）：131 – 144.

［42］程俊杰.转型时期中国产能过剩测度及成因的地区差异［J］.经济学家，2015，3（3）：74 – 83.

［43］程俊杰.转型时期中国地区产能过剩测度——基于协整法和随机前沿生产函数法的比较分析［J］.经济理论与经济管理，2015，35

259

(4)：13 – 29.

[44] 储德银，建克成．财政政策与产业结构调整——基于总量与结构效应双重视角的实证分析 [J]．经济学家，2014 (2)：80 – 91.

[45] 戴小勇，成力为．产业政策如何更有效：中国制造业生产率与加成率的证据 [J]．世界经济，2019，42 (3)：69 – 93.

[46] 邓可斌，曾海舰．中国企业的融资约束：特征现象与成因检验 [J]．经济研究，2014，49 (2)：47 – 60，140.

[47] 邓仲良，张可云．产业政策有效性分析框架与中国实践 [J]．中国流通经济，2017，31 (10)：89 – 99.

[48] 董敏杰，梁泳梅，张其仔．中国工业产能利用率：行业比较、地区差距及影响因素 [J]．经济研究，2015 (1)：84 – 98.

[49] 杜庆华．产业集聚与国际竞争力的实证分析——基于中国制造业的面板数据研究 [J]．国际贸易问题，2010 (6)：87 – 93.

[50] 杜威剑．环境规制、企业异质性与国有企业过剩产能治理 [J]．产业经济研究，2018 (6)：102 – 114.

[51] 樊纲，王小鲁，朱恒鹏．中国市场化指数：各地区市场化相对进程2011年报告 [M]．北京：经济科学出版社，2011.

[52] 樊茂清．中国产业部门产能利用率的测度以及影响因素研究 [J]．世界经济，2017 (9)：3 – 26.

[53] 范林凯，李晓萍，应珊珊．渐进式改革背景下产能过剩的现实基础与形成机理 [J]．中国工业经济，2015 (1)：19 – 31.

[54] 范林凯，吴万宗，余典范，等．中国工业产能利用率的测度、比较及动态演化——基于企业层面数据的经验研究 [J]．管理世界，2019，35 (8)：84 – 96.

[55] 范欣，李尚．市场分割诱发了企业产能过剩吗？[J]．产业经济研究，2020 (1)：15 – 27.

[56] 范子英，田彬彬．税收竞争、税收执法与企业避税 [J]．经济研究，2013，48 (9)：99 – 111.

[57] 方森辉，毛其淋．人力资本扩张与企业产能利用率——来自中国"大学扩招"的证据 [J]．经济学（季刊），2021，21 (6)：1993 – 2016.

[58] 冯飞鹏，韦琼华．产业政策、科技人力资源配置与企业创新

风险 [J]. 投资研究，2020，39（5）：142 - 157.

[59] 冯飞鹏. 产业政策、信贷配置与创新效率 [J]. 经济评论，2018，44（7）：142 - 153.

[60] 冯梅，陈鹏. 中国钢铁产业产能过剩程度的量化分析与预警 [J]. 中国软科学，2013（5）：110 - 116.

[61] 冯俏彬，贾康. "政府价格信号"分析：我国体制性产能过剩的形成机理及其化解之道 [J]. 财政研究，2014（4）：2 - 9.

[62] 冯俏彬，贾康. 投资决策、价格信号与制度供给：观察体制性产能过剩 [J]. 改革，2014（1）：17 - 24.

[63] 弗里德里希·李斯特. 政治经济学的国民体系 [M]. 北京：商务印书馆，1961.

[64] 付保宗. 产能过剩的影响因素及政策建议 [J]. 中国投资，2011（9）：67 - 71.

[65] 付才辉. 政策闸门、潮涌通道与发展机会——一个新结构经济学视角下的最优政府干预程度理论 [J]. 财经研究，2016，42（6）：4 - 16.

[66] 傅勇. 财政分权、政府治理与非经济性公共物品供给 [J]. 经济研究，2010，45（8）：4 - 15，65.

[67] 干春晖，邹俊，王健. 地方官员任期、企业资源获取与产能过剩 [J]. 中国工业经济，2015（3）：44 - 56.

[68] 高敬忠，赵思飖，王英允. 经济政策不确定性、产业政策与并购溢价 [J]. 产业经济研究，2021（2）：42 - 55.

[69] 高艳，马珊，张成军. 产业集聚视角下制造业国际竞争力研究 [J]. 统计与决策，2019，35（21）：131 - 134.

[70] 高越青. "中国式"产能过剩问题研究 [D]. 大连：东北财经大学，2015.

[71] 耿强，江飞涛，傅坦. 政策性补贴、产能过剩与中国的经济波动——引入产能利用率 RBC 模型的实证检验 [J]. 中国工业经济，2011（5）：27 - 36.

[72] 龚刚，杨琳. 我国生产能力利用率的估算 [D]. 北京：清华大学经济管理学院工作论文，2002.

[73] 顾智鹏，武舜臣，曹宝明. 中国产能过剩问题的一个解释——

基于土地要素配置视角 [J]. 南京社会科学, 2016 (2): 31 - 38.

[74] 关培兰, 申学武, 祝尊乾. 凑效管理与地方重复建设 [J]. 经济管理, 2004 (19): 83 - 86.

[75] 桂琦寒, 陈敏, 陆铭, 等. 中国国内商品市场趋于分割还是整合: 基于相对价格法的分析 [J]. 世界经济, 2006 (2): 20 - 30.

[76] 郭克莎. 中国产业结构调整升级趋势与 "十四五" 时期政策思路 [J]. 中国工业经济, 2019 (7): 24 - 41.

[77] 郭庆旺, 贾俊雪. 地方政府行为、投资冲动与宏观经济稳定 [J]. 管理世界, 2006 (5): 19 - 25.

[78] 郭晓丹, 宋维佳. 战略性新兴产业的进入时机选择: 领军还是跟进 [J]. 中国工业经济, 2011 (5): 119 - 128.

[79] 郭晔, 赖章福. 政策调控下的区域产业结构调整 [J]. 中国工业经济, 2011 (4): 74 - 83.

[80] 郭玥. 政府创新补助的信号传递机制与企业创新 [J]. 中国工业经济, 2018 (9): 98 - 116.

[81] 国家行政学院经济学教研部课题组. 产能过剩治理研究 [J]. 经济研究参考, 2014 (14): 53 - 62.

[82] 国务院发展研究中心《进一步化解产能过剩的政策研究》课题组. 当前我国产能过剩的特征、风险及对策研究——基于实地调研及微观数据的分析 [J]. 管理世界, 2015 (4): 1 - 10.

[83] 韩超, 孙晓琳, 肖兴志. 产业政策实施下的补贴与投资行为: 不同类型政策是否存在影响差异? [J]. 经济科学, 2016 (4): 34 - 42.

[84] 韩超, 肖兴志, 李姝. 产业政策如何影响企业绩效: 不同政策与作用路径是否存在影响差异? [J]. 财经研究, 2017, 43 (1): 122 - 133, 144.

[85] 韩国高, 陈庭富, 刘田广. 数字化转型与企业产能利用率——来自中国制造企业的经验发现 [J]. 财经研究, 2022, 48 (9): 154 - 168.

[86] 韩国高, 高铁梅, 王立国, 等. 中国制造业产能过剩的测度、波动及成因研究 [J]. 经济研究, 2011 (12): 18 - 31.

[87] 韩国高, 王立国. 我国钢铁业产能利用与安全监测: 2000—2010 年 [J]. 改革, 2012 (8): 31 - 41.

[88] 韩国高，王昱博．环境税对 OECD 国家制造业产能利用率的效应研究——兼议对中国制造业高质量发展的启示 [J]．产业经济研究，2020（2）：87 – 101．

[89] 韩国高，张倩．技术进步偏向对工业产能过剩影响的实证研究 [J]．科学学研究，2019，37（12）：2157 – 2167．

[90] 韩国高．我国工业产能过剩的测度、预警及对经济影响的实证研究 [D]．大连：东北财经大学，2012．

[91] 韩乾，洪永淼．国家产业政策、资产价格与投资者行为 [J]．经济研究，2014，49（12）：143 – 158．

[92] 韩文龙，黄城，谢璐．诱导性投资、被迫式竞争与产能过剩 [J]．社会科学研究，2016（4）：25 – 33．

[93] 韩永辉，黄亮雄，王贤彬．产业政策推动地方产业结构升级了吗？——基于发展型地方政府理论解释与实证检验 [J]．经济研究，2017（8）：33 – 48．

[94] 何彬．基于窖藏行为的产能过剩形成机理及其波动性特征研究 [D]．长春：吉林大学，2008．

[95] 何蕾．中国工业行业产能利用率测度研究——基于面板协整的方法 [J]．产业经济研究，2015（2）：90 – 99．

[96] 何熙琼，尹长萍，毛洪涛．产业政策对企业投资效率的影响及其作用机制研究——基于银行信贷的中介作用与市场竞争的调节作用 [J]．南开管理评论，2016，19（5）：161 – 170．

[97] 贺京同，何蕾．国有企业扩张、信贷扭曲与产能过剩——基于行业面板数据的实证研究 [J]．当代经济科学，2016，38（1）：58 – 67．

[98] 贺俊，吕铁，黄阳华，等．技术赶超的激励结构与能力积累：中国高铁经验及其政策启示 [J]．管理世界，2018，34（10）：191 – 207．

[99] 洪俊杰，张宸妍．产业政策影响对外直接投资的微观机制和福利效应 [J]．世界经济，2020，43（11）：28 – 51．

[100] 洪银兴．完善产权制度和要素市场化配置机制研究 [J]．中国工业经济，2018（6）：5 – 14．

[101] 侯方宇，杨瑞龙．产业政策有效性研究评述 [J]．经济学动态，2019（10）：101 – 116．

263

［102］侯军岐，马玉璞．服务业集聚影响我国服务业全球竞争力的机理分析——基于规模效应与拥挤效应［J］．商业经济研究，2022（1）：178－181.

［103］胡欢欢，刘传明．科技金融政策能否促进产业结构转型升级？［J］．国际金融研究，2021（5）：24－33.

［104］胡荣涛．产能过剩形成原因与化解的供给侧因素分析［J］．现代经济探讨，2016（2）：5－9.

［105］花贵如，周树理，刘志远，等．产业政策、投资者情绪与企业资源配置效率［J］．财经研究，2021，47（1）：77－93.

［106］黄健柏，徐震，徐珊．土地价格扭曲、企业属性与过度投资——基于中国工业企业数据和城市地价数据的实证研究［J］．中国工业经济，2015（3）：57－69.

［107］黄玖立，李坤望．吃喝、腐败与企业订单［J］．经济研究，2013（6）：71－84.

［108］黄群慧，贺俊．中国制造业的核心能力、功能定位与发展战略——兼评《中国制造2025》［J］．中国工业经济，2015（6）：5－17.

［109］黄群慧．改革开放40年中国的产业发展与工业化进程［J］．中国工业经济，2018（9）：5－23.

［110］黄维娜，袁天荣．实质性转型升级还是策略性政策套利——绿色产业政策对工业企业绿色并购的影响［J］．山西财经大学学报，2021，43（3）：56－67.

［111］黄先海，陈勇．论功能性产业政策——从WTO"绿箱"政策看我国的产业政策取向［J］．浙江社会科学，2003（2）：68－72.

［112］黄先海，宋学印，诸竹君．中国产业政策的最优实施空间界定——补贴效应、竞争兼容与过剩破解［J］．中国工业经济，2015（4）：57－69.

［113］黄先海，张胜利．中国战略性新兴产业的发展路径选择：大国市场诱致［J］．中国工业经济，2019（11）：60－78.

［114］黄秀路，葛鹏飞，武宵旭．中国工业产能利用率的地区行业交叉特征与差异分解［J］．数量经济技术经济研究，2018，35（9）：60－77.

［115］纪志宏．我国产能过剩风险及治理［J］．新金融评论，2015

（1）：1 – 24.

［116］贾润崧，胡秋阳．市场集中、空间集聚与中国制造业产能利用率——基于微观企业数据的实证研究［J］．管理世界，2016（12）：25 – 35.

［117］江飞涛，曹建海．市场失灵还是体制扭曲——重复建设形成机理研究中的争论、缺陷与新进展［J］．中国工业经济，2009（1）：53 – 64.

［118］江飞涛，耿强，吕大国，等．地区竞争、体制扭曲与产能过剩的形成机理［J］．中国工业经济，2012（6）：44 – 56.

［119］江飞涛，李晓萍．改革开放四十年中国产业政策演进与发展——兼论中国产业政策体系的转型［J］．管理世界，2018，34（10）：73 – 85.

［120］江飞涛，李晓萍．直接干预市场与限制竞争：中国产业政策的取向与根本缺陷［J］．中国工业经济，2010（9）：26 – 36.

［121］江飞涛．正确认识产能过剩问题［J］．中国经贸导刊，2010（20）：33 – 34.

［122］江飞涛．中国钢铁工业产能过剩问题研究［D］．长沙：中南大学，2008.

［123］江飞涛．中国竞争政策"十三五"回顾与"十四五"展望——兼论产业政策与竞争政策的协同［J］．财经问题研究，2021（5）：30 – 39.

［124］江小涓．经济转轨时期的产业政策：对中国经验的实证分析与前景展望［M］．上海：上海三联书店、上海人民出版社，1996.

［125］江源．钢铁等行业产能利用评价［J］．统计研究，2006，23（12）：61 – 68.

［126］姜达洋．现代产业政策理论新进展及发展中国家产业政策再评价［M］．北京：经济日报出版社，2016.

［127］姜红，陆晓芳．基于产业技术创新视角的产业分类与选择模型研究［J］．中国工业经济，2010（9）：47 – 56.

［128］蒋纳，董有德．对外直接投资与境内生存扩延：基于中国工业企业数据的实证检验［J］．世界经济研究，2019（5）：107 – 119.

［129］金环，于立宏，徐远彬．绿色产业政策与制造业绿色技术创

新 [J]. 中国人口·资源与环境, 2022, 32 (6): 136 - 146.

[130] 金宇, 王培林, 富钰媛. 选择性产业政策提升了中国专利质量吗? ——基于微观企业的实验研究 [J]. 产业经济研究, 2019 (6): 39 - 49.

[131] 靳光辉, 刘志远, 花贵如. 政策不确定性与企业投资——基于战略性新兴产业的实证研究 [J]. 管理评论, 2016, 28 (9): 3 - 16.

[132] 靳涛, 陈嘉佳. 转移支付能促进地区产业结构合理化吗——基于中国1994—2011年面板数据的检验 [J]. 财经科学, 2013 (10): 79 - 89.

[133] 鞠蕾, 高越青, 王立国. 供给侧视角下的产能过剩治理: 要素市场扭曲与产能过剩 [J]. 宏观经济研究, 2016 (5): 3 - 15.

[134] 康妮, 陈林. 行政垄断加剧了企业生存风险吗? [J]. 财经研究, 2017 (11): 17 - 29.

[135] 柯颖. 从过度竞争到寡头垄断: 我国产业组织优化的选择 [J]. 改革与战略, 2002 (9): 53 - 55.

[136] 寇宗来, 刘学悦, 刘瑾. 产业政策导致了产能过剩吗? ——基于中国工业行业的经验研究 [J]. 复旦学报 (社会科学版), 2017 (5): 148 - 161.

[137] 雷根强, 孙红莉. 产业政策、税收优惠与企业技术创新——基于中国"十大产业振兴规划"自然实验的经验研究 [J]. 税务研究, 2019 (8): 5 - 11.

[138] 黎文靖, 李耀淘. 产业政策激励了公司投资吗 [J]. 中国工业经济, 2014 (5): 122 - 134.

[139] 黎文靖, 郑曼妮. 实质性创新还是策略性创新? ——宏观产业政策对微观企业创新的影响 [J]. 经济研究, 2016 (4): 60 - 73.

[140] 李江涛. "产能过剩"及其治理机制 [J]. 国家行政学院学报, 2006 (5): 32 - 35.

[141] 李景海, 黄晓凤. 产业政策的空间逻辑: 异质性、选择效应与动态设计 [J]. 财经科学, 2017 (3): 52 - 64.

[142] 李军杰. 经济转型中的地方政府经济行为变异分析 [J]. 中国工业经济, 2005 (1): 39 - 46.

[143] 李骏, 刘洪伟, 万君宝. 产业政策对全要素生产率的影响研

266

究——基于竞争性与公平性视角 [J]. 产业经济研究, 2017 (4): 115 - 126.

[144] 李力行, 申广军. 经济开发区、地区比较优势与产业结构调整 [J]. 经济学 (季刊), 2015, 14 (3): 885 - 910.

[145] 李启佳, 罗福凯, 庞廷云. "一带一路" 倡议能够缓解中国企业产能过剩吗? [J]. 产业经济研究, 2021 (4): 129 - 142.

[146] 李沙沙, 邹涛. 要素价格扭曲会诱导企业过度投资吗——来自中国制造业企业的经验证据 [J]. 产业组织评论, 2021, 15 (1): 17 - 45.

[147] 李世英, 李延平, 蒋飞龙. 企业进入阻止行为与市场绩效关系的实证研究——基于中国 29 个四位数制造业产业的面板数据 [J]. 上海经济研究, 2010 (9): 34 - 45.

[148] 李万福, 杜静, 张怀. 创新补助究竟有没有激励企业创新自主投资——来自中国上市公司的新证据 [J]. 金融研究, 2017 (10): 130 - 145.

[149] 李伟. 进入替代、市场选择与演化特征: 中国转轨过程中市场进入问题研究 [M]. 上海财经大学出版社, 2006.

[150] 李文秀, 唐荣. 融资约束、产业政策与本土企业出口行为——基于微观视角的理论与实证分析 [J]. 中国软科学, 2021 (7): 174 - 183.

[151] 李雯轩. 新中国成立 70 年产业政策的研究综述 [J]. 产业经济评论, 2021 (2): 25 - 35.

[152] 李晓华. 产业转型升级中落后产能淘汰问题研究 [J]. 江西社会科学, 2012 (5): 12 - 18.

[153] 李晓华. 后危机时代我国产能过剩研究 [J]. 财经问题研究, 2013 (6): 3 - 11.

[154] 李晓萍, 罗俊. 欧盟产业政策的发展与启示 [J]. 学习与探索, 2017 (10): 105 - 112.

[155] 李晓萍, 张亿军, 江飞涛. 绿色产业政策: 理论演进与中国实践 [J]. 财经研究, 2019, 45 (8): 4 - 27.

[156] 李鑫. 中国上市公司过度投资行为研究 [D]. 济南: 山东大学, 2008.

267

[157] 李娅，官令今．规模、效率还是创新：产业政策工具对战略性新兴产业作用效果的研究 [J]．经济评论，2022（4）：39 – 58.

[158] 李以学．从体制变迁看我国重复建设的产生根源 [J]．宏观经济管理，2003（6）：10 – 14.

[159] 李振洋，白雪洁．产业政策如何促进制造业绿色全要素生产率提升？——基于鼓励型政策和限制型政策协同的视角 [J]．产业经济研究，2020（6）：28 – 42.

[160] 连立帅，陈超，白俊．产业政策与信贷资源配置 [J]．经济管理，2015，37（12）：1 – 11.

[161] 梁贺．房价上涨恶化了制造业企业的生存环境吗？[J]．产业经济研究，2020（5）：114 – 127.

[162] 梁金修．我国产能过剩的原因及对策 [J]．经济纵横，2006（7）：29 – 33.

[163] 梁莱歆，冯延超．政治关联与企业过度投资——来自中国民营上市公司的经验证据 [J]．经济管理，2010（12）：64 – 70.

[164] 林伯强，杜克锐．要素市场扭曲对能源效率的影响 [J]．经济研究，2013（9）：125 – 136.

[165] 林毅夫，蔡昉，李周．比较优势与发展战略——对"东亚奇迹"的再解释 [J]．中国社会科学，1999（5）：4 – 20.

[166] 林毅夫，刘明兴，章奇．政策性负担与企业的预算软约束：来自中国的实证研究 [J]．管理世界，2004（8）：81 – 89，127 – 156.

[167] 林毅夫，苏剑．论我国经济增长方式的转换 [J]．管理世界，2007（11）：5 – 13.

[168] 林毅夫，巫和懋，邢亦青．"潮涌现象"与产能过剩的形成机制 [J]．经济研究，2010（0）：354 – 387.

[169] 林毅夫，向为，余淼杰．区域型产业政策与企业生产率 [J]．经济学（季刊），2018，17（2）：781 – 800.

[170] 林毅夫，张军，王勇，等．产业政策总结、反思与展望 [M]．北京：北京大学出版社，2018.

[171] 林毅夫．产业政策与我国经济的发展：新结构经济学的视角 [J]．复旦学报（社会科学版），2017，59（2）：148 – 153.

[172] 林毅夫．潮涌现象与发展中国家宏观经济理论的重新构建

［J］. 经济研究，2007（1）：126 - 131.

［173］林毅夫. 中国经济增长的可持续性［J］. 新金融评论，2014（4）：57 - 61.

［174］林志帆，黄新飞，李灏桢. 何种产业政策更有助于企业创新：选择性还是功能性？——基于中国制造业上市公司专利数据的经验研究［J］. 财政研究，2022（1）：110 - 129.

［175］刘澄，顾强，董瑞青. 产业政策在战略性新兴产业发展中的作用［J］. 经济社会体制比较，2011（1）：196 - 203.

［176］刘传江，吕力. 长江三角洲地区产业结构趋同、制造业空间扩散与区域经济发展［J］. 管理世界，2005（4）：35 - 39.

［177］刘海洋，林令涛，黄顺武. 地方官员变更与企业兴衰——来自地级市层面的证据［J］. 中国工业经济，2017（1）：62 - 80.

［178］刘航，孙早. 城镇化动因扭曲与制造业产能过剩——基于2001—2012年中国省级面板数据的经验分析［J］. 中国工业经济，2014（11）：5 - 17.

［179］刘慧，綦建红. "竞争友好型"产业政策更有利于企业投资效率提升吗——基于公平竞争审查制度的准自然实验［J］. 财贸经济，2022，43（9）：101 - 116.

［180］刘井建，徐一琪，李惠竹. 产业政策对研发投资的激励是否一视同仁——投资增长效应与行业内部差距［J］. 科学学研究，2021，39（7）：1176 - 1187.

［181］刘磊，步晓宁，张猛. 全球价值链地位提升与制造业产能过剩治理［J］. 经济评论，2018（4）：45 - 58.

［182］刘立刚，肖志武. 产业政策能否提升战略性新兴产业投资效率？［J］. 金融与经济，2021（10）：63 - 71.

［183］刘社建. 中国产业政策的演进、问题及对策［J］. 学术月刊，2014，46（2）：79 - 85.

［184］刘帅，杨丹辉，金殿臣. 环境规制对产能利用率的影响——基于技术创新中介调节效应的分析［J］. 改革，2021（8）：77 - 89.

［185］刘婷婷，高凯. 产业政策如何影响长三角地区企业竞争力？［J］. 产业经济研究，2020（1）：71 - 83.

［186］刘西顺. 产能过剩、企业共生与信贷配给［J］. 金融研究，

2006（3）：166 - 173.

［187］刘阳阳，冯明．"4万亿"是否造成了产能过剩？——政策干预与信贷错配［J］．投资研究，2016（4）：4 - 22.

［188］刘奕，林轶琼．地方政府补贴、资本价格扭曲与产能过剩［J］．财经问题研究，2018（11）：34 - 41.

［189］刘志彪，王建优．制造业的产能过剩与产业升级战略［J］．经济学家，2000（1）：64 - 69.

［190］刘志彪．长三角区域高质量一体化发展的制度基石［J］．人民论坛·学术前沿，2019（4）：6 - 13.

［191］卢锋．治理产能过剩问题：1999—2009［J］．CCER中国经济观察，2011（19）：21 - 38.

［192］卢盛峰，董如玉，叶初升．"一带一路"倡议促进了中国高质量出口吗——来自微观企业的证据［J］．中国工业经济，2021（3）：80 - 98.

［193］陆正飞，韩非池．宏观经济政策如何影响公司现金持有的经济效应？——基于产品市场和资本市场两角度的研究［J］．管理世界，2013（6）：43 - 60.

［194］逯东，朱丽．市场化程度、战略性新兴产业政策与企业创新［J］．产业经济研究，2018（2）：65 - 77.

［195］逯宇铎，戴美虹，刘海洋．融资约束降低了中国研发企业的生存概率吗？［J］．科学学研究，2014（10）：1476 - 1487.

［196］吕文晶，陈劲，刘进．政策工具视角的中国人工智能产业政策量化分析［J］．科学学研究，2019，37（10）：1765 - 1774.

［197］吕越，盛斌，吕云龙．中国的市场分割会导致企业出口国内附加值率下降吗［J］．中国工业经济，2018（5）：5 - 23.

［198］吕政，曹建海．竞争总是有效率的吗？——兼论过度竞争的理论基础［J］．中国社会科学，2000（6）：4 - 14.

［199］罗长远，陈智韬．"走出去"对企业产能利用率的影响——来自"一带一路"倡议准自然实验的证据［J］．学术月刊，2021，53（1）：63 - 79.

［200］罗良文，赵凡．高技术产业集聚能够提高地区产业竞争力吗？［J］．财经问题研究，2021（1）：43 - 52.

[201] 罗美娟，郭平．政策不确定性是否降低了产能利用率——基于世界银行中国企业调查数据的分析 [J]．当代财经，2016 (7)：90－99．

[202] 罗云辉．过度竞争：经济学分析与治理 [M]．上海：上海财经大学出版社，2004．

[203] 马光荣，李力行．金融契约效率、企业退出与资源误置 [J]．世界经济，2014 (10)：77－103．

[204] 马如静，唐雪松，贺明明．我国企业过度投资问题研究——来自证券市场的证据 [J]．经济问题探索，2007 (6)：55－60．

[205] 马拴友，于红霞．转移支付与地区经济收敛 [J]．经济研究，2003 (3)：26－33，90．

[206] 马衍军，成丹玉，郑宪强．新形势下重复建设的发生机制及治理 [J]．财经问题研究，2001 (9)：49－53．

[207] 毛其淋，盛斌．中国制造业企业的进入退出与生产率动态演化 [J]．经济研究，2013 (4)：16－29．

[208] 毛其淋，王澍．外资并购对中国企业产能利用率的影响 [J]．国际贸易问题，2022 (1)：113－129．

[209] 毛其淋，许家云．政府补贴对企业新产品创新的影响——基于补贴强度"适度区间"的视角 [J]．中国工业经济，2015 (6)：94－107．

[210] 毛其淋，杨琦．中间品贸易自由化如何影响企业产能利用率？[J]．世界经济研究，2021 (8)：32－48，135－136．

[211] 毛其淋，赵柯雨．重点产业政策如何影响了企业出口——来自中国制造业的微观证据 [J]．财贸经济，2021，42 (11)：131－145．

[212] 毛其淋，钟一鸣．进口扩张如何影响企业产能利用率？——来自中国制造业企业的微观证据 [J]．世界经济文汇，2022 (3)：1－16．

[213] 梅俊杰，在赶超发展视野下重新解读李斯特经济学说 [J]．社会科学，2021 (3)：128－144．

[214] 门闯，孙晓骅．个税改革、要素价格扭曲与企业过度投资 [J]．云南财经大学学报，2016 (1)：101－110．

[215] 孟宁，周彦宁，马野青．反倾销、多产品企业与出口生存风险 [J]．产业经济研究，2020 (5)：30－44．

[216] 米黎钟，曹建海．我国工业生产能力过剩的现状、原因及政策建议 [J]．经济管理，2006（7）：76 – 79.

[217] 缪小明，王玉梅，辛晓华．产业政策与产业竞争力的关系——以中国集成电路产业为例 [J]．中国科技论坛，2019（2）：54 – 63.

[218] 南晓莉，韩秋．战略性新兴产业政策不确定性对研发投资的影响 [J]．科学学研究，2019，37（2）：254 – 266.

[219] 聂正楠，侯彩虹，郑华．战略性新兴产业政策何以导致重复性建设——以卫星导航产业政策为例 [J]．中国科技论坛，2022（1）：73 – 83.

[220] 潘红波，徐雅璐，吴萌．产业政策与要素市场失灵——基于有为政府的视角 [J]．财会月刊，2021（24）：104 – 111.

[221] 潘亮．产业政策、信息披露与分析师行为——来自深圳 A 股市场的经验证据 [J]．经济问题，2015（6）：118 – 124.

[222] 潘凌云，董竹．政绩竞争与企业产能利用率——因果识别、边界条件分析与机制检验 [J]．产业经济研究，2019（5）：103 – 114.

[223] 庞瑞芝，李鹏．中国新型工业化增长绩效的区域差异及动态演进 [J]．经济研究，2011（11）：36 – 47.

[224] 彭伟辉，宋光辉．实施功能性产业政策还是选择性产业政策？——基于产业升级视角 [J]．经济体制改革，2019（5）：88 – 96.

[225] 皮建才，黎静，管艺文．政策性补贴竞争、体制性产能过剩与福利效应 [J]．世界经济文汇，2015（3）：19 – 31.

[226] 戚聿东，张任之．海外产业政策实施效果研究述评 [J]．经济学动态，2017（5）：142 – 150.

[227] 齐鹰飞，张瑞．市场集中度与产能过剩 [J]．财经问题研究，2015（10）：24 – 30.

[228] 钱雪松，康瑾，唐英伦，等．产业政策、资本配置效率与企业全要素生产率——基于中国 2009 年十大产业振兴规划自然实验的经验研究 [J]．中国工业经济，2018（8）：42 – 59.

[229] 乔小乐，宋林，戴小勇．僵尸企业与产能利用率的动态演化——来自中国制造业企业的经验证据 [J]．南开经济研究，2020（4）：206 – 225.

[230] 秦海．对中国产业过度竞争的实证分析 [J]．改革，1996

（5）：81 - 90.

［231］曲彤，卜伟. 产业政策与企业创新策略选择研究［J］. 科学学研究，2019，37（8）：1405 - 1414.

［232］曲玥. 产能过剩与就业风险［J］. 劳动经济研究，2014（5）：130 - 147.

［233］曲玥. 中国工业产能利用率——基于企业数据的测算［J］. 经济与管理评论，2015（1）：49 - 56.

［234］饶品贵，陈冬华，姜国华，等. 深化宏观经济政策与微观企业行为的互动关系研究——"第四届宏观经济政策与微观企业行为学术研讨会"综述［J］. 经济研究，2016，51（2）：186 - 190.

［235］饶育蕾，汪玉英. 中国上市公司大股东对投资影响的实证研究［J］. 南开管理评论，2006（5）：67 - 73.

［236］任保平，豆渊博. "十四五"时期新经济推进我国产业结构升级的路径与政策［J］. 经济与管理评论，2021，37（1）：10 - 22.

［237］任继球. 从外循环到双循环：中国产业政策转型的基本逻辑与方向［J］. 经济学家，2022（1）：77 - 85.

［238］任曙明，吕镯. 融资约束、政府补贴与全要素生产率——来自中国装备制造企业的实证研究［J］. 管理世界，2014（11）：10 - 23，187.

［239］桑瑜. 产能过剩：政策层面的反思与实证［J］. 财政研究，2015（8）：14 - 20.

［240］单豪杰. 中国资本存量K的再估算：1952 ~ 2006 年［J］. 数量经济技术经济研究，2008，25（10）：17 - 31.

［241］邵敏，包群. 政府补贴与企业生产率——基于我国工业企业的经验分析［J］. 中国工业经济，2012（7）：70 - 82.

［242］邵伟，季晓东. 选择性产业政策如何影响企业资本流动？——基于开发区设立的准自然实验［J］. 产业经济研究，2020（6）：43 - 54.

［243］沈鸿，顾乃华. 产业政策、集聚经济与异质性企业贸易方式升级［J］. 国际贸易问题，2017（3）：120 - 130.

［244］沈坤荣，钦晓双，孙成浩. 中国产能过剩的成因与测度［J］. 产业经济评论，2012，11（4）：1 - 26.

[245] 沈利生. 我国潜在经济增长率变动趋势估计 [J]. 数量经济技术经济研究, 1999 (12): 3 - 6.

[246] 盛斌, 毛其淋. 贸易开放、国内市场一体化与中国省际经济增长: 1985 ~ 2008 年 [J]. 世界经济, 2011 (11): 44 - 66.

[247] 盛朝迅. 从产业政策到产业链政策: "链时代"产业发展的战略选择 [J]. 改革, 2022 (2): 22 - 35.

[248] 盛丹, 张国峰. 开发区与企业成本加成率分布 [J]. 经济学 (季刊), 2018, 17 (1): 299 - 332.

[249] 施炳展, 冼国明. 要素价格扭曲与中国工业企业出口行为 [J]. 中国工业经济, 2012 (2): 47 - 56.

[250] 石大千, 丁海, 卫平, 等. 智慧城市建设能否降低环境污染 [J]. 中国工业经济, 2018 (6): 117 - 135.

[251] 斯丽娟, 曹昊煜. 绿色信贷政策能够改善企业环境社会责任吗——基于外部约束和内部关注的视角 [J]. 中国工业经济, 2022 (4): 137 - 155.

[252] 宋凌云, 王贤彬. 产业政策如何推动产业增长——财政手段效应及信息和竞争的调节作用 [J]. 财贸研究, 2017, 28 (3): 11 - 27.

[253] 宋凌云, 王贤彬. 重点产业政策、资源重置与产业生产率 [J]. 管理世界, 2013 (12): 63 - 77.

[254] 宋淑琴, 姚凯丽. 融资约束、异质债务与过度投资差异化: 民营上市公司 2007 ~ 2011 年样本 [J]. 改革, 2014 (1): 138 - 147.

[255] 宋文月, 任保平. 改革开放 40 年我国产业政策的历史回顾与优化调整 [J]. 改革, 2018 (12): 42 - 53.

[256] 孙成浩, 沈坤荣. 降低银行贷款规模有利于提升产能利用率吗?——基于中国制造业企业的实证研究 [J]. 产业经济研究, 2018 (3): 27 - 39, 102.

[257] 孙巍, 何彬, 武治国. 现阶段工业产能过剩"窖藏效应"的数理分析及其实证检验 [J]. 吉林大学社会科学学报, 2008 (1): 68 - 75.

[258] 孙巍, 李何, 王文成. 产能利用与固定资产投资关系的面板数据协整研究——基于制造业 28 个行业样本 [J]. 经济管理, 2009, 31 (3): 38 - 43.

[259] 孙早，席建成．中国式产业政策的实施效果：产业升级还是短期经济增长 [J]．中国工业经济，2015（7）：52 – 67.

[260] 谭诗羽，吴万宗，夏大慰．国产化政策与全要素生产率——来自汽车零部件制造业的证据 [J]．财经研究，2017，43（4）：82 – 95.

[261] 谭周令，朱卫平．产业政策实施与企业投资行为研究——来自 A 股上市企业的证据 [J]．软科学，2018，32（7）：35 – 38，43.

[262] 谭周令．产业政策激励与中国制造业企业自主创新——来自于中国 A 股上市公司的证据 [J]．当代经济科学，2017，39（3）：59 – 65，126.

[263] 唐建新，罗文涛．产业政策、政治关联与民营企业投资 [J]．商业研究，2016（11）：33 – 40.

[264] 唐荣．产业政策促进企业价值链升级的有效性研究——来自中国制造企业微观数据的证据 [J]．当代财经，2020（2）：101 – 115.

[265] 唐雪松，周晓苏，马如静．上市公司过度投资行为及其制约机制的实证研究 [J]．会计研究，2007（7）：44 – 52.

[266] 唐雪松，周晓苏，马如静．政府干预、GDP 增长与地方国企过度投资 [J]．金融研究，2010（8）：99 – 112.

[267] 万华林，陈信元．治理环境、企业寻租与交易成本——基于中国上市公司非生产性支出的经验证据 [J]．经济学（季刊），2010，9（2）：553 – 570.

[268] 万伦来，杨燕红，王立平．中国省际贸易壁垒的地区差异与时序变化——来自中国 28 个省（市）1985 – 2006 年的经验证据 [J]．产业经济研究，2009（1）：19 – 25，53.

[269] 汪克亮，庞素勤，张福琴．高铁开通能提升城市绿色全要素生产率吗？[J]．产业经济研究，2021（3）：112 – 127.

[270] 王兵，於露瑾，杨雨石．碳排放约束下中国工业行业能源效率的测度与分解 [J]．金融研究，2013（10）：128 – 141.

[271] 王昶，卢锋华，左绿水，等．地方政府发展战略性新兴产业的政策组合研究 [J]．科学学研究，2020，38（6）：1001 – 1008.

[272] 王东京．中国经济体制改革的理论逻辑与实践逻辑 [J]．管理世界，2018，34（4）：1 – 7.

[273] 王高望，李芳慧．创新补贴、内生增长与产业结构转型：理

论与实证 [J]. 经济学报, 2023, 10 (4): 30 - 64.

[274] 王贵东. 中国制造业企业的垄断行为: 寻租型还是创新型 [J]. 中国工业经济, 2017 (3): 83 - 100.

[275] 王桂军, 张辉. 促进企业创新的产业政策选择: 政策工具组合视角 [J]. 经济学动态, 2020 (10): 12 - 27.

[276] 王桂军. "抑制型"产业政策促进企业创新了吗? ——基于中国去产能视角的经验研究 [J]. 南方经济, 2019 (11): 1 - 15.

[277] 王辉, 张月友. 战略性新兴产业存在产能过剩吗? ——以中国光伏产业为例 [J]. 产业经济研究, 2015 (1): 61 - 70.

[278] 王君, 周振. 从供给侧改革看我国产业政策转型 [J]. 宏观经济研究, 2016 (11): 114 - 121.

[279] 王克敏, 刘静, 李晓溪. 产业政策、政府支持与公司投资效率研究 [J]. 管理世界, 2017 (3): 113 - 124, 145, 188.

[280] 王磊, 朱帆. 要素市场扭曲、生产率与企业进入退出 [J]. 浙江社会科学, 2018 (10): 55 - 64, 156 - 157.

[281] 王立国, 高越青. 基于技术进步视角的产能过剩问题研究 [J]. 财经问题研究, 2012 (2): 26 - 32.

[282] 王立国, 高越青. 建立和完善市场退出机制有效化解产能过剩 [J]. 宏观经济研究, 2014 (10): 8 - 21.

[283] 王立国, 鞠蕾. 地方政府干预、企业过度投资与产能过剩: 26 个行业样本 [J]. 改革, 2012 (12): 52 - 62.

[284] 王立国, 农媛媛. 产能过剩化解对策——国企盲目投资扩张诱因分析 [J]. 首都经济贸易大学学报, 2014 (5): 61 - 67.

[285] 王立国, 张日旭. 财政分权背景下的产能过剩问题研究——基于钢铁行业的实证分析 [J]. 财经问题研究, 2010 (12): 30 - 35.

[286] 王立国, 周雨. 体制性产能过剩: 内部成本外部化视角下的解析 [J]. 财经问题研究, 2013 (3): 27 - 35.

[287] 王立国. 重复建设与产能过剩的双向交互机制研究 [J]. 企业经济, 2010 (6): 5 - 9.

[288] 王明益, 石丽静. 政府干预影响中国制造业企业市场退出的路径分析 [J]. 经济学动态, 2018 (6): 44 - 60.

[289] 王宁, 史晋川. 要素价格扭曲对中国投资消费结构的影响分

析［J］．财贸经济，2015，36（4）：121－133．

［290］王宁，史晋川．中国要素价格扭曲程度的测度［J］．数量经济技术经济研究，2015（9）：149－160．

［291］王思文，孙亚辉．产业政策对企业全要素生产率的作用机制——基于国家自主创新示范区的准自然实验［J］．科技进步与对策，2021，38（23）：131－140．

［292］王维国，袁捷敏．我国产能利用率的估算模型及其应用［J］．统计与决策，2012（20）：82－84．

［293］王文举，范合君．我国地区产业结构趋同的原因及其对经济影响的分析［J］．当代财经，2008（1）：85－89．

［294］王希．我国要素市场扭曲与经济失衡之间的互动关系研究［J］．华东经济管理，2012，26（10）：64－68．

［295］王贤彬，陈春秀．中国产业政策对产能过剩的治理效应及机制研究［J］．南方经济，2020（8）：17－32．

［296］王贤彬，谢倩文．重点产业政策刺激制造业企业投资房地产了吗？——来自五年规划与上市公司的证据［J］．经济科学，2021（1）：57－68．

［297］王小鲁，胡李鹏，樊纲．中国分省份市场化指数报告（2021）［M］．社会科学文献出版社，2021．

［298］王欣，余吉祥，陈劼绮．"一带一路"倡议与中国企业产能利用率［J］．世界经济研究，2020（6）：121－134，137．

［299］王燕武，王俊海．地方政府行为与地区产业结构趋同的理论及实证分析［J］．南开经济研究，2009（4）：33－49．

［300］王永进，匡霞，邵文波．信息化、企业柔性与产能利用率［J］．世界经济，2017，40（1）：67－90．

［301］王岳平．我国产能过剩行业的特征分析及对策［J］．宏观经济管理，2006（6）：15－18．

［302］王云平．中国产业政策实践回顾：差异化表现与阶段性特征［J］．改革，2017（2）：46－56．

［303］王自锋，白玥明．人民币实际汇率对工业产能利用率的影响［J］．中国工业经济，2015（4）：70－82．

［304］魏后凯．从重复建设走向有序竞争［M］．北京：人民出版

社，2001.

[305] 温忠麟，张雷，侯杰泰，刘红云．中介效应检验程序及其应用 [J]．心理学报，2004（5）：614－620．

[306] 闻潜．我国产能过剩与经济高位运行的关系 [J]．经济纵横，2006（11）：20－22．

[307] 巫强，仲志源，陈博宇．战略性新兴产业政策、地方政府回应与企业生产率 [J]．中国经济问题，2022（2）：151－165．

[308] 吴春雅，吴照云．政府补贴、过度投资与新能源产能过剩——以光伏和风能上市企业为例 [J]．云南社会科学，2015（2）：59－63．

[309] 吴敬琏．我国的产业政策：不是存废，而是转型 [J]．中国流通经济，2017，31（11）：3－8．

[310] 吴小节，马美婷，杨尔璞，等．中国产业政策研究综述 [J]．华东经济管理，2020，34（5）：81－95．

[311] 吴延兵，米增渝．创新、模仿与企业效率——来自制造业非国有企业的经验证据 [J]．中国社会科学，2011（4）：77－94．

[312] 吴意云，朱希伟．中国为何过早进入再分散：产业政策与经济地理 [J]．世界经济，2015，38（2）：140－166．

[313] 吴远仁，李淑燕．集聚、研发要素流动与产业竞争力——以高端服务业为例 [J]．技术经济，2022，41（6）：21－30．

[314] 吴宗法，张英丽．所有权性质、融资约束与企业投资——基于投资现金流敏感性的经验证据 [J]．经济与管理研究，2011（5）：72－77．

[315] 冼国明，石庆芳．要素市场扭曲与中国的投资行为——基于省际面板数据分析 [J]．财经科学，2013（10）：31－42．

[316] 小宫隆太郎，奥野正宽，铃村兴太郎．日本的产业政策 [M]．北京：国际文化出版社，1988．

[317] 谢洪军，张慧，李颖．基于SFA的我国制造业产能利用率测度与差异性分析 [J]．商业经济研究，2015（4）：120－122．

[318] 谢获宝，黄大禹．地方产业政策如何影响企业全要素生产率——基于政府行为视角下的中国经验 [J]．东南学术，2020（5）：104－116．

[319] 辛清泉，林斌，王彦超．政府控制、经理薪酬与资本投资

[J]. 经济研究, 2007 (8): 110-122.

[320] 邢会, 王飞, 高素英. 战略性新兴产业政策促进企业实质性创新了吗? ——基于"寻租"调节效应的视角 [J]. 产经评论, 2019, 10 (1): 86-99.

[321] 修宗峰, 黄健柏. 市场化改革、过度投资与企业产能过剩——基于我国制造业上市公司的经验证据 [J]. 经济管理, 2013 (7): 1-12.

[322] 徐长生, 刘望辉. 劳动力市场扭曲与中国宏观经济失衡 [J]. 统计研究, 2008, 25 (5): 32-37.

[323] 徐飞. 赶超型国家经济发展模式研究及借鉴 [J]. 经济师, 2012 (2): 10-11.

[324] 徐海洋, 陈乐天, 罗美思. "合意"的产能利用率是多少 [J]. 日信证券产能周期系列专题之二, 2013.

[325] 徐明东, 陈学彬. 中国工业企业投资的资本成本敏感性分析 [J]. 经济研究, 2012, 47 (3): 40-52, 101.

[326] 徐业坤, 李维安. 政绩推动、政治关联与民营企业投资扩张 [J]. 经济理论与经济管理, 2016 (5): 5-22.

[327] 徐远华, 孙早. 产业政策激励与高技术产业的竞争力 [J]. 山西财经大学学报, 2015, 37 (9): 65-75.

[328] 许家云, 毛其淋. 政府补贴、治理环境与中国企业生存 [J]. 世界经济, 2016 (2): 75-99.

[329] 许致维. 管理者过度自信导致企业过度投资的实证分析——来自中国制造业上市公司 2008—2011 年的经验证据 [J]. 财经科学, 2013 (9): 51-60.

[330] 雅诺什·科尔奈. 短缺经济学 [M]. 北京: 经济科学出版社, 1986.

[331] 严兵, 郭少宇. 产业政策与对外直接投资——来自中国上市公司的证据 [J]. 国际贸易问题, 2021 (11): 124-139.

[332] 颜晓畅, 黄桂田. 政府财政补贴、企业经济及创新绩效与产能过剩——基于战略性新兴产业的实证研究 [J]. 南开经济研究, 2020 (1): 176-198.

[333] 晏艳阳, 王娟. 产业政策如何促进企业创新效率提升——

对"五年规划"实施效果的一项评价 [J]. 产经评论，2018，9（3）：57－74.

[334] 阳镇，陈劲，凌鸿程. 相信协同的力量：央—地产业政策协同性与企业创新 [J]. 经济评论，2021（2）：3－22.

[335] 杨光，马晓莹. 我国生产能力利用率的估算与预测 [J]. 未来与发展，2010，31（6）：37－40.

[336] 杨蕙馨. 企业的进入退出与产业组织政策 [M]. 上海：上海人民出版社，2000.

[337] 杨蕙馨. 中国企业的进入退出——1985—2000 年汽车与电冰箱产业的案例研究 [J]. 中国工业经济，2004（3）：99－105.

[338] 杨继东，刘诚. 产业政策经验研究的新进展——一个文献综述 [J]. 产业经济评论，2021（6）：31－45.

[339] 杨继东，罗路宝. 产业政策、地区竞争与资源空间配置扭曲 [J]. 中国工业经济，2018（12）：5－22.

[340] 杨阔，郭克莎. 产业政策争论的新时代意义：理论与实践的考量 [J]. 当代财经，2020（2）：3－13.

[341] 杨龙见，李世刚，刘盛宇，等. 增值税留成会影响企业产能利用率吗？[J]. 经济学（季刊），2019（4）：1397－1418.

[342] 杨培鸿. 重复建设的政治经济学分析：一个基于委托代理框架的模型 [J]. 经济学（季刊），2006，5（1）：467－478.

[343] 杨桐彬，朱英明，张云矿. 区域一体化能否缓解制造业产能过剩——基于长江经济带发展战略的研究 [J]. 产业经济研究，2021（6）：58－72.

[344] 杨振. 激励扭曲视角下的产能过剩形成机制及其治理研究 [J]. 经济学家，2013，10（10）：48－54.

[345] 杨振兵，陈小涵. 资本价格扭曲是产能过剩的加速器吗？——基于中介效应模型的经验考察 [J]. 经济评论，2018（5）：45－59.

[346] 杨振兵，吕祥秋，邵帅，等. 超额节能指标政策的工业去产能效应 [J]. 财贸经济，2021，42（7）：97－113.

[347] 杨振兵，张诚. 产能过剩与环境治理双赢的动力机制研究——基于生产侧与消费侧的产能利用率分解 [J]. 当代经济科学，2015

（6）：42 - 52.

[348] 杨振兵，张诚. 中国工业部门产能过剩的测度与影响因素分析 [J]. 南开经济研究，2015（6）：92 - 109.

[349] 杨振兵. 对外直接投资、市场分割与产能过剩治理 [J]. 国际贸易问题，2015（11）：121 - 131.

[350] 杨振兵. 有偏技术进步视角下中国工业产能过剩的影响因素分析 [J]. 数量经济技术经济研究，2016（8）：30 - 46.

[351] 叶光亮，程龙，张晖. 竞争政策强化及产业政策转型影响市场效率的机理研究——兼论有效市场与有为政府 [J]. 中国工业经济，2022（1）：74 - 92.

[352] 叶宏庆，刘坤，董新兴. 政策性补贴、融资价格歧视与企业过度投资 [J]. 产业经济评论，2015，14（2）：91 - 106.

[353] 于斌斌，吴银忠. 就业—产业结构协调发展能化解产能过剩吗？[J]. 中国人口·资源与环境，2020（8）：128 - 139.

[354] 于娇，逯宇铎，刘海洋. 出口行为与企业生存概率：一个经验研究 [J]. 世界经济，2015（4）：25 - 49.

[355] 于连超，张卫国，毕茜. 产业政策与企业"脱实向虚"：市场导向还是政策套利 [J]. 南开管理评论，2021，24（4）：128 - 142.

[356] 于蔚，汪淼军，金祥荣. 政治关联和融资约束：信息效应与资源效应 [J]. 经济研究，2012（9）：125 - 139.

[357] 于左，李相. 应加快对新能源汽车补贴政策进行公平竞争审查 [J]. 中国价格监管与反垄断，2016（9）：29 - 31.

[358] 余长林，杨国歌，杜明月. 产业政策与中国数字经济行业技术创新 [J]. 统计研究，2021，38（1）：51 - 64.

[359] 余东华，吕逸楠. 政府不当干预与战略性新兴产业产能过剩——以中国光伏产业为例 [J]. 中国工业经济，2015（10）：53 - 68.

[360] 余东华，孙婷，张鑫宇. 要素价格扭曲如何影响制造业国际竞争力 [J]. 中国工业经济，2018（2）：63 - 81.

[361] 余淼杰，金洋，张睿. 工业企业产能利用率衡量与生产率估算 [J]. 经济研究，2018，53（5）：56 - 71.

[362] 余明桂，范蕊，钟慧洁. 中国产业政策与企业技术创新 [J]. 中国工业经济，2016（12）：5 - 22.

[363] 余明桂，回雅甫，潘红波．政治联系、寻租与地方政府财政补贴有效性 [J]．经济研究，2010 (3)：65 - 77.

[364] 余明桂，潘红波．政治关系、制度环境与民营企业银行贷款 [J]．管理世界，2008 (8)：9 - 21.

[365] 俞红海，徐龙炳，陈百助．终极控股股东控制权与自由现金流过度投资 [J]．经济研究，2010 (8)：103 - 114.

[366] 袁海，李航，武增海．产业异质性视角下政策工具对战略性新兴产业的激励效应研究 [J]．产业经济评论，2020 (4)：75 - 89.

[367] 袁见，安玉兴．产业政策对中国新能源企业成长影响的实证研究 [J]．学习与探索，2019 (6)：151 - 155.

[368] 袁江，张成思．强制性技术变迁、不平衡增长与中国经济周期模型 [J]．经济研究，2009 (12)：17 - 29.

[369] 袁胜军，俞立平，钟昌标，等．创新政策促进了创新数量还是创新质量？——以高技术产业为例 [J]．中国软科学，2020 (3)：32 - 45.

[370] 袁业虎，汤晟．政策性审核还是实质性审核：产业政策对并购重组委行政审核的影响 [J]．当代财经，2021 (8)：78 - 89.

[371] 原毅军，丁永健．产业过度进入问题研究评述 [J]．大连理工大学学报（社会科学版），2000 (3)：15 - 18.

[372] 詹雷，王瑶瑶．管理层激励、过度投资与企业价值 [J]．南开管理评论，2013，16 (3)：36 - 46.

[373] 张保权．产能过剩与宏观调控 [J]．商场现代化，2006 (17)：24 - 25.

[374] 张栋，谢志华，王靖雯．中国僵尸企业及其认定——基于钢铁业上市公司的探索性研究 [J]．中国工业经济，2016 (11)：90 - 107.

[375] 张洪辉，王宗军．政府干预、政府目标与国有上市公司的过度投资 [J]．南开管理评论，2010 (3)：101 - 108.

[376] 张晖．中国新能源产业潮涌现象和产能过剩形成研究 [J]．产业经济评论，2013 (12)：7 - 15.

[377] 张会丽，陆正飞．现金分布、公司治理与过度投资——基于我国上市公司及其子公司的现金持有状况的考察 [J]．管理世界，2012

（3）：141 – 150，188.

［378］张慧，江民星，彭璧玉 . 经济政策不确定性与企业退出决策：理论与实证研究［J］. 财经研究，2018（4）：116 – 129.

［379］张慧雪，王建业，张春雨 . 政府引导基金与企业创新——基于风险投资机构异质性视角［J］. 经济与管理，2023，37（5）：35 – 44.

［380］张杰，周晓艳，李勇 . 要素市场扭曲抑制了中国企业 R&D？［J］. 经济研究，2011（8）：78 – 91.

［381］张杰，周晓艳，郑文平，等 . 要素市场扭曲是否激发了中国企业出口［J］. 世界经济，2011（8）：134 – 160.

［382］张杰 . 基于产业政策视角的中国产能过剩形成与化解研究［J］. 经济问题探索，2015（2）：10 – 14.

［383］张杰 . 中国全面转向全产业链政策的重大价值、关键内涵与实施途径研究［J］. 学海，2023（1）：82 – 93.

［384］张军，威廉·哈勒根 . 转轨经济中的"过度进入"问题——对"重复建设"的经济学分析［J］. 复旦学报社会科学版，1998（1）：21 – 26.

［385］张军，吴桂英，张吉鹏 . 中国省际物质资本存量估算：1952—2000［J］. 经济研究，2004（10）：35 – 44.

［386］张莉，朱光顺，李世刚，等 . 市场环境、重点产业政策与企业生产率差异［J］. 管理世界，2019，35（3）：114 – 126.

［387］张莉，朱光顺，李夏洋，等 . 重点产业政策与地方政府的资源配置［J］. 中国工业经济，2017（8）：63 – 80.

［388］张林 . 中国式产能过剩问题研究综述［J］. 经济学动态，2016（9）：90 – 100.

［389］张其仔，许明 . 实施产业链供应链现代化导向型产业政策的目标指向与重要举措［J］. 改革，2022（7）：82 – 93.

［390］张前程，杨光 . 投资依赖、产能过剩与地方债务风险——基于马克思经济学的分析［J］. 东南学术，2015（2）：81 – 89.

［391］张日旭 . 我国产能过剩中的地方政府行为研究［D］. 大连：东北财经大学，2013.

［392］张少华，蒋伟杰 . 中国的产能过剩：程度测算与行业分布［J］. 经济研究，2017，52（1）：89 – 102.

[393] 张曙光, 程炼. 中国经济转轨过程中的要素价格扭曲与财富转移 [J]. 世界经济, 2010 (10): 3-24.

[394] 张维迎, 周黎安, 顾全林. 经济转型中的企业退出机制——基于北京市中关村科技园区的一项经验研究 [J]. 经济研究, 2003 (10): 3-14, 90.

[395] 张伟, 曹洪军. 我国不合理重复建设及其治理 [J]. 宏观经济研究, 2004 (5): 39-41.

[396] 张先锋, 蒋慕超, 刘有璐, 等. 化解过剩产能的路径: 出口抑或对外直接投资 [J]. 财贸经济, 2017 (9): 63-78.

[397] 张小筠, 刘戒骄. 改革开放40年产业结构政策回顾与展望 [J]. 改革, 2018 (9): 42-54.

[398] 张新海, 王楠. 企业认知偏差与产能过剩 [J]. 科研管理, 2009, 30 (5): 33-39.

[399] 张新海. 产能过剩的定量测度与分类治理 [J]. 宏观经济管理, 2010 (1): 50-51.

[400] 张新民, 张婷婷, 陈德球. 产业政策、融资约束与企业投资效率 [J]. 会计研究, 2017 (4): 12-18, 95.

[401] 张璇, 刘贝贝, 汪婷, 等. 信贷寻租、融资约束与企业创新 [J]. 经济研究, 2017, 52 (5): 161-174.

[402] 张亚斌, 贺唯唯, 张滨沙. 技术水平、市场结构与产能利用率 [J]. 改革, 2019 (4): 60-69.

[403] 张燕, 邓峰, 卓乘风. 产业政策对创新数量与质量的影响效应 [J]. 宏观质量研究, 2022, 10 (3): 63-78.

[404] 张莹, 王磊. 地方政府干预与中国区域产业结构趋同——兼论产能过剩的形成原因 [J]. 宏观经济研究, 2015 (10): 102-110.

[405] 张云伟, 张靓, 徐珺, 等. 重点城市功能性产业政策比较研究 [J]. 宏观经济管理, 2020 (3): 35-40, 53.

[406] 章琳一, 张洪辉. 市场竞争与过度投资的关系研究: 基于战略性投资视角 [J]. 产业经济研究, 2015 (2): 58-67.

[407] 章卫东, 成志策, 周冬华, 张洪辉. 上市公司过度投资、多元化经营与地方政府干预 [J]. 经济评论, 2014 (3): 139-152.

[408] 赵晶, 迟旭, 孙泽君. "协调统一"还是"各自为政": 政

策协同对企业自主创新的影响 [J]. 中国工业经济，2022 (8)：175 –
192.

[409] 赵卿，曾海舰. 产业政策管控能够提升产能利用率吗？——
基于双重差分模型的实证检验 [J]. 中国经济问题，2018 (2)：46 –57.

[410] 赵卿，曾海舰. 产业政策推动制造业高质量发展了吗？[J].
经济体制改革，2020 (4)：180 –186.

[411] 赵卿. 中国式产业政策对产能过剩的影响效应研究——基于
中国省级面板数据的经验分析 [J]. 经济与管理评论，2017，33 (4)：
29 –37.

[412] 赵婷，陈钊. 比较优势与产业政策效果：区域差异及制度成
因 [J]. 经济学（季刊），2020，19 (3)：777 –796.

[413] 赵岩，陈金龙. 政府干预、政治联系与企业过度投资效应
[J]. 宏观经济研究，2014 (5)：64 –74.

[414] 赵彦锋，汤湘希. 产业政策会提升并购商誉吗？[J]. 经济
经纬，2020，37 (5)：99 –106.

[415] 植草益. 日本的产业组织：理论与实证前沿 [M]. 北京：
经济管理出版社，2000.

[416] 中国工商银行课题组. 关于解决重复建设问题的调查报告
[J]. 求是，1998 (3)：14 –17.

[417] 钟宁桦，温日光，刘学悦. "五年规划" 与中国企业跨境并
购 [J]. 经济研究，2019，54 (4)：149 –164.

[418] 周辰珣，孙英隽. 政府主导模式下我国行业潮涌现象作用机
制的实证研究 [J]. 南方经济，2013 (5)：49 –56.

[419] 周城雄，李美桂，林慧，等. 战略性新兴产业：从政策工
具、功能到政策评估 [J]. 科学学研究，2017，35 (3)：346 –353.

[420] 周劲，付保宗. 产能过剩的内涵、评价体系及在我国工业领
域的表现特征 [J]. 经济学动态，2011 (10)：58 –64.

[421] 周劲，付保宗. 工业领域产能过剩形成机制及对策建议
[J]. 宏观经济管理，2011 (10)：33 –35.

[422] 周劲. 产能过剩的概念、判断指标及其在部分行业测算中的
应用 [J]. 宏观经济研究，2007 (9)：33 –39.

[423] 周开国，闫润宇，杨海生. 供给侧结构性改革背景下企业的

退出与进入：政府和市场的作用 [J]. 经济研究，2018（11）：81 - 98.

［424］周黎安. 晋升博弈中政府官员的激励与合作——兼论我国地方保护主义和重复建设问题长期存在的原因 [J]. 经济研究，2004（6）：33 - 40.

［425］周黎安. 中国地方官员的晋升锦标赛模式研究 [J]. 经济研究，2007（7）：36 - 50.

［426］周炼石. 中国产能过剩的政策因素与完善 [J]. 上海经济研究，2007（2）：3 - 10.

［427］周民良. 不合理重复建设的形成机制与治理途径 [J]. 改革，2000（5）：33 - 40.

［428］周瑞辉，廖涵. 所有制异质、官员激励与中国的产能过剩——基于一个 DSGE 框架的扩展分析 [J]. 产业经济研究，2014（3）：32 - 41.

［429］周业樑，盛文军. 转轨时期我国产能过剩的成因解析及政策选择 [J]. 金融研究，2007（2）：183 - 190.

［430］周振华. 产业结构政策的选择基准：一个新的假说 [J]. 经济研究，1989（3）：27，36 - 41.

［431］周中胜，罗正英. 财政分权、政府层级与企业过度投资——来自地区上市公司面板数据的经验证据 [J]. 财经研究，2011（11）：4 - 15.

［432］朱瑞博，刘芸. 中国战略性新兴产业发展的总体特征、制度障碍与机制创新 [J]. 社会科学，2011（5）：65 - 72.

［433］踪家峰，周亮. 市场分割、要素扭曲与产业升级——来自中国的证据（1998 ~ 2007）[J]. 经济管理，2013（1）：23 - 33.

［434］邹涛，李沙沙. 要素价格扭曲阻碍了企业有效市场退出吗？——来自中国制造业企业的微观证据 [J]. 产业经济研究，2021（6）：87 - 100.

［435］邹涛. 要素价格扭曲对中国工业产能过剩的影响研究 [M]. 北京：经济科学出版社，2020.

［436］佐贯利雄. 日本经济的结构分析 [M]. 沈阳：辽宁人民出版社，1988.

［437］Abel, A. B. A dynamic model of investment and capacity utilization [J]. Quarterly Journal of Economics, 1983, 96 (3): 379 – 403.

[438] Agarwal, R., Audretsch, D. B. Does entry size matter? The impact of the life cycle and technology on firm survival [J]. Journal of Industrial Economics, 2001, 49 (1): 21 – 43.

[439] Aghion P., Dewatripont, M., Du L., et al. Industrial policy and competition [J]. American Economic Journal: Macroeconomics, 2015, 7 (4): 1 – 32.

[440] Ballard, K., Blomo, V. Estimating the structure of capacity utilization in the fishing industry [J]. Fish Review, 1978, 40 (8): 29 – 34.

[441] Ballard, K., Roberts, J. Empirical estimation of the capacity utilization rates of fishing vessels in 10 major pacific fisheries [J]. Washington D. C.: National Marine Fisheries Service, 1977.

[442] Banerjee, A. V. A simple model of herd behavior [J]. Quarterly Journal of Economics, 1992, 107 (3): 797 – 817.

[443] Baumöhl, E., Iwasaki, I., Kočenda, E. Institutions and determinants of firm survival in European emerging markets [J]. Journal of Corporate Finance, 2019, 58 (5): 431 – 453.

[444] Beath, J. UK industrial policy: Old tunes on new instruments? [J]. Oxford Review of Economic Policy, 2002, 18 (2): 221 – 239.

[445] Beaudry, C., Swann P. Growth in industrial clusters: A bird's eye view of the United Kingdom [J]. Stanford Institute for Economic Policy Research Discussion Paper 00 – 38, 2001.

[446] Beck, T., Levine, R., Levkov, A. Big bad banks? The winners and losers from bank deregulation in the United States [J]. The Journal of Finance, 2010, 65 (5): 1637 – 1667.

[447] Benoit, J. P., Krishna, V. Dynamic duopoly: Prices and quantities [J]. Review of Economic Studies, 1987, 54 (1): 23 – 35.

[448] Benoit, J. P., Krishna, V. Finitely repeated games [J]. Econometrica, 1985, 53 (4): 905 – 922.

[449] Berndt, E. R., Hesse, D. M. Measuring and assessing capacity utilization in the manufacturing sectors of nine OECD countries [J]. European Economic Review, 1986, 30 (5): 961 – 989.

［450］ Berndt, E. R. , Morrison, C. J. Capacity utilization measures: Underlying economic theory and an alternative approach ［J］. American Economic Review, 1981, 71 （2）: 48 – 52.

［451］ Blinder, A. S. The anatomy of double digit inflation in the 1970s inflation: Causes and effects ［J］. Chicago: The University of Chicago Press, 1982.

［452］ Brandt, L. , Biesebroeck, J. V. , Zhang, Y. F. Creative accounting or creative destruction? Firm-level productivity growth in Chinese manufacturing ［J］. Journal of Development Economics, 2012, 97 （2）: 339 – 351.

［453］ Brülhart, M. , Sbergami, F. Agglomeration and growth: Cross-country evidence ［J］. Journal of Urban Economics, 2009, 65 （1）: 48 – 63.

［454］ Buiter, W. H. Optimal currency areas: Why does the exchange rate regime matter? ［J］. Scottish Journal of Political Economy, 2000, 47 （3）: 213 – 250.

［455］ Bulow, J. , Geanakoplos, J. , Klemperer, P. Holding idle capacity to deter entry ［J］. Economic Journal, 1985, 95 （377）: 178 – 182.

［456］ Bye, T. , Bruvoll, A. , Larsson, J. Capacity utilization in a generalized Malmquist index including environmental factors: A decomposition analysis ［J］. Land Economics, 2006, 85 （3）: 529 – 538.

［457］ Cassels, J. M. Excess capacity and monopolistic competition ［J］. Quarterly Journal of Economics, 1937, 51 （3）: 426 – 443.

［458］ Caves, R. E. , Porter, M. E. From entry barriers to mobility barriers: Conjectural decisions and contrived deterrence to new competition ［J］. Quarterly Journal of Economics, 1977, 91 （2）: 241 – 261.

［459］ Caves, R. E. Industrial organization and new findings on the turnover and mobility of firms ［J］. Journal of Economic Literature, 1998, 36 （4）: 1947 – 1982.

［460］ Chamberlin, E. The theory of monopolistic competition ［J］. Cambridge: Harvard University Press, 1933.

［461］ Chou, W. L. Exchange rate variability and China's exports ［J］. Journal of Comparative Economics, 2000, 28 （1）: 61 – 79.

[462] Coelli, T. , Grifell – Tatjé, E. , Perelman, S. Capacity utilisation and profitability: A decomposition of short-run profit efficiency [J]. International Journal of Production Economics, 2002, 79 (3): 261 – 278.

[463] Cowling, K. Excess capacity and the degree of collusion: Oligopoly behaviour in the slump [J]. The Manchester School, 1983, 51 (4): 341 – 359.

[464] Dagum, C. A new approach to the decomposition of the Gini income inequality ratio [J]. Empirical Economics, 1997, 22 (4): 515 – 531.

[465] Daniel, C. Exit in the theory of the firm [J]. Quarterly Review of Economics and Business, 1980, 20 (3): 35 – 40.

[466] Demsetz, H. The nature of equilibrium in monopolistic competition [J]. Journal of Political Economy, 1959, 67 (1): 21 – 30.

[467] Dergiades, T. , Tsoulfidis, L. A new method for the estimation of capacity utilization: Theory and empirical evidence from 14 EU countries [J]. Bulletin of Economic Research, 2007, 59 (4): 361 – 381.

[468] Dixit, A. Entry and exit decisions under uncertainty [J]. Journal of Political Economy, 1989, 97 (3): 620 – 638.

[469] Dixon, P. B. , Rimmer, M. T. You can't have a CGE recession without excess capacity [J]. Economic Modelling, 2011, 28 (1 – 2): 602 – 613.

[470] Dupont, D. P. , Grafton, R. Q. , Kirkley, J. , Squires, D. Capacity utilization measures and excess capacity in multi-product privatized fisheries [J]. Resource and Energy Economics, 2002, 24 (3): 193 – 210.

[471] Esposito, F. F. , Esposito, L. Excess capacity and market structure: Another look at the evidence [J]. Review of Economics & Statistics, 1979, 61 (1): 159 – 160.

[472] Esposito, F. F. , Esposito, L. Excess capacity and market structure [J]. Review of Economics & Statistics, 1974, 56 (2): 188 – 194.

[473] Faccio, M. Politically connected firms [J]. American Economic

Review, 2006, 96 (1): 369 – 386.

[474] Fair, R. C. Excess labor and the business cycle [J]. American Economic Review, 1985, 75 (1): 239 – 245.

[475] Fair, R. C. The short-run demand for workers and hours [J]. North – Holland Pub, 1969.

[476] Fare, R. , Grosskopf, S. , Kirkley, J. Multi-output capacity measures and their relevance for productivity [J]. Bulletin of Economic Research, 2000, 52 (2): 101 – 112.

[477] Fare, R. , Grosskopf, S. , Kokkelenberg, E. C. Measuring plant capacity, utilization and technical change: A nonparametric approach [J]. International Economic Review, 1989, 30 (3): 655 – 666.

[478] Fare, R. , Grosskopf, S. , Norris, M. Productivity growth, technical progress, and efficiency change in industrialized countries: Reply [J]. American Economic Review, 1994, 84 (5): 1040 – 1044.

[479] Fare, R. The existence of plant capacity [J]. International Economic Review, 1984, 25 (1): 209 – 213.

[480] Fay, J. A. , Medoff, J. L. Labor and output over the business cycle: Some direct evidence [J]. American Economic Review, 1985, 75 (4): 638 – 655.

[481] Ferragina, A. M. , Mazzotta, F. Agglomeration economies in Italy: Impact on heterogeneous firms' exit in a multilevel framework [J]. Economia e Politica Industriale, 2015, 42 (4): 395 – 440.

[482] Ferragina, A. M. , Pittiglio, R. , Reganati, F. Does multinational ownership affect firm survival in Italy? [J]. Journal of Business Economics and Management, 2014, 15 (2): 335 – 355.

[483] Ferrara, E. L. , Chong, A. , Duryea, S. Soap operas and fertility: Evidence from Brazil [J]. American Economic Journal: Applied Economics, 2012, 4 (4): 1 – 31.

[484] Fontana, R. , Nesta, L. Product innovation and survival in a high-tech industry [J]. Review of Industrial Organization, 2009, 34 (4): 287 – 306.

[485] Garofalo, G. A. , Malhotra, D. M. Regional measures of capac-

ity utilization in the 1980s [J]. Review of Economics and Statistics, 1997, 79 (3): 415 –421.

[486] Ghemawat, P. Capacity expansion in the titanium dioxide industry [J]. Journal of Industrial Economics, 1984, 33 (2): 145 –163.

[487] Gilbert, R. J. Mobility barriers and the value of incumbency [J]. Handbook of Industrial Organization, 1989 (1): 475 –535.

[488] Greenwald, B. , Stiglitz, J. Helping infant economies grow: Foundations of trade policies for developing countries [J]. American Economic Review, 2006, 96 (2): 141 –146.

[489] Greenwood, J. , Hercowitz, Z. , Huffman, G. W. Investment, capacity utilization, and the real business cycle [J]. The American Economic Review, 1988, 78 (3): 402 –417.

[490] Görg, H. , Spaliara, M. E. Financial health, exports and firm survival: Evidence from UK and French firms [J]. Economica, 2014, 81 (323): 419 –444.

[491] Hickman, B. G. On a new method of capacity estimation [J]. Journal of the American Statistical Association, 1964, 59 (306): 529 – 549.

[492] Hilke, J. C. Excess capacity and entry: Some empirical evidence [J]. Journal of Industrial Economics, 1984, 33 (2): 233 –240.

[493] Hopenhayn, H. A. Entry, exit, and firm dynamics in long run equilibrium [J]. Econometrica, 1992, 60 (5): 1127 –1150.

[494] Hsu, T. C. T. Simple capacity indicators for peak to peak and data envelopment analyses of fishing capacity: A preliminary assessment [J]. FAO Fisheries Technical Paper, 2003, No. 445.

[495] Ishii, J. Useful excess capacity? An empirical study of U. S. oil & gas drilling [J]. Amherst College Working Paper, 2011.

[496] Jensen, M. C. Agency costs of free cash flow, corporate finance, and takeovers [J]. American Economic Review, 1986, 76 (2): 323 –329.

[497] Johansen, L. Production functions and the concept of capacity [J]. Recherches Recentes sur la Function de Production, Collection Econom-

291

ic Mathematique et Econometrie, 1968, 2: 49 – 72.

[498] Johnson, C. MITI and the Japanese miracle: The growth of industrial policy, 1925 – 1975 [M]. Stanford University Press, 1982.

[499] Johnson, C. The ideas of industrial policy, the industrial policy debate [M]. San Francisco: Institute for Contemporary Studies, 1984.

[500] Kamien, M. I., Schwartz, N. L. Uncertain entry and excess capacity [J]. American Economic Review, 1972, 62 (5): 918 – 927.

[501] Karagiannis, R. A system-of-equations two-stage DEA approach for explaining capacity utilization and technical efficiency [J]. Annals of Operations Research, 2015, 227 (1): 25 – 43.

[502] Kirkley, J., Paul, C. J. M., Squires, D. Capacity and capacity utilization in common-pool resource industries: Definition, measurement, and a comparison of approaches [J]. Environmental and Resource Economics, 2002, 22 (1): 71 – 97.

[503] Kirkley, J., Squires, D. Measuring capacity and capacity utilization in fisheries [J]. Fao Fisheries Technical Paper, 1999.

[504] Kirman, W. I., Masson, R. T. Capacity signals and entry deterrence [J]. International Journal of Industrial Organization, 1986, 4 (1): 25 – 42.

[505] Klein, L. R., Preston, R. S. Some new results in measurement of capacity utilization [J]. American Economic Review, 1967, 57 (1): 34 – 58.

[506] Klein, L. R., Summers, R. The Wharton index of capacity utilization [J]. Economics Research Unit, 1966.

[507] Klein, L. R. Some theoretical issues in the measurement of capacity [J]. Econometrica, 1960, 28 (2): 272 – 286.

[508] Koster, H. R. A., Chen, F. F., Gerritse, M., et al. Place based policies, firm productivity, and displacement effects: Evidence from Shenzhen, China [J]. Journal of Regional Science, 2019, 59 (2): 187 – 213.

[509] Krugman, P. Geography and trade [M]. Cambridge, MA: MIT Press, 1991.

[510] Lall, S. Comparing national competitive performance: An economic analysis of world economic forum's competitiveness index [J]. QEH Working Paper, 2001.

[511] Lastrapes, W. D. Sources of fluctuations in real and nominal exchange rates [J]. Review of Economics and Statistics, 1992, 74 (3): 530 – 539.

[512] Leeuw, F. D. Book review: The Wharton index of capacity utilization by Lawrence R. Klein; Robert Summers [J]. American Economic Review, 1968, 58 (4): 993 – 995.

[513] Lewbel, A. Constructing instruments for regressions with measurement error when no additional data are available, with an application to patents and R&D [J]. Econometrica, 1997, 65 (5): 1201 – 1213.

[514] Lieberman, M. B. Excess capacity as a barrier to entry: An empirical appraisal [J]. Journal of Industrial Economics, 1987, 35 (4): 607 – 627.

[515] Lindebo, E. , Hoff, A. , Vestergaard, N. Revenue-based capacity utilisation measures and decomposition: The case of Danish North Sea trawlers [J]. European Journal of Operational Research, 2007, 180 (1): 215 – 227.

[516] Malmendier, U. , Tate, G. CEO overconfidence and corporate investment [J]. The Journal of Finance, 2005, 60 (6): 2661 – 2700.

[517] Mankiw, N. G. , Whinston, M. D. Free entry and social inefficiency [J]. Rand Journal of Economics, 1986, 17 (1): 48 – 58.

[518] Masson, R. T. , Shaanan, J. Excess capacity and limit pricing: An empirical test [J]. Economica, 1986, 53 (211): 365 – 378.

[519] Mathis, S. , Koscianski, J. Excess capacity as a barrier to entry in the U. S. titanium industry [J]. International Journal of Industrial Organization, 1997, 15 (2): 263 – 281.

[520] Morrison, C. J. On the economic interpretation and measurement of optimal capacity utilization with anticipatory expectations [J]. Review of Economic Studies, 1985a, 52 (2): 295 – 310.

[521] Morrison, C. J. Primal and dual capacity utilization: An appli-

cation to productivity measurement in the U. S. automobile industry [J].
Journal of Business & Economic Statistics, 1985b, 3 (4): 312 –324.

[522] Nachbar, J. H. , Petersen, B. C. , Hwang, I. Sunk costs, ac-
commodation, and the welfare effects of entry [J]. The Journal of Industrial
Economics, 1998, 46 (3): 317 –332.

[523] Nelson, R. A. On the measurement of capacity utilization [J].
Journal of Industrial Economics, 1989, 37 (3): 273 –286.

[524] Noman, A. , Stiglitz, J. E. Efficiency, finance, and varieties
of industrial policy: Guiding resources, learning, and technology for sus-
tained growth [M]. Columbia University Press, 2016.

[525] Pascoe, S. , Tingley, D. Economic capacity estimation in fish-
eries: A non-parametric ray approach [J]. Resource and Energy Economics,
2006, 28 (2): 124 –138.

[526] Phillips, A. An appraisal of measures of capacity [J]. American
Economic Review, 1963, 53 (2): 275 –292.

[527] Pindyck, R. S. Irreversible investment, capacity choice, and
the value of the firm [J]. American Economic Review, 1988, 78 (5):
969 –985.

[528] Richardson, S. Over-investment of free cash flow [J]. Review
of Accounting Studies, 2006, 11 (2 –3): 159 –189.

[529] Robinson, J. A. Industrial policy and development: A political
economy perspective [J]. Washington, DC: The World Bank, 2009.

[530] Rodrik, D. Coordination failures and government policy: A
model with applications to East Asia and Eastern Europe [J]. Journal of In-
ternational Economics, 1996, 40 (1 –2): 1 –22.

[531] Rodrik, D. Industrial policy: Don't ask why, ask how [J].
Middle East Development Journal, 2009, 1 (1): 1 –29.

[532] Rothwell, R. , Zegveld, W. Reindustrialization and technology
[M]. New York: M. E. Sharpe, 1985.

[533] Salim, R. A. Differentials at firm level productive capacity reali-
zation in Bangladesh food manufacturing: An empirical analysis [J]. Applied
Economics, 2008, 40 (24): 3111 –3126.

294

［534］ Sarkar, S. A real-option rationale for investing in excess capacity ［J］. Managerial and Decision Economics, 2009, 30 （2）: 119 - 133.

［535］ Segerson, K. , Squires, D. On the measurement of economic capacity utilization for multi-product industries ［J］. Journal of Econometrics, 1990, 44 （3）: 347 - 361.

［536］ Shaanan, J. Idle sunk cost capacity, entry, and profitability: An empirical study ［J］. Journal of Economics and Business, 1997, 49 （3）: 267 - 283.

［537］ Shaikh, A. M. , Moudud, J. K. Measuring capacity utilization in OECD countries: A Cointegration Method ［J］. The Levy Economics Institute Working Paper, 2004, No. 415.

［538］ Shleifer, A. , Vishny, R. W. Politicians and firms ［J］. Quarterly Journal of Economics, 1994, 109 （4）: 995 - 1025.

［539］ Soete, L. From industrial to innovation policy ［J］. Journal of Industry Competition & Trade, 2007, 19 （7）: 273 - 284.

［540］ Spence, A. M. Entry, capacity, investment and oligopolistic pricing ［J］. Bell Journal of Economics, 1977, 8 （2）: 534 - 544.

［541］ Spence, A. M. Investment strategy and growth in a new market ［J］. Bell Journal of Economics, 1979, 10 （1）: 1 - 19.

［542］ Stiglitz, J. , Lin, Y. , Monga C. The rejuvenation of industrial policy ［R］. World Bank Policy Research Working Paper, 2013.

［543］ Stiglitz, J. E. Toward a general theory of wage and price rigidities and economic fluctuations ［J］. American Economic Review, 1999, 89 （2）: 75 - 80.

［544］ Vestergaard, N. , Squires, D. , Kirkley, J. Measuring capacity and capacity utilization in fisheries: The case of the Danish Gill-net fleet ［J］. Fisheries Research, 2003, 60 （2 - 3）: 357 - 368.

［545］ Wagner, J. Exports, imports and firm survival: First evidence for manufacturing enterprises in Germany ［J］. Review of World Economics, 2013, 149 （1）: 113 - 130.

［546］ Weiss, J. Industrial policy in the twenty-first century: Challenges for the future ［J］. WIDER Working Paper Series, 2011.

[547] Wenders, J. T. Excess capacity as a barrier to entry [J]. Journal of Industrial Economics, 1971, 20 (1): 14 – 19.

[548] Williams, O. Inside Chinese bureaucracy: Civil service reform in the ministry of light industry [J]. International Journal of Public Administration, 1993, 16 (7): 1035 – 1051.

[549] Winston, G. C. Capitalutilisation in economic development [J]. Economic Journal, 1971, 81 (321): 36 – 60.